上／五條代官所跡
（五條市本町・現在の五條市役所）
下／五條代官鈴木源内首洗いの手水鉢
（五條市須恵・桜井寺）
文久3年（1863） 8月17日、天誅組は幕府直轄領であった大和五條の代官所に討ち入り、代官らの首級をあげた。

和州騒動図（安本亀八筆・元治元年（1864）・名張市指定文化財・三重県名張市赤目町柏原区所蔵）
生き人形師として有名な初代安本亀八の筆による天誅組の変の戦陣図。津藩兵として天誅組追討に参加した三村塾の門人の依頼により、変の約半年後に描かれた。（写真撮影：溝縁ひろし）

右頁　上／現在の桜井寺本堂（五條市須恵）
下／天ノ川辻・天誅組本陣遺趾（五條市大塔町簾）
追討軍が発向され、天誅組は五條桜井寺から天ノ川辻の要害へと本陣を移動した。

左頁　上／十津川村武蔵集落
下／白銀岳波宝神社（五條市西吉野町）
天ノ川辻で十津川郷士を糾合して高取城を攻めたが一敗地にまみれ、一時は十津川村武蔵まで退いた。白銀岳を本陣として追討軍と戦うが衆寡敵せず、再び十津川へ退去する。

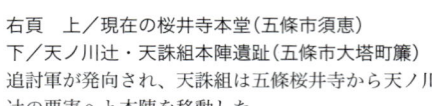

右頁　上／宝泉寺天誅義士記念碑
下／碇屋（ともに東吉野村小川）
十津川郷士の離反により山中を放浪した天誅組一行は、追討軍が待ち構える鷲家口に斬り込みをかけ、主将中山忠光ら一部が包囲網から脱出した。

左頁　左上／藤本津之助戦死の地（東吉野村鷲家）
右上／松本謙三郎戦死の地（東吉野村伊豆尾）
下／吉村虎太郎辞世句碑（東吉野村鷲家）
天誅組を主導した三人の総裁は鷲家近辺で全て討たれ、約40日にわたる攻防は終結した。

天誅義士
藤本津之助
福浦元吉
戦死

天誅組総裁 松本奎堂先生戦死之地

天誅組総裁 吉村寅太郎 遺詠
吉野山風にみだるるもみぢ葉は
我か打つ太刀の血煙と見よ

上／明治谷墓地（東吉野村小川）　下／湯ノ谷墓地（東吉野村鷲家）　東吉野にある戦死した天誅組隊士の墓。

実録　天誅組の変

はじめに

舟久保　藍

幕末は時代の大転換期であり、歴史教科書でも、黒船来航に始まり、桜田門外の変、大政奉還など、多くの事件について触れられる。また、小説や時代劇でも坂本龍馬、高杉晋作、新選組などが取り上げられ、世代を越えて語られる。そのような中で、文久三年(一八六三)に起こった天誅組の変という事件は、幕末史の中に埋没してしまっている。

戦前は、その悲劇的な運命や、若くして散っていった志士の純粋な精神が共感を呼び、演劇や映画になり、書物も多く出版された。その中でも、昭和六年(一九三一)、大阪毎日新聞に連載され、のちすぐに刊行された『いはゆる天誅組の大和義挙の研究』(久保田辰彦著・大阪毎日新聞社)は、当時の遺物や生き証人がまだ僅かながらも健在だった頃、丹念な取材をもとに書かれたもので、天誅組研究の筆頭に挙げられよう。また同年刊行の『天忠組の主将中山忠光』(やまと刊行会刊)は、忠光の兄正親町公董《おおぎまちきんただ》の子、正親町季董《すえただ》によって書かれ、忠光の事跡を窺い知ることのできる貴重な書物である。

戦時中、天誅組は新選組や奇兵隊などと並んで、海軍航空隊の隊名にもなった。天誅組の行動は「義挙」と呼ばれ、彼らは「義士」と讃えられたのである。しかし戦後一転して、時勢を見誤った「暴挙」、あるいは徒党を組んで村々に迷惑をかけただけの「暴徒」などと言われるようになった。そのような結果主義の風潮の中で、天誅組の変という事件自体、取り上げられることが少なくなったのが現状である。

戦後の書物としては、五條決起に至るまでを克明に描いた『天誅組』（大岡昇平著・講談社刊・昭和四十九年）や、河内史談会の著者が取材と史料蒐集の果てに著した『実記・天誅組始末』（樋口三郎著・新人物往来社刊・昭和四十八年）、また現地取材を第一とし、伴林光平《ともばやしみつひら》の視点から描いた『天誅組紀行』（吉見良三著・人文書院刊・平成五年）がある。いずれも丹念な調査を経て執筆されたもので、現在天誅組について知ることのできる最良の書であるが、それからすでに年月も経過しており、その間に新たな史料の発見もあり、見直さなければならない箇所もある。

天誅組について研究するときに必ず触れることになる史料として、まず伴林光平が書いた『南山踏雲録《なんざんとううんろく》』（保田與重郎文庫十三巻・新学社刊・平成十二年、岩崎英重編『維新日乗纂輯』第三（日本史籍協会）所収・大正十五年）がある。挙兵に参加した伴林は、奈良奉行所によって捕えられ、獄中でこれを書き上げた。当時すでに高名な国学者であり歌人としても知られていた伴林によるこの書はただの記録に留まらず、文学としても優れた評価がある。また、同じく挙兵に加わった半田門吉が記した『大和日記』（『大和戦争日記』、岩崎英重編『維新日乗纂輯』第三所収）がある。いずれも、文久三年当時に書かれたもので、天誅組研究の第一級史料である。

その他に、津藩藤堂家家中の町井治《まちいおさむ》こと町井台水《まちいたいすい》が書いた天誅組追討時の記録である『南討紀略《なんとうきりゃく》』（『台水先生遺文』所収・大正六年）や、同じく藤堂家家中の川尻彦之丞《かわじりひこのじょう》政由《まさよし》が書いた天誅組追討時の日記『天誅組合戦記』、会津藩京都守護職の記録『会津藩庁記録』（日本史籍協会刊・大正七～八年、東京大学出版会復刻・昭和四十四年）といった数々の追討側の記録もある。中山忠光の父忠能《ただやす》の日記『中山忠能日記』（『正心誠意』・日本史籍協会・大正五年）などから、京都から見た天誅組の情報を見ることもできる。また、天誅組の変の舞台になった奈良県南部の旧家に残された史料も看過することはできない。

本書ではこれらの史料を用いて、確認できる事実をできるだけ客観的に記すことに努めている。それは感傷的な記述になりがちであった先行諸文献に比べて、より実態に迫りたいと願ってのことである。また、この十年間で出てきた新史料を盛り込むことによって、これまで通説とされてきた内容についても見直しを試みている。

最後に、「天誅組」の表記について触れておかねばならない。彼らは「皇軍御先鋒」「五條御政府」と称した。では何故「天誅組」という呼称が生まれたのか。『大和日記』には、九月二十四日の項に「鷲家口に差しかかり日も暮れければ、総勢天誅の二字を合詞に定めける。此称は先頃より誰云うとなく味方の事を天誅組々々々と唱へ敵も味方も唱へける故、合詞に用ひし也」とあり、いつ頃からか既に「天誅組」と名乗っていたことが分かる。五條代官所討ち入りの時点で俗称として使いはじめ、本格的に名乗りはじめたのは八月十八日の政変後であり、「皇軍御先鋒」と名乗れなくなったがために、それに代わる名称として付けられたものであろう。

「天誅」とは天に代わって誅戮するとの意味で、この時期、京都で多発した尊王攘夷反対派の暗殺の際に、それを「天誅」と称していた。彼らが五條はじめ村々へ出した布告にも「天誅へ加わりたき者これあり候は、苗字帯刀御免成し下され云々」とあり、自分たちの行動が「天誅」であることをはっきりと述べている。

しかし、当時の文献の表記には「天誅組」と「天忠組」の二種類が散見される。五條市に残る町方の記録にも両表記がみられ、『南山踏雲録』では「今日しも申過頃、天忠組の浪士たちゆくりなく押寄来りて」とある。当時から統一性はなかったのではないだろうか。彼らの志をみると「忠」こそが相応しいとする先賢の意見もある。幕府へ天誅を加えるという行動からすれば「誅」であろうし、政変以後の、自分たちこそが正義であり忠臣であるという信念からすれば「忠」であろう。本書では、一般にも流布している「天誅組」の表記に統一したい。

挙兵百五十年という節目の年に、本書で天誅組の変という歴史的事件が多くの人に知られるのであれば、望外の喜びである。

平成二十五年一月

実録　天誅組の変　目次

凡例

◎表記は原則として常用漢字を使用しているが、地名・人名等の固有名詞については一部、常用漢字外も使用した。史料の読み下しや句読点の配置は適宜著者が補った。

◎地図は、当時のことを想像できるように現代の道路地図を使用している。また、地図上に示した隊士の移動経路についてははっきりしていない点も多く、推測の部分がある。

◎掲載写真は、特記のない限り著者および淡交社編集局で撮影した。

◎五十音順による索引と主な参考文献を巻末に掲げた。

第一章● 天誅組の同志

一 草莽の集団

憂国の志士

文久三年(一八六三)、大和に決起した天誅組は、当時沸騰していた尊王攘夷の志をもった人々の集団であった。黒船来航以来、憂国の志を抱く者の多くは尊王攘夷論に傾倒した。彼らの志は、欧米列強に対して有効な手段を取ることができない幕府を倒すべきであるとする倒幕論へと発展する。そのような憂国の志を抱いた「志士」の集団が、天誅組であった。

参加者の多くは諸国の脱藩浪士であった。その出自を見ると、西国を中心に全国から集まっている反面、長州薩摩といった雄藩からの参加が一人もないことが分かる。土佐藩が最も多く十九名を数え、次に多いのは地元である大和や河内の出身者だが、この中には武士身分ではない者も多く含まれている。他に多くの無名の参加者もいたことを思えば、まさに天誅組の変は、長州の吉田松陰が唱えた「草莽崛起《そうもうくっき》」を体現した最初のものであると言っていいであろう。

草莽崛起

「草莽」とは草木の間に潜む隠者のことで、在野にいる普通の人のことをいい、「崛起」とは一斉に立ち上がることを意味する。吉田松陰の説く「草莽崛起」とは、武士以外の身分の者、また藩士としての身分を捨てた脱藩浪士など、在野の志士こそが変革の担い手になるということであった。それは江戸時代の幕藩体制下においてはあり得ない思想であったが、この列強が押し寄せる十九世紀の日本では現実のものとなったのである。彼ら「草莽の志士」の集団による最初の蜂起が、天誅組の変である。

これに加わった人数は最高約千数百名にも及ぶ。その代表である総裁に、土佐の吉村虎太郎、備前岡山の藤本津之助(藤本鉄石《てっせき》)、三河刈谷の松本謙三郎(松本奎堂《けいどう》)の三人が並び立ち、主将として前侍従《さきのじじゅう》中山忠光が迎え入れられた。

二　三総裁と主将

吉村虎太郎

天誅組に土佐藩出身者が多いのは、同藩出身の吉村虎太郎(吉村寅太郎[1]・一八三七〜六三)の影響が大きい。土佐国高岡郡津野山郷(高知県高岡郡津野町・梼原《ゆすはら》町)の庄屋の家に生まれた彼は、十二歳で父の跡を継ぎ各地の庄屋を歴任した。武市半平太《たけちはんぺいた》(瑞山《ずいざん》)や間崎哲馬《まさきてつま》(滄浪《そうろう》)らと交流を深めて尊王攘夷思想をもつ傍ら、津野山郷士の気概をもって早くから土佐一藩を越えた視点をもった。武市が結成した土佐勤王党[2]の名簿に名前はないが、当時加盟していたとする説が強い。血盟名簿は切り貼りした箇所が多く、脱藩後に名前が削られたのではないかとされている。一藩勤王で動かなければならないとする武市と意見を異にして、吉村は「諸侯里正《りせい》(庄屋)は先駆けすべき」と草莽が時勢を打破しなければならないとの考えをもって文久二年三月六日に脱藩した。これは土佐脱藩の第一号であり、坂本龍馬や多くの郷士たちが彼の行動に触発され、その後続々と脱藩することになる。

三総裁の一人、吉村虎太郎(津野町教育委員会提供)。

吉村寅太郎寓居之址(京都市中京区)。三条木屋町にあった武市半平太の寓居「丹虎」の隣に居を構えた。

しかし意外に彼は、剣術・学問ともに当時の志士たちの華々しい経歴と比べると何もない。志士たちの中には、幼少時から学問剣術などに邁進し、人によっては神童と呼ばれそれなりの藩校で若いうちから名を轟かせていた人物や、剣術で各流派の免許皆伝を得た人物などが数多いる。吉村は八歳あたりから隣家の寺子屋で一通りの剣術・学問を学び、庄屋職を継いでからは楠山庄助塾と間崎哲馬の塾にそれぞれ約一年学んだ程度であった。寺田屋事件の当日、父母に宛てた手紙の中で彼は「私儀若年より里事に悩まされ文武に疎く、これのみ遺恨に候」[3]と書いている程である。彼が志士として大成したのは、須崎浦庄屋時代に師である間崎哲馬と約五年間、親交を深めたことが大きい。

天誅組を組織し、三総裁の一人になった吉村は、坂本龍馬・中岡慎太郎・武市半平太とともに正四位を贈位されたことで「土佐四天王」と並び称されるに至る。彼の思想・行動は、机上の学問ではない、国元での庄屋経験による実践派であり現場主義であった。

藤本鉄石

備前岡山藩出身の藤本津之助(一八一六〜六三)は、さまざまな号があるが中でも有名なのが鉄石(鐵石)である。諱を真金《まがね》といった。若いころから羅漢会(石黒南門〔石黒貞度《さだのり》〕ら学者、俳人、歌人、画人などの文雅人が多く集う会)の一員となり、多くの師から国学、文章、書画、和歌、兵学、剣術を学び得た。

三総裁の一人、藤本津之助。通称藤本鉄石。

藤本鐵石寓居之址(京都市中京区)。三条御幸町上ル東側に建つ。

特に兵学は長沼流、甲州流兵法の免許を得、剣術は天心独明流の切紙を伝授されている。また当時岡山はじめ京都に広まっていた勤王家であり新興神道家の黒住宗忠《くろずみむねただ》(4)の影響を受けている。

十六歳から岡山藩の小吏をしていたが、天保十一年(一八四〇)に脱藩した。書画に優れていた彼は、その才で身をたてながら諸国を漫遊した。山水画を最も得意とし、「その運筆の流暢にして風格の高雅なるは実に類を絶せり」(5)と評価されている。現在でも藤本津之助の書画は数多く残っている。

弘化三年(一八四六)五月、東北を巡っていた際に庄内の斎藤家に立ち寄っており、当時十七歳であった清河八郎(6)の江戸遊学の志を励まし、その後の人生に少なからぬ影響を与えた。安政元年(一八五四)には伏見奉行内藤正縄《ないとうまさつな》に請われて伏見に言志塾を開き、兵法・学問を指導している。清河八郎を通じ、尊攘派志士との交流を深め、島津久光の上洛を機に挙兵・攘夷断行を画策したが、寺田屋事件の前に去っている。そして文久三年、孝明天皇の大和行幸の先鋒として、天誅組を組織することになる。挙兵に際しては河内観心寺から参加した。文に秀でていた藤本は、吉村と対照的に常に主将中山忠光の傍に仕えた。

松本奎堂

もう一人の総裁、松本謙三郎(一八三一〜六三)は、号を奎堂《けいどう》という。三河刈谷《かりや》藩の生まれ。父は藩の用人で、漢学、甲州流軍学の師範を勤めていた。謙三郎は三歳で字を書き、四歳で『大

三総裁の一人、松本謙三郎。通称松本奎堂(刈谷市教育委員会提供)。

松本奎堂碑(愛知県刈谷市司町)。松本の屋敷跡に建っている。碑文は岡鹿門の撰。

学』を暗誦するなど神童とよばれた。十八歳の時、槍術の稽古試合中に目を傷つけられ左目を失明した。その時、謙三郎は慌てることなく手で抑えて一句詠んだという。嘉永五年(一八五二)、二十二歳で昌平坂学問所(昌平黌)に入った謙三郎は国学を好み、一絃琴《いちげんきん》を嗜み、肥前大村藩士松林廉之助《まつばやしれんのすけ》(飯山《はんざん》)[7]、仙台藩士岡鹿門《おかろくもん》(千仞《せんじん》)[8]、薩摩藩の重野厚之丞《しげのあつのじょう》(安繹《やすつぐ》)、会津藩の高橋誠三郎らと親交を深めた。しかし僅か一年で寮生と喧嘩をして退校。江戸藩邸で教授兼侍読となった。藩主に呈した「藩政改革論」は藩主の賛同を得たが、国元の家老たちの猛反対に合い、謹慎させられた。安政二年(一八五五)、再び昌平坂学問所に入校、舎長になった。しかし三年と待たずに自ら退校し、上京した。その途上、静岡に立ち寄り久能山東照宮の徳川家康の廟前で、家康を大声で罵り、参詣人から不審な眼で見られたことがあったといわれる。京都で尊攘派志士たちと交流し、地方遊説、安政五年には十津川郷へも足を伸ばした。安政の大獄以後は一旦刈谷へ帰ったが名古屋で開塾した。刈谷藩では、尊王倒幕思想をもつ松本は、受け入れられなかった。文久元年(一八六一)には大坂で昌平黌の同学松林廉之助、岡鹿門と雙松岡学舎《そうしょうこう》[9]を開塾。翌年、淡路に遊説して古東領左衛門《ことうりょうざえもん》、田村平一郎らと親交を深めた。京都に戻ってから検校《けんぎょう》滝氏[10]の娘うたを娶り、東洞院仏光寺前に住まいしていた。孝明天皇の大和行幸を機に天誅組を組織し、その秀才ぶりを発揮して文書の起草など重要な役割を果

中山忠能邸跡(京都御苑内)。忠能娘、権典侍慶子を母として祐宮(のちの明治天皇)が生まれ、ここで4年間養育された。

天誅組主将、中山忠光。

たす。

中山忠光

彼ら三総裁を中心に諸国の志士が集まったが、その主将と仰いだ公卿が、中山忠能《ただやす》の第五男、中山忠光(一八四五〜六四)であった。決起の年十九歳という青年公卿である。安政五年(一八五八)に十四歳で侍従《じじゅう》に任じられ宮中に出仕していた。姉の中山慶子《よしこ》(のちの中山一位局・一八三五〜一九〇七)は孝明天皇に侍しており、嘉永五年(一八五二)九月二十二日、皇子祐宮《さちのみや》が誕生している。この皇子こそ、のちの明治天皇である。祐宮は五歳まで中山家で養育されており、遊び相手として常に皇子とともにあったのが忠光であった。その忠光の教育には中山家諸大夫《しょだいぶ》田中河内介《たなかかわちのすけ》[11]・瑳磨介《さまのすけ》の親子があたってきた。代々続いてきた尊王反幕の意識に加えて幼い祐宮の側にいたこと、父忠能が条約勅許問題などの政治の先頭に立つ姿などは、中山家の教育と相まって忠光に大きな影響を与えた。従来、幕府に政治を委任してきた朝廷に、国政審議機関(国事御用掛《ごようがかり》・国事参政・国事寄人《よりうど》)が新設された時、忠光は国事寄人の一人として就任している。

忠光の兄正親町公董《おおぎまちきんただ》の子、正親町季董《すえただ》が後に著した『天忠組の主将中山忠光』によれば、忠光は、衣冠のまま足元をたくし上げもせずに川を渡ったり、参内しては殿上で人の衣冠を破くほどの勢いで相撲をとるなど、公家の型に嵌らない過激な一面を持っていたという。

三　隊士の面々

那須信吾

主将中山忠光と三総裁のもとに、志を持った諸国の脱藩浪士が集まった。参加者の多い土佐出身者の中でも注目すべき人物に、那須信吾（一八二九～六三）がいる。那須信吾の父は佐川領主深尾氏（山内家家老）の家臣で浜田宅左衛門。兄金治の子辰弥が、のちの伯爵田中光顕[12]である。信吾は体格が大きく、腕力脚力ともにかなり優れていたようだ。高知城下へ片道二日かかるところを一日で行ったという話や、山道を走っている姿を見た村人が天狗と思い込み村中に「天狗目撃」を話したところ、のちにそれが那須信吾であったことが判明した、などの逸話がある。安政二年（一八五五）、請われて梼原村郷士で槍術道場を営む那須俊平の養子となった。武市半平太や吉村虎太郎らと親交を深め、土佐勤王党に加盟したと思われるが、彼も吉村虎太郎同様、その名簿に名前はない。文久二年（一八六二）四月八日、武市の指示により安岡嘉助、大石団蔵とともに土佐藩参政吉田東洋[13]を暗殺し、そのまま脱藩した。なお、養父那須俊平は、梼原を通って脱藩していく志士たちを援助していたが、元治元年自ら脱藩して長州へ走り、忠勇隊に属し禁門の変で戦死する。

天誅組監察、那須信吾（津野町教育委員会提供）。

池内蔵太

また、土佐藩出身の郷士、池内蔵太《いけくらた》（一八四一～六六）は天誅組の変の後も生きのびて、坂本龍馬の海援隊にも所属したことから有名な人物である。しかし、若い頃の様子はほとんど伝わっていない。坂本、武市らと親交を深め、土佐勤王党にも血盟したといわれるが、名簿に名前は残されていない。低い身分ながら二十歳で江戸遊学が認められ、安井息軒《そっけん》に学んだ。帰国ののち文久三年、藩命により江戸へ赴き、そのまま脱藩。長州藩に身を寄せ、下関での外国船砲撃に参加した。

水郡善之祐

参加者のうち、土佐に続いて河内の出身者が多いが、これは河内国錦部《にしごり》郡向田《こうだ》村（大阪府富田林市甲田《こうだ》）の水郡《にごり》善之祐《ぜんのすけ》（一八二六～六四）の力が大きい。水郡家は向田村で代々伊勢神戸《かんべ》藩の大坂役・河内国在地代官を勤めてきた家であった（甲田村の中でも幕府領と伊勢神戸藩領があり、幕府領は甲田村、伊勢神戸藩領は向田村となっていた）。水郡善之祐は、屋敷内に道場をつくって武術の稽古に励み、三浦流柔術、天羽流兵法を修めるかたわら、近隣の若者たちの指導にもあたっていた。

河内国は水郡家を中心に尊王攘夷志士たちが多く訪れ、時に長期に渡って同家に滞在し、また水郡善之祐自身も京都と河内を往復するなど、尊王攘夷活動を頻繁にしていた。清河八郎・安積五郎・藤本津之助・松本謙三郎・平野国臣・宮部鼎蔵もそうであるし、松田重助（熊本藩士）などは善之祐と特に懇意で、富田林に開塾しともに教えていたほどである。

天誅組が京都方広寺に集まり、大坂から堺を経て河内に至ると水郡家はそれを迎え入れる。ここで水郡善之祐は後に河内勢と呼ばれることになる同志を率いて、ともに大和五條へ向かうことになる。

大和での参加者

大和五條の挙兵に際して、地元でもそれに呼応して参加した人々がいる。斑鳩法隆寺の近く駒塚[14]に居住していた伴林光平《ともばやしみつひら》（一八一三～六四）は、河内国志紀郡林村の浄土真宗の寺院、尊光寺（大阪府藤井寺市林）に生まれた。仏教よりも国学を好み、伴信友《ばんのぶとも》や加納諸平《かのうもろひら》に学んだ。八尾の教

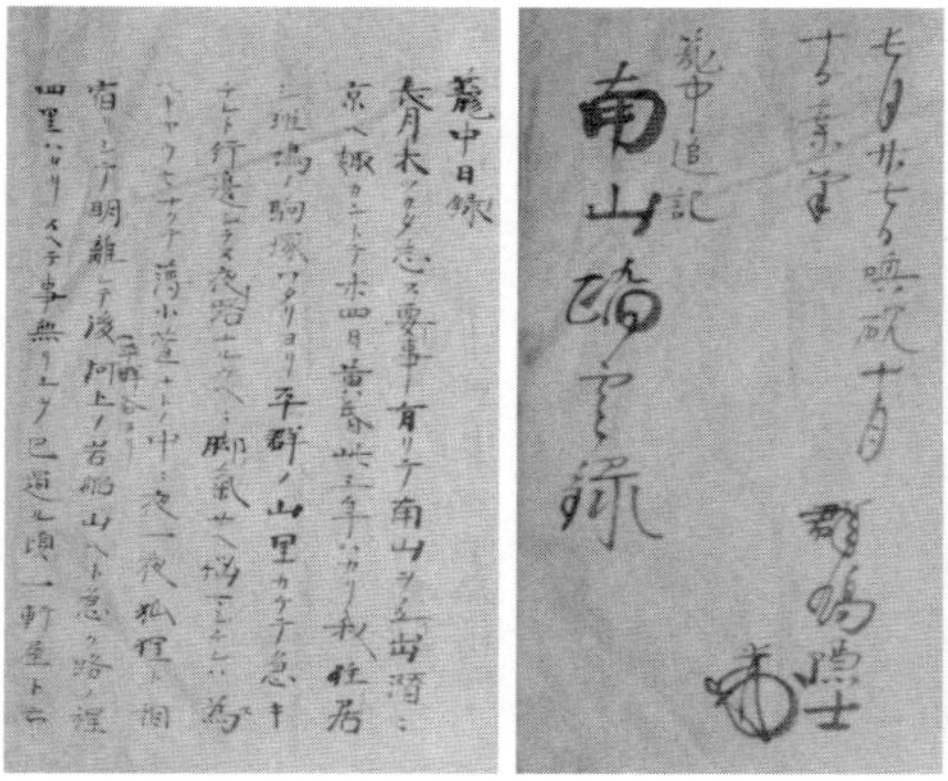

伴林光平自筆原本『南山踏雲録』（佐々木義郎氏蔵）。書名は、書中に出てくる「雲を踏み嵐を攀（よじ）て御熊野の果無し山の果ても見しかな」の歌に由来する。

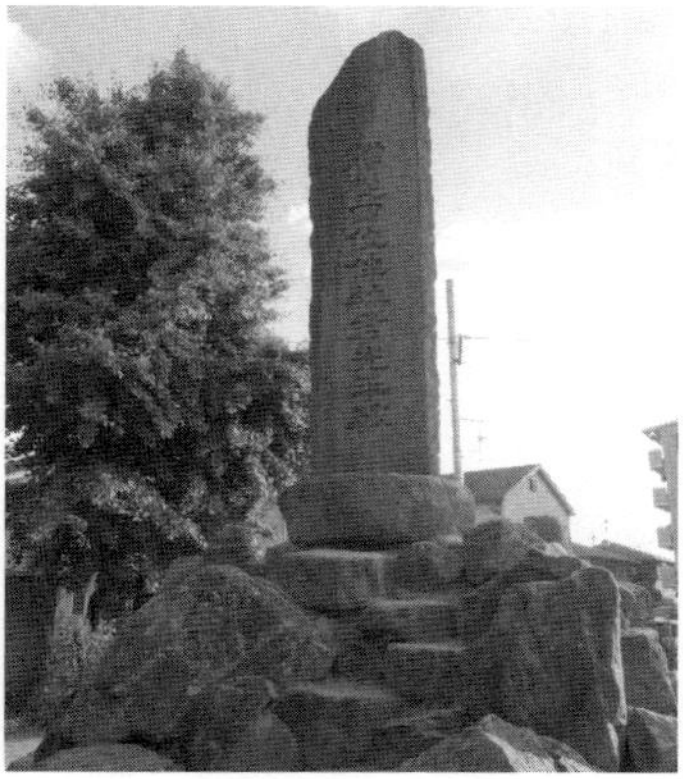

伴林光平顕彰碑（大阪府八尾市）。教恩寺跡地に建つ。

恩寺で住職をしていたこともあったが、四十九歳のとき寺を捨て大和国東福寺村へ移ってきた。中宮寺宮尊澄成淳《そんちょうじょうじゅん》女王に招かれ国学の侍講をし、また歌道の弟子である安堵《あんど》村の今村文吾の私塾晩翠堂《ばんすいどう》で歌の指導をするなど、国学者・歌人としての名声は高い。師である伴信友の跡を継いで山陵調査に邁進し『河内国陵墓図』『大和国陵墓検考』などを著したことが叡聞に達し、文久三年二月、有栖川宮家を通じて褒賞をうけている。

　中宮寺宮家に出仕していた法隆寺の寺侍、平岡鳩平《ひらおかきゅうへい》（のちの北畠治房《きたばたけはるふさ》・一八三三〜一九二一）は、伴林より二十歳も年下で弟子というべきであるが、二人の間柄は親友とも呼べるものであったようである。天誅組決起の知らせが八月十六日に届くや、平岡はすぐさま伴林に連絡し、同じく晩翠堂の仲間で椎木《しいき》村の浄蓮寺（大和郡山市椎木町）住職市川精一郎と、五條へと急いだのであった。伴林はその日、月例の歌会で大坂の願教寺にいた。夜中に平岡からの報に接した伴林は急ぎ出立、夜道を駆けて東福寺村へ戻り、さらに五條へと駆けつける。

　挙兵の地、五條にも協力者がいた。乾《いぬい》十郎（一八二八〜六四）は、五條の儒学者森田節斎《せっさい》[15]に師事し節斎の弟仁庵に医術を学んだ。その後、小浜藩士梅田雲浜の湖南塾に学び、大坂で町医者

井澤宜庵宅跡(五條市本町・八幡神社入口)。代官所の近くに居住していた。

乾十郎顕彰碑(五條市須恵)。乾が五條に貢献した事績が讃えられている。統(すえ)神社横の公園内にある。

をしながら尊攘派志士と頻繁に交流し、五條へ戻ってからは持前の医者の腕を発揮し「真珠園」という目薬を作って販売している。日頃から幕府を非難することが多く、日頃の言動と、乾の家紋が菊水であったことから、人々は彼を由井正雪と楠木正成に比して、「楠木正雪」と呼んでいた。文久二年には吉野川分水事業を中川宮へ上書。翌年には紀州藩を相手取り、吉野川に流す材木に同藩が課していた税の撤廃を成功させるなど、地元のためにも尽力していた。

　井澤宜庵《いざわぎあん》(一八二三～六五)は、京都の蘭方医広瀬元恭[16]の時習堂で西洋医学を学んだ医者である。父文礼は天保の始め頃、五條代官矢島藤蔵に招請され、代官所医師になっている。当然、井澤宜庵は、代官所内部について熟知していたと思われる。

　こうして数人挙げただけでも、武士のみならず、さまざまな身分の者が参加したことが分かる。天誅組の変は、近世の封建社会で起こった一揆とは種類の違う武力蜂起である。戊辰の役まで続く倒幕の戦いの最初であった。次章からは少し時代を遡って、天誅組の挙兵にいたる道程を辿っていきたい。

（1）世上、「吉村寅太郎」と書かれることが多い。これは明治二十四年（一八九一）、贈位の沙汰があった際、宮内庁への申請に遺族が「寅太郎」で届け出たためである。自筆署名や藩庁の文書では「虎太郎」と書いているものがほとんどである。

（2）土佐勤王党は、武市半平太が尊王攘夷を掲げて結成した党。天誅組参加者のうち、上田宗児、森下幾馬、安岡斧太郎が土佐勤王党の盟約書に名を連ねるが、吉村虎太郎はじめ、当然党に加盟していたに違いないと思われる人物の名前が削られている。のちに山内容堂によって土佐勤王党弾圧が始まると、党内で万一名簿が漏れた場合のことを考慮し、何人かの名前を削ったといわれる。吉村や、吉田東洋暗殺の下手人である那須信吾、安岡嘉助、大石団蔵もそうである。

（3）平尾道雄編『土佐維新史料・書翰篇三』（高知市民図書館）より。

（4）黒住宗忠（一七八〇〜一八五〇）は幕末の新興神道家で、黒住教の教祖。その教えは太陽を拝することで、即ち天照大神を天地の父母として尊崇し、皇孫である天皇を尊崇する尊王思想に発展した。黒住教は岡山藩の武士の間に広がり、山陽・山陰地方から京都へと広まった。藤本津之助のみならず、伴林光平もそのひとりである。死の翌年の嘉永四年（一八五一）、京都吉田神社から宗忠霊神の号を、安政三年（一八五六）には宗忠大明神の号を授けられた。文久二年（一八六二）、京都吉田山神楽岡に宗忠神社が建立され、慶応元年（一八六五）には尊王運動の一拠点であったことから勅願所になり、翌年に従四位下の神階を授けられている。

（5）日本史籍協会編『野史台 維新史料叢書十六』（東京大学出版会）より。

（6）清河八郎（一八三〇〜六三）は、出羽庄内藩出身の志士。本名を斎藤正明といい、十八歳で家を出て、江戸では東條一堂・安積艮斎《あさかごんさい》に師事し昌平坂学問所（昌平黌《しょうへいこう》）に入学。京都では梁川星巌《やながわせいがん》に学び、九州まで足を延ばして長崎や出島をつぶさに見学した。剣術では千葉周作の門に入り、北辰《ほくしん》一刀流兵法免許を得ている。江戸で山岡鉄太郎（鉄舟）や伊牟田《いむた》尚平《しょうへい》、安積五郎らと「虎尾《こび》の会」を結成し、尊王攘夷の気炎を上げていた。諸国を遊説して尊王攘夷と倒幕を説き、田中河内介、真木和泉、平野国臣らと接触した。さらに江戸で浪士組を結成。

将軍上洛に際して警備をするとして先に京都に入るや一転、尊王攘夷の先鋒であるとしたため幕府によって浪士組は解散させられる。天誅組の変に先立つ文久三年(一八六三)四月十三日、江戸麻布一ノ橋で暗殺された。

(7) 松林廉之助(一八三九〜六七)は肥前大村藩士。藩主大村純凞《すみひろ》に登用され、藩校五教館で教えた。嘉永五年(一八五二)、江戸へ出て安積艮斎の塾に入門し、昌平坂学問所で学ぶ。文久元年（一八六一）、昌平坂学問所で共に学んだ松本謙三郎、岡鹿門と三人で大坂に雙松岡塾を開いた。塾が閉鎖され大村に戻ると藩内で勤王派をまとめ、のちに大村三十七士と呼ばれる同盟を築いた。慶応三年(一八六七)、藩内の佐幕派によって暗殺され、それによって藩主大村純凞は佐幕派を粛清し、勤王倒幕に藩論を統一して戊辰戦争で活躍する結果となった。

(8) 岡鹿門(一八三三〜一九一四)は仙台藩士。昌平坂学問所で共に学んだ松本謙三郎、松林廉之助と三人で大坂に雙松岡塾を開いた。明治維新後も長生し、啓蒙活動を続けた。

(9) 「雙松岡」とは、松本と松林の二つ(「雙」)の「松」と、岡鹿門の「岡」からとられた名称。

(10) 検校とは、目の不自由な人たちの特権的職能団体であった当道社会の職階の最高官。瞽官や職制は検校・別当・勾当・座頭などの四官のほかに十六階七十三刻の段階に細分化されており、当道は職検校が京都の東洞院にあった職屋敷にいて全国を統轄した。

(11) 田中河内介(一八一五〜六二)は、但馬国出石郡香住村出身の勤王家。土地の医師小森正造教信の二男として生まれ、出石藩の儒者、井上静軒に和漢の書を学び、天保十一年(一八四〇)に上京して山本亡羊などに学んだ。天保十四年、中山家に仕え、中山忠能の知遇を得てその諸大夫田中近江介の養嗣子となる。安政三年(一八五六)、北九州を遊歴し志士と語らい、文久元年(一八六一)に一介の浪士となって倒幕を画する。寺田屋の変で倒幕挙兵はならず、薩摩へ船で護送される途次、薩摩藩士の手で子の瑳磨介とともに殺害、海中に遺棄され、その遺骸は小豆島の福田村の海岸に漂着した。福田雲海寺に墓がある。

(12) 田中光顕(一八四三〜一九三九)は初名を浜田辰弥といい、土佐藩出身の志士として活躍するが、明治維新後も長生し、新政府の要職を歴任した。政界引退後、若い頃に関わった維新志士の顕彰に尽力し、叔父である那須信吾が加わった天誅組史蹟にも碑を建立している。

(13) 吉田東洋(一八一六～六二)は土佐藩士。山内容堂の信任厚く、土佐藩参政となった。東洋の政策は保守門閥層の反発を招き、また公武一和志向は土佐勤王党の憎むところとなり、下城中に暗殺された。

(14) 生駒郡斑鳩町東福寺にある駒塚は、聖徳太子の愛馬である「黒駒」が葬られていると伝えられる古墳。現在墳丘上に伴林光平の辞世の歌碑(217頁写真)がある。

(15) 森田節斎(一八〇一～六八)は、五條の医師森田文庵の子として生まれた。若くして京都で猪飼敬所《いがいけいしょ》や頼山陽《らいさんよう》に学び、江戸では昌平坂学問所で古賀侗庵の教えを受けた。儒学者・文章家・詩文家として岡山や京都、郡山とあらゆる場所へ移り住んで教授しており、その門弟の数は非常に多い。倉敷で教えた四年間だけでも約三百名にも上る。その多くが尊王攘夷活動に身を投じており、原田亀太郎、乾十郎、森本伝兵衛らの天誅組隊士もいる。文久二年(一八六二)、尊王攘夷運動が活発になってくると、志士たちの間で森田節斎を頭にしようという動きが出てきたが、再三の依頼にもかかわらずついに動くことはなかった。慶応四年(一八六八)、和歌山県紀の川市荒見で死去。享年五十八。明治四十一年(一九〇八)、明治天皇が大和行幸をされた際、節斎が勤王志士を多く指導した功績をもって従四位を贈られた。

(16) 広瀬元恭(一八二一～七〇)は、甲州の生まれ。江戸で坪井信道のもと、緒方洪庵らと西洋医学を学ぶ。広瀬が京都で開いた塾「時習堂」は緒方の適塾と並び称される。広瀬の弟子には井澤宜庵のほか、日本赤十字の創始者である佐野常民、東芝の創始者である東洋のエジソンと謳われた田中久重らがいる。

第二章● 挙兵への道程

一　尊王攘夷から倒幕へ

黒船来航

天誅組の変の十年前、嘉永六年(一八五三)六月三日にペリーが来航し、武力を背景に開国を要求してきたことで、国内では開国派と攘夷派に分かれての対立が始まっていく。対応に苦慮した幕府は朝廷に報告し、親藩・外様大名などに幅広く意見を求めたが、幕閣や諸大名の間でも開国派と攘夷派に分かれ、朝廷内でもそれは同様で、意見が様々対立し論争をよんだ。

翌年、ペリーが再来日すると幕府は日米和親条約を締結。海防の手立てや危機対処方法、朝廷の安全対策がなされないまま開国に踏み切った幕府への不信は一気に募り、尊王攘夷論が沸騰した。

条約勅許問題

そもそも徳川幕府にとって、朝廷に意見を求めるなどということは、かつてないことであった。去る弘化三年(一八四六)八月、度重なる外国船の出現に孝明天皇は、海防強化を命じる勅書(海防勅書)を幕府に下すと同時に、対外情勢の報告を求めた。[1] この頃には、当時興隆していた尊王論[2]を背景に、朝廷も幕府の政治に介入するようになっていたのである。そのような朝廷に接近を図ったのが尊王攘夷派(尊攘派)の志士で、当時、同思想の先鋒的存在感をもっていたのが、頼三樹三郎《らいみきさぶろう》や梅田雲浜《うんぴん》、橋本左内、吉田松陰、梁川星巌《やながわせいがん》といった人たちであった。

日米和親条約により伊豆下田に総領事として赴任したハリスは、続いて通商条約の調印を幕府に求めた。世論に条約締結を納得させるため、老中堀田正睦《ほったまさよし》は、孝明天皇の勅許を得ることにした。幕府が諸大名を従わせる時代は既に終わっていたのである。太閤（前関白）鷹司政通《たかつかさまさみち》や関白九条尚忠《くじょうひさただ》らは幕府の意向を汲んで条約締結勅許へ動いたが、孝明天皇は鎖国攘夷主義者であった。天皇の考えと反する関白らの行動に攘夷派公卿たちは揃って反発し、中山忠能《ただやす》[3]を先頭に八十八人もの公家たちが、九条邸に押し掛ける騒ぎになった。結果、堀田老中は条約勅許を得ることができず江戸へ戻り、失脚した。

井伊大老の暗殺

堀田のあと、大老に就任した井伊直弼は、安政五年（一八五八）六月に勅許のないまま日米修好通商条約を締結、ついでオランダ・ロシア・イギリス・フランスとも同条約を締結し、朝廷に対しては条約締結の事後報告だけをするという思い切った手段をとった。また幕府内で同じ時期に問題となっていた将軍継嗣[4]についても紀州徳川家から迎えることに決定した。

勅許なき条約の締結と将軍継嗣問題解決の強引さに、朝廷・諸大名、志士たちから猛烈な反発が沸き起こった。一橋派の徳川斉昭《なりあき》（水戸藩前藩主・幕政参与）・慶篤《よしあつ》（水戸藩主）・慶勝《よしかつ》（尾張藩主）・松平慶永《よしなが》（春嶽《しゅんがく》・福井藩主）・一橋慶喜らは、井伊直弼に抗議を申し入れようと不時登城（届出もなく登城すること）したが、かえって蟄居《ちっきょ》や謹慎などの処分を受けた。このことは尊攘派志士たちを憤慨させ、大老を排斥し聖旨のとおり攘夷を行わんとの行動に走らせた。これらの反発に対し、井伊は大弾圧を開始した。いわゆる安政の大獄[5]である。朝廷内で幕政批判に息巻いていた公家たちは息を潜めざるをえず、京都から尊攘派志士たちは姿を消した。その反動は、万延元年（一八六〇）三月の水戸・薩摩藩士らによる桜田門外の変へとつながる。井伊大老の暗殺という一大事件は、幕権を大きく失墜させた。

公武一和と和宮降嫁

その後、幕府は井伊の独裁政治から方針を一転し、朝廷と幕府の結びつきを強めて公武一和をはかり、幕藩体制を再強化しようとした。その政策のひとつが、将軍家茂と孝明天皇の皇妹和宮《かずのみや》の婚姻であった。幕府は、公武一和をもって人心を安定し、然る後に国防を整えて条約破棄又は武力攘夷を行うとして再三に渡って降嫁《こうか》を願い出て、実現にこぎつけたのである。

攘夷と倒幕

文久二年(一八六二)一月、老中安藤信正が坂下門外で水戸浪士らに襲われ負傷する事件が起こった。開国貿易によって起こった物価高騰、孝明天皇の異人入国反対の意思、それらから引き起こされる外国人襲撃などの事件が幕政批判と綯い交ぜとなり、世論は尊王攘夷に凝縮されつつあったのである。そんな中、薩摩藩主島津茂久《もちひさ》(のちの忠義)の実父久光が藩主参勤交代の名代という名目で、公武一和推進のために兵を率いて江戸へ出立し、その途中、四月十六日に京都へ入った。この頃、出羽庄内の郷士清河八郎、中山家諸大夫田中河内介などの尊攘派が、倒幕についての密議をこらしていたのである。

> 直ちに九州へ下りて相成る丈義兵を相募りて、九州の士は京師に忍び入り、水府の士をも忍び寄せて、青蓮院宮を相奉じて天子を挟み、一時に天下諸侯及び草莽の士民に号令いたし、第一に若州《じゃくしゅう》(若狭小浜藩主・京都所司代酒井忠義《さかいただあき》)を伐殺し、関東の気を奪ひ、夫より宮を奉じて夷狄《いてき》を征伐して我三千年来の皇威を復し、天下万世の大功を建つべき事ぞ相約す。(清河八郎『潜中始末』)

安政の大獄で謹慎中の青蓮院宮を奉じて、諸藩や草莽の士を集め、京都所司代を「伐殺」し、「夷狄を征伐して」、「皇威を復し、天下万世の大功」を建てることを約束し合ったとあり、これは攘夷を実行しない幕府に対する倒幕論であった。清河と田中が中心になって、九州や水戸の士に号令して倒幕の兵を募ることにな

平野国臣。

真木和泉。

り、九州では、真木《まき》和泉守保臣《いずみのかみやすおみ》(6)、平野次郎国臣《くにおみ》(7)といった尊攘派の代表格ともいえる人物たちと意気投合、倒幕挙兵の計画は水面下で広がっていった。そして志士たちは、島津久光の上洛を倒幕実行の好機と大きな期待を抱いたのである。薩摩藩では、有馬新七、柴山愛次郎、田中謙助、橋口壮介ら急進派が続々と集まったほか、土佐藩からは吉村虎太郎ら数名が先陣を切って脱藩し、長州藩士屋矢之助、久坂玄瑞《くさかげんずい》、久留米藩原道太《はらみちた》、荒巻羊三郎《あらまきようさぶろう》(のちに天誅組に参加)らと会合をもった。皆、島津久光の入京に伴って挙兵する算段で、その数は数百人にのぼった。

寺田屋事件

しかし、朝廷では久光が出した脱藩志士の取り締まりと幕政改革の意見書に得心し、勅使大原重徳《しげとみ》を久光とともに江戸へ下向させ、幕政改革を要求することにした。薩摩藩による倒幕挙兵を構想していた志士たちはこれに失望し、もはや自分たちだけで決起するしかないとなった。すなわち、九条関白邸と京都所司代を襲撃、青蓮院宮の蟄居を解き、宮の手から倒幕の密勅を久光に下させようとしたのである。

この情報を得た島津久光は挙兵当日、奈良原喜八郎、大山格之助ら八人の薩摩藩士を伏見寺田屋へ遣わし、有馬新七ら急進派を討ち取り挙兵を未然に防いだ。四月二十三日の夜のことである。この同士討ちの悲劇で有名な寺田屋事件で、挙兵寸前まで進行した倒幕運動は一旦潰されることになる。

これに関係した脱藩志士たちは、薩摩藩を通じて出身の各藩へ強制的に引き渡された。土佐藩へは吉村虎太郎、宮地《みやじ》宜蔵《ぎぞう》、久留米藩へは真木和泉、真木和泉の子菊四郎、吉武助左衛門、淵上謙三、原道太、古賀簡二、鶴田陶司、荒巻羊三郎、中垣健太郎、酒井傳次郎らが引き渡され、それぞれ禁固刑を受けた。しかし彼らの一部は再び脱藩し、約一年後の天誅組の挙兵に参加する。田中河内介父子、千葉郁太郎、中村主計《かずえ》、海《かい》賀《が》宮門《みやと》は、薩摩へ送られる船中、薩摩藩士によって無残に殺害された。特に中心人物の田中河内介は中山家を通じて朝廷と密接な繋がりをもっており、危険視されたのである。

志士たちの決起を未然に防いだ島津久光は、天皇の信望を得て、公武一和を基本とする幕政改革のために、勅使大原重徳とともに江戸へ向かった。

二　尊王攘夷派の台頭

尊攘派による朝権強化

幕府は朝廷の意見を容れ、幕政改革を行った。一橋慶喜を将軍後見職、越前藩主松平慶永を政事総裁職、会津藩主松平容保《かたもり》を京都守護職に任命するなどの人事や、参勤交代の緩和などが決定された。

島津久光が江戸へ下っている間に、尊攘派の長州藩が朝廷との繋がりを強め、土佐藩でも下士たちが参政吉田東洋を殺害して藩政を動かし、藩主の入京を実現させてきた。そういった尊攘派志士に動かされて、朝廷はさらなる幕政介入をしてきた。安政の大獄で処罰された者たちの復権・赦免を交渉し、幕府に大赦令を出させたほか、京都所司代酒井忠義《ただあき》を罷免させた。さらに攘夷を催促する勅使を江戸に派遣することなど、次々と決定していった。公武一和などという考えは、京都においてはまたたく間に一掃されていったのである。文久二年四月、青蓮院宮尊融法親王《そんゆうほっしんのう》も赦されて青蓮院門跡に還補していた。のち文久三年には還俗して中川宮《なかがわのみや》(8)と称する。

生麦事件をへて江戸から戻ってきた島津久光は、短期間のうちに公武一和から尊王攘夷へと変節してしまった朝廷の様子に失望し、そのまま自国へ戻ってしまった。その代わりに長州藩と土佐藩が京で勢力を伸ばし始め、両藩ともに京都警衛の勅命を受けて藩主が参内した。その後も朝廷では、熊本藩主・筑前藩主・佐賀藩主などに次々と国事周旋の内命を下していき、各藩は続々と入京する有様になった。幕府は、朝廷と藩による身勝手な行動を抑えることができなくなっていた。

尊攘派による朝権強化の背景には、志士たちによる幕府要人などの暗殺行為が大きく影響している。「天《てん》誅《ちゅう》」とよばれる暗殺(9)は、安政の大獄の報復目的で行われ始めたが、攻撃対象は和宮降嫁を推進した公武一和派・親幕派にも及んだ。

中川宮。のちの久邇宮朝彦親王。

文久二年七月、和宮降嫁に尽力した「四奸二嬪《しかんにひん》」(久我建通《こがたけみち》、岩倉具視《いわくらともみ》、千種有文《ちぐさありふみ》、富小路敬直《とみのこうじひろなお》、女官の少将《しょうしょうの》掌侍《ないし》今城重子《いまきしげこ》、右衛門掌侍《えもんのしょうじ》堀川紀子《ほりかわもとこ》)の弾劾の声が朝廷内外から沸き起こり、辞官、蟄居、落飾に追い込んだ。この一件は、これで終わったかに見えたが、中山忠光は密かに土佐藩武市半平太のもとを訪れて、前関白九条尚忠と四奸二嬪に天誅を加えるとして協力を要請したのである。武市らは忠光の公家殺害を諫め、その代わりに薩摩・長州・土佐三藩の尊攘派有志とともに六名の弾劾を徹底して推し進めることに決し、結果、彼らを洛外へ退去せしめた。この一件で、志士たちの間では、中山忠光は若い気骨のある公家として注目されはじめたのであろう。

朝廷は、十二月に国事御用掛《ごようがかり》、翌文久三年二月に国事参政・国事寄人《よりうど》という国政審議機関を新設した。忠光は十名の国事寄人の一人に任命されている。さらに学習院[10]を通じれば、草莽微賤の者であっても朝廷へ意見書を提出することが認められた。志士たちと尊攘派公家はここで接近することになる。

公卿の学問の場であった学習院跡(京都御苑内)。幕末のこの時期には、尊攘派志士と若手公卿が面会する場となった。

将軍上洛

文久二年十月二十八日、京都を出発した勅使は幕府に、攘夷を行う期日と具体的な方法を決めて朝廷へ報告せよと通告、これを受けて将軍の上洛が決まった。この時、勅使にたったのは尊攘派の中でも行動派の三条実美《さねとみ》、姉小路《あねのこうじ》公《きん》知《とも》。将軍上洛というまたとない好機に、尊攘派たちは、幕府に攘夷期日を決定させるべく、中山忠光、正親町《おおぎまち》実徳《さねあつ》ら十三名の公家が関白邸へ押し掛けて談判に及び、一方の幕府側は密かに関白や中川宮と会合を持ち、従来通り幕府が政治を行うことを確認するなど、水面下で双方のかけひきが展開された。

文久三年三月、将軍徳川家茂は上洛した。将軍の上洛は、寛永十一年(一六三四)の三代将軍家光以来、二百三十年ぶりのことである。攘夷期日の回答を求められた幕府はついに、五月十日に決行することを約束したのである。

かつては朝廷は、何事をするにも幕府に許可を得なければならず、尊号事件[11]では幕府を無視して尊号宣下を行おうとしたがために中山愛親《なるちか》らが幕府に処罰される事態にまで発展したほどであったが、時勢ここに至り、朝廷は堂々と政治を行い始めたのである。天皇自ら政治を行う「天皇親政」への第一歩であった。尊攘派は「君側清掃《くんそくせいそう》」「聖旨貫徹《せいしかんてつ》」を合言葉のように呼称した。しかしながら、この頃から、最も重んじているはずの孝明天皇の意思と、知らず知らずにかけ離れてくる格好になってきたのである。孝明天皇の意思はあくまでも公武一和体制での攘夷であり、尊攘派たちは、攘夷のためにまず倒幕を考えた。

賀茂行幸

三月十一日、長州藩の建議により賀茂行幸《かもぎょうこう》が行われた。下鴨神社（京都市左京区）・上賀茂神社（京都市北区）に詣で攘夷を祈願するもので、天皇の行幸は、寛永三年（一六二六）に後水尾天皇が、徳川秀忠、家光に会うために二条城へ行幸して以来のことであった。関白鷹司輔熙以下の公卿、将軍家茂、一橋慶喜、松平慶永、そして在京の大名らが供奉し、沿道で参拝する民衆は数十万人に及んだ。雨であったにも拘らず、みな傘を捨てて道に跪き、柏手《かしわで》を打って鳳輦を拝したという。

供奉の列に加わっていた中山忠光は、その後十八日夜、西国遊説の決意をもって密かに京を抜け出した。途中で長州藩士久坂玄瑞、入江九一《いりえくいち》らと合流し、海路萩へ下ったといわれる。忠能は事態を重く見て忠光の官位返上を願い出ざるを得ず、忠光は侍従職を解かれた。去る二月二十四日に寺田屋事件で国許へ送り返された土佐の吉村虎太郎が再び上京してきており、吉村や武市半平太、久坂玄瑞といった面々が中山邸に頻繁に出入りをしており、忠光は彼らと意気投合したのである。

男山行幸

四月十一日、男山《おとこやま》石清水八幡宮（京都府八幡市）への行幸が行われた。全て順調だった賀茂行幸と違い、今回は幕府側の事態打破もあり、尊攘派にとって後味の悪いものとなった。まず忠光が長州藩世子毛利定弘《さだひろ》（のちの元徳《もとのり》）とともに鳳輦を奪い、天下へ攘夷倒幕の号令を出そうとしているといった噂が流れ、行幸は一度延期になった。行幸当日、将軍家茂は病として供奉せず、慶喜が名代として供奉したものの男山へは登らず、攘夷祈願をした孝明天皇から授けられる節刀《せっとう》を受けなかったのである。攘夷の節刀を受けると、期日を決めた五月十日には攘夷を実行しなければならない。口約束でしかない幕府としては、受けるわけにはいかなかったのであった。

攘夷実行

しかし五月十日。攘夷行動を開始した藩があった。長州藩である。馬関《ばかん》海峡(関門海峡)を航行中の米仏商船を突如砲撃したのであった。初めて行った攘夷行動に、長州藩と尊攘派は沸き返った。朝廷からも褒勅の沙汰があり、攘夷監察使が長州へ下向するほどであった。森俊斎《もりしゅんさい》の変名で長州に滞在し気炎を上げていた中山忠光も軍艦庚申丸に搭乗して砲撃に加わったという。[12] しかし外国船撃退という快挙に湧きかえる長州藩は、約半月後にはアメリカ・フランスをはじめオランダ・イギリス四ヶ国から報復を受け、大敗を喫する。

真木和泉の救出

その後忠光は、久留米藩の保守派によって投獄された真木和泉らの救出に乗り出した。

真木和泉が再び投獄されたことで、同藩小川佐吉、深野孫兵衛の二人が急ぎ脱藩上京し、長州藩寺島忠三郎らに援けを求めたのであった。長州藩はすぐさま三条実美に掛け合い、朝廷から長州藩に、真木和泉らについて穏便に取り扱うようにとの朝命が出された。それをうけて忠光は長州藩士数名とともに久留米藩へ出向いたのである。幕府が攘夷をしなかったことで尊攘派は、今こそ幕府を討つ絶好の機会と捉えたのであろう。そのひとつとして、尊攘派重鎮の真木和泉を京都へ呼び戻そうとした。

この一件は、久留米藩士加藤任重の日記に詳しい。[13] これによると、五月十日、忠光は長州藩士七、八名と肥後藩士一名を連れて久留米藩に乗り込み、翌日、真木和泉らの釈放について談ずべく藩主、家老に面談を申し込んだ。十二日、家老が忠光と面会することになったが、入城しようした忠光の一行に付き添いの者がいたことから警備の者が門を閉ざして入城させないという事態が起こった。忠光面会の周旋にあたっていた石野道衛と松岡傳十郎が家老に掛け合ったが、何の返事もなかったという。忠光は怒って、久留米藩を立ち去ろうとした。

> 十三日
> 中山殿大いに怒られ、国賊棄つべしとて朝五半時頃立去られ、跡より大騒ぎ、昼過より早馬にて呼返しに、追々松崎まで駆付け、主膳大夫も八つ過出馬、都合馬二十一匹余出し候由。(加藤任重『損莽漫録』)

久留米藩の態度に怒った忠光は捨て台詞を残して立ち去り、それを知った城内は大騒ぎになった。忠光を呼び戻さなければならないと、家老も出馬し、使われた馬は二十一頭余りであったというのである。十四日、忠光をなんとか呼び戻した久留米藩は、夕方市中に「中山公御通行の節、不敬の義これなき様」との触書を出し、忠光に面会した藩士が家老の因循さを詫びる一面もあった。

五月十七日、真木和泉以下二十数名は釈放され、真木はすぐさま上京の途につき、忠光もまた六月八日に京へ戻った。藩士が脱藩するように京都を脱して身軽に行動し、重要場面で公家の力を発揮する忠光に対し、志士たちが自然と自分たちの主将格と仰ぐようになったのは、自然な成り行きであった。

尊攘派の台頭

五月二十日、尊攘派公家の筆頭姉小路公知が暗殺され、下手人として薩摩藩士田中新兵衛が逮捕された。このことで薩摩藩は御所の乾門警備を解かれ九門の出入りを禁じられてしまい、薩摩藩は政局からさらに遠ざけられた。

一方の幕府では、老中小笠原長行《おがさわらながみち》が、生麦事件の賠償金をイギリスに支払った後、五月三十日、千人余りの兵を率いて海路上京し、京都の尊攘派を一掃しようという強硬手段に出た。将軍の沙汰もあり京都の手前、淀で一旦留まったが、尊攘派の憤慨は相当なもので、多くの志士たちが淀へ出向き小笠原を刺殺せんとの企てをもった。その中に吉村虎太郎、松本謙三郎らがいた。結局、兵を率いての入京を将軍に止められた小笠原は江戸へ引き揚げ、成り行きを見届けた吉村虎太郎らはそのまま西へ向かった。その顔ぶれは土佐藩脱藩吉村虎太郎はじめ池内蔵太《くらた》・上田宗児《そうじ》・土居佐之助、刈谷藩脱藩松本謙三郎・宍戸弥四郎《ししどやしろう》・伊藤三弥、久留米藩脱藩竹志田熊雄《たけしたくまお》・真木菊四郎・池尻岳五郎《いけじりたけごろう》の十名。西国に遊説し同志を募るためで、伏見で失敗した倒幕挙兵を再度強行する考えであった。既に長州藩士の知己を得て京で毛利定広と懇意にし、伏見で岩国藩主吉川経幹《きっかわつねもと》とも謁見していた吉村虎太郎は、既に一行の中心人物となっていたと思われる。

　このうち半数が九州へ遊説に赴き、吉村・池・松本・真木・池尻の五名は六月十七日に山口で長州藩主毛利慶親《よしちか》(のちの敬親《たかちか》)・定広父子に謁見、挙兵にあたって藩主の上京を懇願した。しかし、長州藩は英仏蘭米の四ヶ国艦隊との交戦中で今すぐに藩主上洛とはいかないため、まず家老を上京させ機を見て上洛するとの返答を得た。

　吉村らは久坂玄瑞らと帰京の途中、忠光の実兄正親町公董《きんただ》が攘夷監察使として長州へ下向中と聞き及び、吉村が代表して随行の一人肥後熊本藩士河上彦斎《かわかみげんさい》と会見している。公董に託した一書によると、吉村らの倒幕挙兵に、長州藩では差し当たって五、六百人を出すことにしたという。さらに、土居佐之助が兄にあてた手紙によると、

> 去月四日、吉村虎太郎、池蔵太、其余諸藩の有志ともと同伴にて京師出足仕り、同五日大坂着、直様乗船仕り候。同十二日長州赤間関へ着仕り申し候。右長藩へ入込候義は、高杉晋作に内用《ないよう》これ有り申し候。此義は次の飛脚に委細相分かり申すべく候。[14]

とあり、今回の長州行には高杉晋作と内談があったとしている。英仏蘭米四ヶ国から攘夷の報復を受け、大敗を喫した長州藩では、蟄居中であった高杉晋作を起用、高杉は奇兵隊を創設し馬関総奉行となった。吉村らの草莽倒幕挙兵構想と高杉晋作の奇兵隊構想は、ともに奇兵、つまり武士でない者を集めて組織し、倒幕挙兵の原動力にするという共通部分がある。吉田松陰が唱えた「草莽崛起」である。吉村らと高杉の間で、倒幕挙兵と草莽崛起構想が、内々で話し合われたとみていいだろう。

攘夷親征

倒幕挙兵の計画が徐々に形になりつつある中、攘夷親征の考えが尊攘派の中で浸透しはじめていた。天皇自ら兵を指揮して攘夷を行うということである。特に真木和泉の「五事建策」は、

攘夷の権、攬《と》る事。
親征部署、標《しる》す事。在京の兵を算《かぞ》え令を下す事。
天下の耳目《じもく》を新む。
土地人民の権、収むる事。
浪華に蹕《ひつ》を移す事。(15)（真木和泉『国事建言』）

との内容で、「耳目」とは指導者のことである。すなわち天下を治める指導者を一新し土地人民を収めるなど、攘夷親征・王政復古を視野に入れていたことが窺える。

攘夷親征運動は、大和行幸というかたちで鷹司関白に上書され朝議にかけられた。春日社・神武天皇陵を参詣し、攘夷祈願、御親征軍議の上、伊勢神宮に詣で、天皇自ら軍を率いて幕府に攘夷不履行の罪を問う、というものであった。しかし大和行幸は伏見寺田屋の一件以来の倒幕に繋がるものとして受け止められ、反

対者が多く容易に答えが出なかった。朝廷で可否が取り沙汰されている間、再び「天誅」が行われ始めた。行幸親征に反対する者たちが次々と襲われたのである。

そして文久三年八月十三日。ついに大和行幸の詔《みことのり》が下った。

（1）朝廷から幕府へ申し入れをした最初は、光格天皇のときに遡る。天明七年(一七八七)に一般民衆が御所を囲む築地塀の周りをお百度参りの如く廻り始めた「御所千度参り」という現象が起こった。これは天明の大飢饉で生活が立ち行かなくなった人々が、もはや京都所司代や町奉行に願っても仕方がないと、信仰のような形で天皇に救いを求めて行い始めたものであった。このとき天皇より、窮民のために米を出せないかと、幕府に申し入れがあり、幕府はこれに従い、京都町奉行所から救い米を計千五百石出した。朝廷が幕府の政治に口を出した最初である。

（2）尊王論の台頭の背景のひとつに国学の興隆がある。江戸時代、四書五経といった中国の古書物で学ぶ儒学に対して、国学は『万葉集』『古事記』『日本書紀』などの古典研究を通じて日本の国の在り方を考えるものである。荷田春満《かだのあずままろ》、賀茂真淵《かものまぶち》、本居宣長《もとおりのりなが》、平田篤胤《ひらたあつたね》といった国学者たちは、儒学や仏教が伝わる以前の国の体制に戻す「復古」を理想とした。これが王政復古、尊王倒幕思想へと繋がっていく。儒学のもつ道徳「武士道」に対して国学の道徳は「清明正直《せいめいせいちょく》」を教えとしている。

（3）中山忠能(一八〇九~八八)は、中山忠光の父で、明治天皇の外祖父。ペリー来航、条約勅許問題では外交拒絶意見を述べ尊攘派の先頭に立ったが、公武一和論が出てくると和宮降嫁に奔走し、ために尊攘派に排斥されることになった。国事御用掛として復帰後、禁門の変では長州藩のために尽力し、出仕を停止された。明治天皇即位ののち処分を解かれ、議定に任ぜられる。維新後は、神祇官知事、神祇伯などを歴任した。忠能の残した『中山忠能日記(正心誠意)』は幕末の政情を伝え貴重である。

（4）十三代将軍徳川家定《いえさだ》は病弱で、実子もないことから跡継ぎ問題が切迫していたが、次期将軍に紀州藩主徳川慶《よし》福《とみ》を推す南紀派と、御三卿一橋《ひとつばし》家当主一橋慶喜《よしのぶ》を推す一橋派に二分し対立していた。井伊直弼は大老に就任すると徳川慶福を跡継ぎに決定し、慶福は家茂《いえもち》と名乗り、十四代将軍の座についた。

（5）小浜《おばま》藩士梅田雲浜をはじめ、越前藩士橋本左内、水戸藩士鵜飼吉左衛門《うがいきちざえもん》親子など、投獄、死罪、追放などに処せられた志士や公家諸大夫《しょだいぶ》は百人以上に及び、朝廷内でも左大臣近衛忠煕《このえただひろ》、右大臣鷹司輔煕《すけひろ》は辞官させられ、太閤鷹司政通、内大臣三条実萬《さねつむ》は出家、青蓮院宮尊融法親王《そんゆうほっしんのう》(のちの中川宮)、一条忠香《ただか》ら多数が謹慎させられた。御三家や大名においては徳川斉昭が国許永蟄居、慶篤は差控、一橋慶喜は隠居・慎《つつしみ》、土佐藩主山内豊信《やまうちとよしげ》(容堂《ようどう》)や宇和島藩主伊達宗城《だてむねなり》といった藩主たちは慎を命じられたほか、幕閣内でも一橋派の川路聖謨《かわじとしあきら》、永井《ながい》尚志《なおむね》らが左遷されるなど減禄・罷免などの処罰者が相次いだ。

（6）真木和泉(一八一三〜六四)は、久留米水天宮《くるめすいてんぐう》(福岡県久留米市)の神官。天保三年(一八三二)に従五位下に叙任され、大宮司真木和泉守朝臣保臣と称する。十九歳の時に水戸の会沢正志斎《あいざわせいしさい》の影響を受け、久留米藩で水戸学を広めた。藩主に藩政改革を上書し、嘉永五年(一八五二)に執政有馬監物《ありまけんもつ》らの排斥を企んだが失敗し蟄居の身となった。以後十年間に及ぶ幽閉生活の中で子弟を教えた。文久二年(一八六二)、脱藩上京し、寺田屋の変で久留米藩に送り返され幽閉の身となるがのちに赦され、さらに倒幕の策を練った。文久三年八月十八日の政変で七卿とともに長州へ落ち、翌年に長州藩の来島又兵衛、久坂玄瑞らと共に禁門の変を起こして敗れ、山崎天王山で自害。

（7）平野国臣(一八二八〜六四)は筑前福岡藩黒田家の足軽の家に生まれた。通称次郎(二郎)。江戸や長崎に赴任して世界の列強に囲まれた日本を知り、尊王攘夷論者となって安政五年八月に脱藩、上京した。藩を辞す時に名を「国の臣」という意味で「国臣」と名乗った。諸国を巡って尊王攘夷を説き、薩摩の島津久光上京を機に薩摩の尊攘派や真木和泉ら浪士と挙兵して攘夷の断行を企てたが寺田屋事件で挫折した。福岡で投獄されるも翌年朝旨で出獄。上京して学習院出仕となる。天誅組挙兵鎮撫のため五條に赴いたが失敗。八月十八日の政変を経て、天誅組に呼応して生野で挙兵するも捕えられ、京都六角獄舎に送られ処刑された。

（8）中川宮朝彦《あさひこ》親王（一八二四〜九一）は、日本史上では八月十八日の政変の立役者として、その時期名乗っていた「中川宮」の名が一番よく知られているが、さまざまな称号がある。伏見宮邦家親王の第四王子として生まれ、八歳で本能寺の僧日慈の門に入った。天保七年（一八三六）八月、仁孝天皇の養子となり、奈良一乗院門跡の継嗣とされ、翌八年に親王宣下があり成憲の名を賜り、同九年、尊応と改めた。嘉永五年（一八五二）、粟田口青蓮院門跡となり尊融と改め、青蓮院宮または粟田宮と称せられる。ついで天台座主に補せられた。天皇の信任厚く国事について相談にあずかったが、安政の大獄により隠居永蟄居に処せられ、相国寺桂芳軒に幽居の身となり、獅子王院宮と称される。文久二年（一八六二）四月に赦されて青蓮院門跡に還補するも、九月には国事扶助の勅命があり、国事御用掛の一人に加わった。文久三年正月に勅命により還俗し、中川宮と称せられて元服、朝彦の名を賜り、弾正尹《だんじょういん》に任ぜられた。それ故に尹宮《いんのみや》とも称せられた。八月十八日の政変の中心人物となり、翌元治元年（一八六四）の禁門の変では、天皇の御前に伺候し離れなかった。十月、賀陽宮《かやのみや》と改称する。慶応三年（一八六七）、王政復古の大号令とともに参朝停止となり、明治元年（一八六八）、反政府運動加担の嫌疑をかけられ広島に幽閉となる。のちに許され皇族に復し、久邇宮家を創設することになる。また、神宮祭主に就任し、明治十五年には皇學館を設置した。親王が残した『朝彦親王日記』は幕末の貴重な史料となっている。

（9）最初の「天誅」は、九条尚忠の家臣島田左近《しまださこん》の殺害であった。島田左近は、前関白九条尚忠の寵臣で、安政の大獄では井伊直弼の臣長野主膳《ながのしゅぜん》とともに志士たちの羅織《らしょく》につとめ、また和宮降嫁に尽力したことから、尊攘志士たちの憎悪の的になっていた。文久二年（一八六二）七月二十日、刺客に襲われ、首級は二十三日明け方から終日、四条河原に立て札とともに晒された。続いて閏八月二十一日、越後の浪人本間精一郎《ほんませいいちろう》が殺害され、同じように晒し首になった。さらに二日後の二十三日、九条家家臣宇郷玄蕃《うごうげんば》が、九月一日には島田左近の手先であった目明し文吉が殺害された。また安政の大獄で志士たちを捕え死地に追いやった京都町奉行所の与力・同心たちも襲われ殺害された。こういった暗殺、生き晒し、脅迫投文などは急進派の薩摩藩士、長州藩士、土佐勤王党によって行われ、文久年間だけで九十七件の記録がある。幕臣、京都所司代、公武一和を唱える公家たちは震え上がり、公武一和思想は短期間で形を潜めた。

(10) 学習院は、公家の子弟のための教育機関。かつて光格天皇が古代の大学寮の復興を構想、孝明天皇が即位した翌年の弘化四年(一八四七)にようやく開校した。それが幕末には朝廷と諸藩の間の折衝の場にあてられるようになり、身分の低い者であっても学習院に意見書を提出することが認められることになった。各藩では学習院出仕という形で藩士たちを詰めさせ、かつての教育機関はさながら政事堂のような様相へ変わってきた。

(11) 尊号事件(尊号一件)は、光格天皇の代に起こった朝廷と幕府の間の事件。光格天皇は、実父である閑院宮典仁親王に「太上天皇」の尊号をおくることを幕府に申し入れたが、老中松平定信と関白の交渉の末、再考を促す回答が幕府から出された。しかし天皇は、幕府の意向にかかわらず尊号宣下を公表。この一方的な宣言に幕府は「尊号宣下の儀は無用」であること、そして武家伝奏正親町《おおぎまち》公明《きんあき》、議奏中山愛親《なるちか》を江戸に召喚し責任を追及、閉門・逼塞を命じた。尊号宣下も中止せざるをえなかった。

(12) 正親町季董著『天忠組の主将中山忠光』(やまと刊行会・一九三一年)より。

(13) 岩崎英重編『維新日乗纂輯第二』(日本史籍協会)所収。

(14) 平尾道雄編『土佐維新史料・書翰篇三』(高知市民図書館)より。

(15) 小川常人編『真木和泉守全集』(臨川書店)所収。

第三章●挙兵前夜

一　大和行幸の詔

大和への行幸

古来より行われている上賀茂・下鴨神社の賀茂祭(葵祭)、石清水八幡宮の石清水祭、春日大社の春日祭は「三大勅祭」と呼ばれ、宮中より勅使が派遣される祭礼として知られている。三月の賀茂行幸、四月の男山行幸に続いて今回、奈良の春日社への行幸が計画されたのは、勅使の参向する神社に自ら行幸されるという意図があってのことと思われる。

今度攘夷御祈願のため、大和国行幸　神武帝山陵、春日社等御拝、暫く御逗留、御親征軍議あらせられ、其の上神宮行幸の事(「忠功卿記」[1])

この大和行幸・御親征の詔は八月十三日に布告された。これで幕府に攘夷不履行の罪を問い、倒幕・王政復古へと持ち込むことができると尊攘派の気分は最高潮に達した。行幸先は奈良の神武帝山陵(神武天皇陵)、春日社(春日大社)。そこで諸藩に呼びかけて御親征の軍議を行い伊勢神宮へ詣でる、という内容で、尊攘派は御親兵を組織し伊勢から江戸へ向かう予定であった。

春日社神鏡落御事件

余談であるが、文久二年(一八六二)正月に春日社で一つの異変があった。正月一日から行われていた「八ヶ日之神事」中、春日社所領大柳生庄の御供《ごく》を備進する際、第四殿の六面の御神鏡のうち一面が落下し破損したのである。これは古来、国家の不吉とされ、宮中へも上奏された。その報せが関白の元に入ったのが一月二十日であったが、その翌日の二十一日に江戸から老中安藤信正が襲撃された坂下門外の変(事件自体は一月十五日)の報せが入ったから、まさに異変出来《しゅったい》であった。この神鏡落御事件《しんきょうらくぎょ》は、「千餘年の神物、今年に至り落損せしめ給ふの儀、神慮測り難く深く宸襟《しんきん》を悩まされ候[2]」とあるので、孝明天皇ご自身も春日社での祈願を望まれたかもしれない[3]。

天皇陵行幸

同じ文久二年、幕府は宇都宮藩家老戸田忠至《ただゆき》(間瀬和三郎[4])の山陵修復の嘆願を入れ、神武陵はじめ歴代天皇陵の決定、修復を始めた(文久の修陵)。最初に嘆願をした戸田忠至は朝廷から山陵奉行に任じられ、戸田以下多くの人物が神武陵決定調査を行った。その中には伴林光平も名を連ねている。文久三年二月、神武陵の場所はミサンザイ(橿原市大久保町)と定められ、幕府は全国の天皇陵修復費用約四万三千両のうち、神武陵修築にその三分の一にあたる約一万五千両を充て、約七ヶ月の工事が行われた。この時期はまだ完成していなかったにも関わらず、その神武陵への行幸が決定された。

行幸の準備

長州藩主毛利慶親・定広父子の内、一人は早々上京すべきとの命が下され、八月十五日、長州・加賀・熊本・薩摩・久留米・土佐藩に、行幸及び御親征軍議用として金十万両の調達が命じられた。公卿ら供奉の列も決まり、長州藩士益田右衛門介《ますだえもんのすけ》、桂小五郎(木戸孝允)、久坂玄瑞や、久留米藩士水野丹後、熊本藩士宮部鼎蔵《みやべていぞう》、土佐藩士土方楠左衛門《ひじかたくすざえもん》(土方久元)や筑前藩士平野国臣らが朝命により学習院に出仕し、着々と準備が進められた。そして車駕《しゃが》の出発は八月下旬から九月上旬と決まったのである。

水郡善之祐と河内の同志

八月三日頃、河内国向田《こうだ》村の水郡善之祐《にごりぜんのすけ》が、近隣同志の辻幾之助《つじいくのすけ》、田中楠之《くすの》助《すけ》、長野一郎、鳴川清三郎、中村徳次郎、森本伝兵衛らとともに上京していた。御親征・大和行幸の詔が下される見通しがついたため、吉村虎太郎、松本謙三郎、藤本津之助らと「皇軍御《こうぐんご》先鋒《せんぽう》」を組織し、一足先に大和国へ向かう最終打ち合わせをしていたのである。水郡は京都で打ち合わせを行った後、準備のために帰郷した。吉村虎太郎は十日、十二日、十三日と続けて中山忠光を訪ね、そして十四日、忠光は再び出奔した。この日、決起を促す一通の回状が同志たちに密かに廻されたといわれる。

今般、攘夷御祈願の為、大和表行幸仰せ出され給いぬ。これにより忠節を心掛け候我輩一同、御先鋒として大和へ罷り下り、鸞輿《らんよ》を迎え奉らんため、今日発向の段、治定《ちてい》候に付、有志の徒は正八ツ時限り、方広寺道場へ遅滞なく参着致さるべきもの也。

文久三年八月十四日

前侍従　中山忠光　花押[5]

幕末の大和国

御親征目的の行幸先大和国は、その殆どが幕府領で、北大和は奈良奉行の支配下にあり、南大和は五條代官が支配していた。大和国内の藩は次の通り。

郡山藩（柳沢家・十五万石・郡山城）
高取藩（植村家・二万五千石・高取城）
新庄藩（永井家・一万石・陣屋）
芝村藩（織田家・一万石・陣屋）

柳本藩（織田家・一万石・陣屋）
小泉藩（片桐家・一万石・陣屋）
柳生藩（柳生家・一万石・陣屋）
田原本藩（平野家・五千石(6)・陣屋）

郡山藩以外は小藩ばかりである。途上、御親兵を集めるのであるから、北大和の幕府領は行幸先であることから考えても、問題のあろうはずがない。勅命が下れば大和国唯一の大藩である郡山藩も従うであろう。忠光はじめ吉村・松本・水郡らは、残る南大和の幕府領を平定し、義兵を集めて行幸を迎えようと考えたのである。すなわち、大和国五條の幕府機関である代官所を討つということであった。出発前、忠光は朝廷に出陣届けをし、御親征の早期敢行を促した。

> 臣忠光、謹んで奏聞し奉り候。臣、曩《さき》に不肖の身をもって叨《みだり》に朝恩を辱し奉り、晨夕《しんせき》左右に昵近《じっきん》仕り、殊遇を蒙り候段、今更拝謝奉り候も恐れ入り候次第と存じ奉り候。しかるに前年来、海内騒擾《かいだいそうじょう》、奸賊共逆威を振るい、恐れ多くも朝家を軽蔑仕り候様子見受け候より、臣不肖憤懣に堪へず、一旦跡を草野に匿《かく》し、必死をもって国家万一の御報恩仕るべき心得に御座候処、天時至らず、逆賊誅を免れ、各々帰国仕り候段、遺憾申すばかり無く候。今日に至り候ては大樹を始め、一橋慶喜、松平春嶽等、何れも違勅の逆徒、速やかに征討の師を御興し遊ばされて然るべき儀に候へども、何分朝廷には兵馬の御大権あらせられず候故、叡慮の程、御貫徹遊ばされかね候御事と存じ奉り、臣、実に悲泣《ひきゅう》に堪へず、此上は邸内に罷り在り偸安《とうあん》の中に日を送り候より、再び草莽に潜匿《せんとく》仕り速やかに天下の義士を招集し

目に当り候奸徒を傍より誅戮《ちゅうりく》仕り、その人民をして幕政の艱苦《かんく》を脱し、天朝の恩沢《おんたく》に帰向《きこう》仕り候様仕り、数千の義民を募り候て、御親征御迎へに参上仕り候はん。その節、逆徒征伐仕り候様、仰せつけられ候はば、臣、必死を以て深く賊地に入り、不日に渠魁《きょかい》の首を斬り、闕下《けっか》に献じ候はんと、皇祖天神に誓ひ奉り、決心仕り候儀に御座候。仰ぎ願はくば、聖恩臣の微衷《びちゅう》を御憐れみ遊ばされ、臣の義挙を御助け遊ばされ候はば、早々正義の諸藩士共御召しに相成り、逆徒より申上げ候儀、断然御取用ひこれなく、速やかに錦旗を御建て遊ばされ、在京逆徒早々放逐仰せ付けられ候様、昧死《まいし》懇願奉り候。

臣忠光誠恐誠惶頓首再拝(7)

「速やかに天下の義士を招集し、目に当り候奸徒を傍より誅戮仕り、その人民をして幕政の艱苦を脱し、天朝の恩沢に帰向仕り候様仕り、数千の義民を募り候て、御親征御迎へに参上仕り候はん」とあるように、同志を集め、大和国幕府領を支配する五條代官を討つ、そして土地人民を朝廷に返すことを宣言しているのである。さらに数千の義民を募って御親兵とし天皇をお迎えに参上する、という。これが、御親征という決定された政治方針に基づいた彼らの行動目的であった。

二　皇軍御先鋒出陣

方広寺参集

八月十四日午後二時、総勢四十名が集合場所である方広寺(8)（京都市東山区）に集まった。当時、方広寺南門前は土佐脱藩志士たちが多く居住しており、又、境内には土佐藩の練武場があっ

た。集合した顔ぶれを列挙してみると、

中山忠光　十九歳　公卿
吉村虎太郎　二十七歳　土佐藩
木村楠馬　二十三歳　〃
中倉才次郎　二十五歳　〃
那須信吾　三十五歳　〃
上田宗児　二十二歳　〃
池内蔵太　二十三歳　〃
島浪間　二十一歳　〃
田所騰次郎　二十五歳　〃
伊吹周吉　二十四歳　〃
土居佐之助　二十三歳　〃
森下儀之助　三十三歳　〃
森下幾馬　三十歳　〃
鍋島米之助　二十四歳　〃
前田繁馬　二十六歳　〃
安岡嘉助　二十八歳　〃
安岡斧太郎　二十六歳　〃

方広寺(京都市東山区)の鐘楼。徳川氏が滅ぼした豊臣氏ゆかりのこの寺に、一党は集結した。

島村省吾　十九歳　〃
沢村幸吉　二十一歳　〃
楠目清馬　二十二歳　〃
磯崎寛　二十三歳　鳥取藩
石川一　二十一歳　〃
尾崎鋳五郎　二十二歳　島原藩
保母健　二十二歳　〃
松本謙三郎　三十四歳　刈谷藩
伊藤三弥　二十八歳　〃
宍戸弥四郎　三十一歳　〃
鶴田陶司　二十四歳　久留米藩
酒井傳次郎　二十六歳　〃
半田門吉　三十歳　〃
中垣健太郎　二十三歳　〃
荒巻羊三郎　二十三歳　〃
江頭種八　二十四歳　〃
小川佐吉　三十三歳　〃
山口松蔵　二十八歳　〃
吉田重蔵　三十三歳　福岡藩

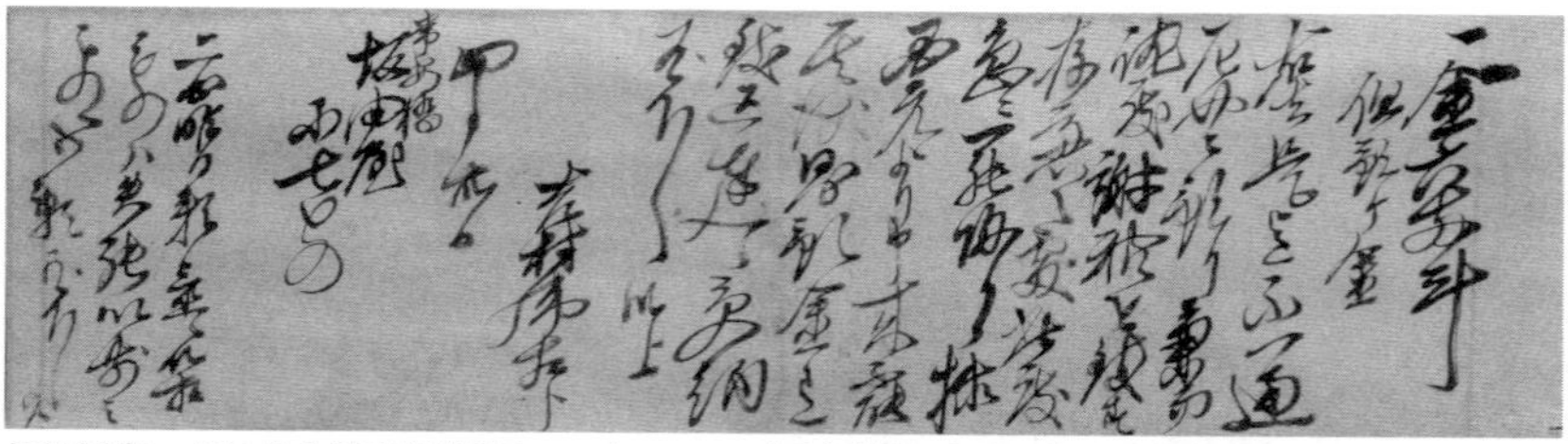

坂田屋宛、吉村虎太郎書状(池田コレクション／写真提供 市立五條文化博物館)。急に国元に帰ることになったために金六十両の預り金の残りを返却するので受納されたしとの内容で、文久2年の寺田屋事件連座直後のものと思われる。坂田屋と勤王の志士とのつながりを示す史料。

竹志田熊雄　二十一歳　熊本藩
渋谷伊與作　二十二歳　下館藩
長野一郎　　二十七歳　河内国
田中楠之助　二十一歳　〃

一行は伏見荷船問屋魚久で、あらかじめ取り揃えていた武具を積み込んで乗船し、淀川を大坂へ下った。大坂土佐堀常安橋に着いたのが十五日午前十時。旅宿坂田屋で支度を整え、夕方早船二艘に分乗して出発、安治川《あじがわ》を下り天保山《てんぽうざん》沖へと出た。既に日は暮れている。

軍令発令

船中でこの皇軍御先鋒の軍令が披露された。内容は松本、藤本の草案であろうといわれている。はじめの一項はその行動の清潔さを、最後の一項は志を示しており、彼らが純粋に皇軍御先鋒、御親征の先駆けたろうとしたことが窺えよう。

軍令
一、この挙、元来武家の暴政、夷狄《いてき》の猖獗《しょうけつ》によって庶民の難苦限りなく候を、深く宸襟を悩まされ候こと、傍観に堪えず、やむを得ざるところなれば、たとい敵地の賊民といへども、本来御民の事なれば、乱暴狼藉、貨財を貪り、婦女を奸淫し、猥りに神社、家宇等放火致し、私に降人を殺すことこれあるまじき事。
一、軍令は号令厳ならざれば、一軍の勝負にかかわり候間、忠孝の本道に違し所は、いささかも違背有るべからず。もし違背するものは、軍中の刑法、歩を移さずということ、かねて心得申すべき事。

一、恐れ多きことに候へども、諸軍共毎朝、伊勢大神宮幷に京都禁裏御所に向い遙拝いたし、報効の外一点、私心を挟まず候段、誓い奉るべく候。

一、火の元用心、第一に致すべく、夜八時以後は、諸小屋とも火を消し申すべし。ただし、銃砲隊長のところにては、火縄の用意格別の事。

一、合詞は出陣の度ごとに変わり候故、総裁職より差図致し候条、別言と交らざる様、心掛け専用の事。

一、行軍中、また戦場にては、たとい数歩の中に大利大害これあり候とも、鼓に進み、貝に止まり、鉦に退く約束堅く相守り、猥《みだ》りに動揺有るべからず候事。

一、武器幷びに衣食等は、自他乱雑これなきよう、取始末第一の事。

一、陣中、私用にて他の小屋へ往来すべからざる事。

一、陣中、喧嘩口論、酒狂放歌等、総じて高声談話等致すべからず候事。

一、敵の強さ、味方の不利を談じ、兵卒の気をくじき候儀、致すまじき事。

一、戦場において、たとい私の遺恨これありとも、見捨て申すまじく、元より味方の勝敗にかかわり候へば、厳科なすべき事。

一、敵地往来はもちろん、わが親族たりとも私に文通致候儀、堅く禁制たるべし。もし敵中より書状差越し候はば、封のままその部将共に見せ、監察方にて開封の上、事実ひそかに言上致すべきこと。

一、進退、言語、たがいに礼節を守り、僭上不敬、我意をおしたて、功を争い、名を競い、不和を生じ、果し合い等致し候儀は、その害その罪、賊に準ずべし。

京都
方広寺
8/14 14:00 発
能勢
妙見山
ポンポン山
伏見
石清水八幡宮
八幡
宇治
高槻
箕面
宇治田
枚方
茨木
交野
寝屋川
西宮
加
木津
尼崎
土佐堀橋
8/15 10:00 着
夕方発
淀川
大坂城
奈良
春日大社
生駒山
暗峠
大和郡山城
大和郡山
軍令発令
八尾
斑鳩
安堵
大和川
天理
堺港
8/16 朝
大阪湾
柏原
堺
藤井寺
田原本
三輪山
桜井
泉大津
狭山藩陣屋
富田林
神武天皇陵
大阪狭山
水郡邸
8/16 14:00 着
深夜発
新庄
岸和田
岸和田城
明日香
貝塚
河内長野
御所
三日市
三日市油屋
8/7 2:00 着
8:00 発
観心寺
金剛山
高取城
泉佐野
千早峠
吉野
紀見峠
岡
下市
五條
吉野
五條代官所
8/17 16:00 討入
橋本
高野口
0
5
10
15
20km
天誅組進軍図

一、一心公平無私、土地を得ては天朝に帰し、功あらば神徳に帰し、功を有することあるべからず。我らもしこの儀に違い候はば、則ち皇祖大神の冥罰を蒙り、民人親族ともに離れむ。汝等もしこの儀に違いて私する所これあるにおいては、また兇徒に異ることなし。神典皇謨によりて、たちまち天誅、神罰を行わん。汝等よろしくこの儀を存じ、その罪を犯す事なかれ。ここに皇祖天神に誓い、将軍士卒に告ぐ。

再軍令

一、軍中猥りがましき儀、これあるまじき事。

一、抜懸《ぬけが》けは高名致し候へども、厳科に処すべく候事。

一、乱暴、これあるまじき事。

一、猥りに民屋に放火し、餓死するともほしいままに取り申すまじき事。

一、諸勝負は勿論、飲酒にふけり、或いは婦人等けっして犯すまじき事。

右の条々相背くにおいては、軍法に処すべき者なり。(9)

さらに軍令の補遺ともいうべき条項がある。

一、天朝の御為を厚く相心得、名を正し義を明らかにする志、片時も油断なく、開闢《かいびゃく》以来無窮の御《ご》恩賚《おんらい》に報い奉るべき事。

一、戦場においては私の遺恨これあり候へども、必ず相助け相救ひ、粗略あるべからざる事。

一、行軍の節、私用これあらば、その隊長へその由申し達し、用済み次第、元の隊伍へ付くべき事。
一、喧嘩口論は勿論、あつまって高声致すべからざる事。
一、敵に逢て猥りに動くべからず、隊長の命を相待つべき事。
一、戦場は勿論、行軍の時といへども後を顧みるべからず、且つ私に言語を交ゆべからざる事。
一、上下の礼を守り、言語動作、人に対して驕《おご》りがましき振舞あるべからざる事。

天誅組義士上陸遺蹟碑(左)と天誅組上陸繋船の楡碑(大阪府堺市)。上陸の際に船を楡の木に繋いだという。この場所では5年後に堺事件が起り、そのことを示す碑も並んで建つ。

全二十六項目からなるこの軍令は、理念や志から戦場においての大小様々な規律にまで及び、皇軍の名に恥じない行動を全員に求めるものである。その中でも、軍令の最後の項に書かれた「一心公平無私」は、彼ら皇軍御先鋒の理念であり象徴であった。一行は、天保山沖から船を堺港へと向けさせると、十六日の明け方、上陸した。

堺港上陸

八月十六日の早朝、堺港旭橋東詰から上陸した一行は、扇屋と朝日野のふたつの旅宿に分かれて朝食を済ませ、陸路進軍する支度を整えると西高野街道を進んだ。十時頃、狭山《さやま》の報恩寺で休息。そして吉村虎太郎、磯崎寛の二人は従者をつれて狭山藩陣屋に出向き、藩主北条氏恭《うじゆき》に面会を求めた。御親兵の名をもって、来たるべき天皇御親征への協力の要請である。

一行が休憩した報恩寺（大阪府大阪狭山市）。

狭山藩陣屋跡（大阪府大阪狭山市）。

狭山藩の対応

狭山藩は河内国狭山（大阪府大阪狭山市）二千石と近江国四郡を支配する計五千石。小田原北条氏の支流の譜代大名で、陣屋は狭山池の東北にあった。突然の出来事に陣屋内は混乱し、家老二人が報恩寺で忠光と面会した。忠光は、天皇御親征が近々あること、狭山藩も我々皇軍御先鋒に応じて出陣されたいとし、この後水郡《にごり》善之祐宅で休息を取ることになっているため、そこで返事を待つと言い渡したのである。

狭山から廿山《つづやま》を越えて河内国向田村に至る道中、今度は旗本戸田氏の領地小山村の在地代官松田勝九郎宅へも数名が使者に立った。ここで甲冑その他を提供させ、士気は上がるばかりであった。

水郡邸に入る

忠光一行はこうして進軍中に通過する地域に協力要請をしながら、十六日午後二時頃、水郡善之祐宅（大阪府富田林市甲田）に到着した。当主の善之祐、長男の英太郎、鳴川清三郎、辻幾之助、中村徳次郎、森本伝兵衛、和田佐市、浦田弁蔵らが揃って出迎えたという。

下館藩白木代官所の対応

そこで狭山藩からの返事を待つ間、今度は下館《しもだて》藩の白木代官所へも使者を送っている。譜代大名石川家支配の下館藩は、常陸国（茨城県）以外に河内国石川・古市二郡七千八百石余りを持っており、白木村（大阪府南河内郡河南町白

中山忠光らを迎え入れた水郡善之祐邸の母屋(左)と表門(大阪府富田林市)。

木)に代官所を置いていた。協力要請に、陣屋から弓矢・鉄砲・馬・人足・百人分の弁当が水郡家に届けられた。

午後四時頃には、狭山藩から家老と寺社奉行が来て、甲冑十領・槍十五筋・ゲベール銃十挺・米若干を献納し、御親征の際には馳せ参じる旨の返答をなした。

いずれも、突如現れた皇軍御先鋒なる一団に協力・献納をする一方、事の真偽を確かめるために京都へ使者を急ぎ遣わしていた。

河内勢出陣

水郡は、準備万端整えて忠光一行を待ちうけていたわけだが、その準備の中に菊の御紋の旗と幟があったとされる。伏見寺田屋の変でも錦の御旗が用意されていたことを考えると、皇軍御先鋒たる一行にとってこれは当然であったろう。『会津藩庁記録』には、堺上陸の時点で一行が菊御紋の旗をひるがえしていたとの情報もある。

この日、水郡邸と養楽寺(水郡家菩提寺)に分かれて休憩をとり、出発したのは真夜中過ぎであった。忠光は馬上にあり、陣太鼓で同家より出陣した。

ここから水郡善之祐を筆頭にした河内国の同志、いわゆる河内勢十三名が加わった。

天誅組河内勢顕彰碑（大阪府富田林市・錦織神社参道）。当地から輩出した六十余名の河内勢の人々を顕彰するために地元の人が建碑した。

水郡善之祐	三十八歳	向田村
水郡英太郎	十三歳	向田村
鳴川清三郎	三十九歳	新家村
森本伝兵衛	二十九歳	宮甲田村
吉年米蔵	四十九歳	長野村
辻幾之助	二十六歳	富田林村
中村徳次郎	二十五歳	富田林村
和田佐市	三十二歳	向田村
浦田弁蔵	三十四歳	甲田村
武林八郎	二十五歳	長野村
東条昇之助	三十七歳	長野村
内田耕平	二十三歳	備中国[10]
秦将蔵	三十五歳	向野村

十三歳の水郡英太郎は水郡善之祐の長男で、出発にあたって強いて従軍を願い出たようで、その様子を伴林光平は『南山踏雲録』に次のように書いている。

水郡英太郎、容貌艶麗《えんれい》、言語爽清、行年僅かに十三。意気爽清、常に好んで長槍を捻る。父の首途《かどで》の日、強いて後に従い、以て父の死期を見んことを請ふ。

ともに行って父の死に様を見届けたいとの願いであった。

三日市油屋

一行は伊勢神戸《かんべ》藩領の長野村を通過した。ここで同村の吉年米蔵《よどしよねぞう》が弁当約百人前を用意してきた。しかし四十九歳で肥満体型であった吉年米蔵は、途中で行軍について歩くのが困難になり、引き返して武器食料の調達や連絡係を務めることになったといわれる。また参加はしなかったものの、文久元年に伊賀神戸藩から赴任してきた長野村代官吉川治太夫《じだゆう》[11]は、水郡と交流が深く、資金面で大いに協力していた。

夜中二時頃に三日市村に到着した忠光一行は暫時休息をとった。三日市村(大阪府河内長野市三日市町)は、幕末のこの頃、幕府領(二百五十八石余)と近江膳所《ぜぜ》藩領(八十四石余)であったとされる。観心寺・延命寺を経て大和へ向かう道の基点であり、西高野街道の宿場町で、大変賑やかであったようだ。「京師、難波よりの高野街道なり。旅舎多くありて、日の斜なる頃より、出女の目さむるばかりに化粧して、河内島の着ものに忍ぶ染の施襴美しく、往《いき》かふ人の袖引き袂《たもと》をとどめて、一夜の侍女となる事むかしよりの風俗とかや」(『河内名所図会』)とある。一行が休息をとったのは、水郡と親しい間柄である西川庄兵衛の油屋旅館で、大名が宿泊する本陣であった。ここで人足六十人ばかりを用意させ、十七日午前八時頃に出発すると観心寺[12](大阪府河内長野市寺元)へと向かった。

三日市宿の油屋旅館跡(大阪府河内長野市)。近年まで旅館の建物があったが更地となり、記念碑が新たに作られた。

楠木正成首塚前の天誅組碑（大阪府河内長野市・観心寺）。

観心寺

観心寺には、後醍醐天皇に忠節をつくした大楠公《だいなんこう》・楠木正成の首塚があり、一挙の前に参拝することは当初から決めていたものと思われる。忠光一行がこの南朝ゆかりの寺に到着したとき、三名が馳せ付けた。

甘南備万吉　二十三歳　河内国石川郡甘南備村
藤本津之助　四十八歳　岡山藩
福浦元吉　三十五歳　徳島藩（淡路島福良浦）

一同は槇本院で休息をとり、後村上天皇陵に拝礼し水盃《みずさかずき》を交わしたあと、楠木正成の首塚前で菊の御紋の旗を翻し、中山忠光が戦勝祈願の祈禱分を読み上げた。

彼ら皇軍御先鋒は、自分たちを楠木正成になぞらえ、王政復古の先駆けたることを誓い合った。寺を出立すると金剛山千早峠を越えた。目指すは大和国の宇智郡五條村である。

（1）『孝明天皇紀』巻百六十七（宮内省）、七七九頁。
（2）『孝明天皇記』巻百二十五、七八四頁。
（3）春日社の神鏡が破損する「神鏡落御」は、春日山の樹木が一斉に枯れ始める「山木枯槁《さんぼくここう》」と並んで不吉とされ、国家に凶事妖事がふりかかる前兆として怖れられてきた。その際には早急に宮中へ注進し、勅命をもって七ヶ夜の御神楽と秘伝の神事を奉仕し、勅使をして祈謝されることを古例とした。文久二年に落ちた神鏡は、神護景雲二年(七六八)に社殿が造営されたときから懸けられていたものであったという。それが前年に皇女和宮が降嫁し、将軍家茂との婚礼を来月に控えたこの時期に落ち破損したとなれば、「神慮測り難く深く宸襟を悩まされ」たことは想像に難くない。さらに三月四日には第三殿の御神鏡が落ち、同月十六日に卜部、安倍、賀茂の三家に命じて春日社神鏡の事を占わせている。このことは春日大社権宮司岡本彰夫氏の「文久二年春日社神鏡落御始末」に詳しい。

(4) 戸田忠至(一八〇九~八三)は宇都宮藩主戸田忠翰の弟忠舜の子で、重臣間瀬氏を継ぎ、間瀬和三郎といった。家老職を務めて藩政に預かり、藩内に尊王攘夷論を広めた。藩主忠恕《ただゆき》を通じて幕府に天皇陵の修復を請い、山陵奉行に補せられて上京し、文久三年(一八六三)正月にその功を称せられて別家を命ぜられ、従五位下大和守、戸田姓に復した。慶応元年(一八六五)にほぼ山陵修復を終えた。

(5) 西田正俊著『十津川郷』(十津川村役場発行)、一〇八頁。

(6) 田原本藩は慶応四年に一万石となり、諸侯に列せられた。

(7) 維新史料編纂会編『維新史』第三巻(東京大学史料編纂所)、五八八頁。

(8) 方広寺は京都市東山区茶屋町にある天台宗の寺院。豊臣秀吉が大仏と大仏殿を建立し、文禄四年(一五九五)に開眼法要を行ったが、翌年の慶長の大地震で崩壊した。慶長十九年(一六一四)に豊臣秀頼により再建大仏殿が竣工したが、開眼供養直前に方広寺鐘銘事件が起こり大坂冬の陣となる。この大仏は寛文二年(一六六二)の地震で崩れ、木造に改められたが、寛政十年(一七九八)の落雷で焼失した。天保十四年(一八四三)に木造の大仏が寄進せられ、文久の頃はこの大仏が安置されていた。その大仏も昭和四十八年(一九七三)に焼失。

(9) 宮内省編『殉難録稿』、二五六頁参照。軍令の補遺も同じ。

(10) 内田耕平は備中国出身であるが、長野村の医師吉井見龍(吉井一郎の兄)の弟子。吉井家で医学の修業中、河内勢のひとりとして参加した。

(11) 吉川治太夫(一八〇九~六三)は伊勢神戸《かんべ》藩士。十五歳で藩主に認められ近侍し、ついで中小姓、侍読、小姓、代官役、馬廻役等をつとめた。文久元年（一八六一）、神戸藩の飛び地であった河内国錦部郡長野村に代官として赴任していた。長野村の大庄屋吉年米蔵とともに、天誅組の趣旨に賛同し援助をしたことから、天誅組壊滅後、吉年米蔵とともに岸和田藩によって捕えられ、治太夫は護送途中、壺井村（羽曳野市壺井）で自害した。

（12）観心寺は大阪府河内長野市寺元にある高野山真言宗の寺院。役行者開創、弘法大師所縁の古刹。後醍醐天皇はじめ南朝の歴代天皇や楠木正成とその子孫の帰依と保護を受けた寺で、後村上天皇の行在所《あんざいしょ》ともなった。塔《たっ》頭《ちゅう》中院《ちゅういん》は楠木家の菩提寺であり、正成は幼少時代にこの寺で勉学に励んでいる。後村上天皇は正平《しょうへい》二十三年（一三六八）、住吉行在所（住吉大社・大阪市住吉区）で崩御したが、観心寺で荼毘《だび》に付され御陵が営まれた。

第四章 五條決起

一 五條代官所討ち入り

岡八幡宮（五條市岡町）。千早峠を越えた一党はここに一旦集合し、五條代官所へと向かった。

五條の協力者

千早峠で軍議と準備を整えた彼らは、大和国宇智郡岡村の岡八幡宮（奈良県五條市岡町）に一旦入って休息をとった。ここで大和国出身の志士たちが加わったとされている。以前から五條村にあって皇軍受け入れの準備を整えてきた乾十郎、井澤宜庵、そして林《はやし》豹吉郎《ひょうきちろう》らである。森田節斎門下の乾十郎は当時、五條村で医者をしていた。同じく医者の井澤宜庵は父が代官所医師であり、代官所内部についても詳しかったと思われる。林豹吉郎は宇陀郡拾生（宇陀市大宇陀町拾生）の出身で、大砲制作の心得があった。

代官所討ち入り

五條代官所は南大和約八万石を支配している。代官は鈴木《すずき》源内《げんない》といって、前年四月二十八日に信州中野から五條へ赴任してきた人物であった。温厚な性格で、領民から慕われ

五條代官所跡。現在の五條市役所のある一帯に代官所があり、天誅組の襲撃を受け焼き払われた。

ていたという。

皇軍御先鋒が代官所に討ち入ったのは午後四時頃であった。四手に分かれて取り囲むと、大砲を討ち入りの合図として一斉に門を押し開け玄関からなだれ込んだ。地元の史料によると、甲冑に身を固め鉄砲・槍・火縄銃・抜身の刀を持った武者の人数は五、六十人、人足七、八十人という軍勢であった。鈴木代官に対し、自分たちは勅命によって組織された皇軍御先鋒であること、速やかに所轄の幕府領を引き渡すことを要求、突然の出来事に驚いた鈴木代官がこれを拒否すると、一気に武力制圧にかかった。役人たちにとって正体不明の武力集団、近年京都を騒がせている天誅騒動が五條にまで及んだか、くらいにしか思わなかったに違いない。邸内は大混乱になった。役人たちは戦いあるいは塀を乗り越えて逃げた。鈴木代官、長谷川岱助《たいすけ》、黒沢儀助、伊東敬吾の四人が討ち取られ、その喧騒の中、按摩の嘉吉も役人のひとりと誤認され殺害された。

堂島米会所の記録『堂島旧記』によると、この日、邸内は酒宴の最中で次にあげる十三名の役人と鈴木代官の妻、梅田平三郎の妻、そして按摩嘉吉などがいた。これは代官所内部に詳しい井澤宜庵から情報を得て、警戒手薄な酒宴の日を選んで討ち入ったのではないかと考えられる。

代官　鈴木源内
元締　長谷川岱助

手代　梅田平三郎、近藤米太郎、矢崎信太郎、高橋勇蔵、小原五郎三、森脇弥太郎、壬崎粂蔵《じんざきくめぞう》
取次　木村祐治郎
書役　恒川庄次郎
用人　黒沢儀助
用人　伊東敬吾

地元五條のいくつかの記録には、その時の様子や噂が書き残されている。

いずれも武器冑に身を固め、菊の御紋御旗越し翻し、大将と思敷き御方、馬にて御壱人裁配越し御携ひ、其の余手ごとに鉄砲刀槍長刀抜身越携ひ、御門前へ一さんに馳せ付け、四方に手配を致し厳重に取り囲み罷り在り候処、表御門へ合図の大筒どうと打ち掛け味方を呼び集め、東露路門を打ち毀《こわ》し、又は表御門を押し開き玄関へ押し込み、大将勅命の趣、御演《の》べ遊ばされ候、同中山大納言勅命によって鈴木源内是に罷り出づべしと大声にて三度御呼び遊ばされ候。外軍勢の御方には本陣へ切り入り、暫時仕り候内、銘々に生首引き提《さ》げ門前へ取り出し候。右陣内にて女中の御方々落涙致し、御かなしみ余り内一時に泣き立つること蚊のなく如し、哀れなり。（『本城久兵衛日記』[1]）

取次役木村祐治郎は負傷したものの大島村（五條市五條四丁目）まで逃げ、同村の戸長中西三郎兵衛に助けられて明西寺の太鼓堂に匿われた。しかし次の日、皇軍御先鋒の数名が捜索にきて、中西戸長に木村祐治郎の居場所を問い詰めた。その言葉が土佐弁であったと伝えられている。もはや逃れることは出来ないと覚悟を

桜井寺本堂の古写真。建物は神奈川県箱根町元箱根に移築されて現存する。

現在の桜井寺（五條市須恵）。

決めた木村は、翌日、宇智川の橋の下で割腹して果てた。

手代高橋勇蔵は一旦、宇智郡中村（五條市中町）まで逃げ、庄屋山県与市宅に助けを求めた。九月二十七日に与市から番所へ届け出た文書（『山県氏文書』[2]）によると、高橋勇蔵が与市の家の戸を叩いたのは八月十七日夜中十二時頃であった。一晩匿ってもらいたいとの頼みに、いつ追手が来るかも分からないためともかく遠方へ逃げたほうがいいと諭し、弁当を用意し紀州への道を教え領境まで道案内をしていった。高橋勇蔵は大日川《おびかわ》村（五條市西吉野町大日川）まで行き、そこで九月四日に死亡した。鈴木代官の妻、梅田平三郎とその妻、近藤米太郎、矢崎信太郎ほかは捕えられた。

桜井寺本陣

この代官所討ち入りの真っ最中に、藤本津之助ら数名が本陣設置のために桜井寺[3]（五條市須恵）に赴いた。本陣に借り受けたいことを告げたが、住職は他行中とのことで、村役人を呼びだし、寺を本陣にすること、兵糧の準備をすることを申し入れた。午後七時から九時頃、制圧した代官所から勝鬨が上がった。皇軍御先鋒は、太鼓や半鐘を鳴らしながら列を整えて桜井寺へ移った。

『本城久兵衛日記』には「已前より色々騒動一揆のことも承り候得共、それは目に覚えず噂を承るばかり、此度のは眼前の事に

桜井寺の天誅組本陣碑。寺の前の交差点は、本陣交差点と呼ばれている。

これあり候故、誠に恐ろしき次第に御座候」と述べられ、『五條北之町順番帳』[4]には「以前より色々の騒動合戦事も承り候得ども、それは目に見えず噂ばかり聞き取り候のみ、此度は眼前の事にこれある故、誠に恐ろしく村中一同に当惑驚き入り候事に候、前代未聞恐れ入り申し候」とあるように、村々の驚きと混乱も、相当のものであった。桜井寺に移った一同は村役人を呼びだしたが、先程は出てきた村役人も、今度ばかりは皆、恐ろしさの余り誰も来なかったという。

村役人此処へ呼び参り候様申付けられ、早速村役人方へ参り候得共、誰れ一人も参り候人なし、拠《よんどころ》無く、村役代にしてその隣家の衆罷り出で候間、決して其の方等へ迷惑相懸け候義とは違い、殿方のことに付き発向致し候事にこれあり候間、其の方等決して心配いたすまじく、安心致すべき候様、懇ろに仰せられ、隣家の者どもようやく安心の体に相成。（『本城久兵衛日記』）

代わりに参上した村役代に対して皇軍御先鋒が述べたことは、村々に迷惑をかけるものではないため、安心せよ、とのことであった。そして代官所を焼き払うこと、代官所の書類は村役人で保管すること、武器、書類、家財道具や衣類の類を運び出すことが指示された。代官所から次々に運びだされた武器類は桜井寺へ、書類・衣類などは講御堂寺《こうみどうじ》（五條市五條一丁目）へ一旦納められた。

代官所炎上

ついに真夜中頃、建物に火が放たれた。抜身を下げた皇軍御先鋒が見廻りをする中、火は敷地内の建物すべてを焼き尽くした。寛政六年(一七九四)から続いた代官所支配の終わりであり、幕府の終焉を内外に示すものであった。

二　五條御政府

「新政府」の施策

明けて十八日。桜井寺門前に表札が掲げられ、菊の御紋の旗・幟が翻った。表札には「五條御政府」。江戸時代の強固な幕藩体制の中、初めて作られた「新政府」であり、彼らにとって、新しい時代の幕開けであった。

まず五條御政府として、この地を丸ごと天皇直轄地とし、施策の柱として「御政府の発布と政治方針の布告」「勧善懲悪策による民心安定」「周辺旗本領の接収」「周辺各藩への協力要請」の四つを掲げた。村役人を呼びだして、以下のような触れを出し、所轄の村々の治政や己が立場に細かく気を遣った。

今度此表発向の趣意は、近来攘夷仰せ出され候得共、土地人民預り候者共、専ら己の驕奢《きょうしゃ》のために四民を害し候上、却って攘夷の叡慮を妨げ候族多く、且つ近日御親征仰せ出され候調《ととの》へのために候。既に当地代官鈴木源内は本意甚だしきもの故、誅戮《ちゅうりく》加え候。以後、五條代官支配所の分、天朝御直の民に候間、神明を敬し君主を重んじ候、御国体を拝承致すべく候。此度、本に帰し候御祝儀として、今年の御年貢、是までの半通り御免成し遣わされ候。向後、取箇の義手軽に致し遣し度候得共、猶奏

聞沙汰に及ぶべく候事。(5)

まず、天朝の民という本来に戻ったことを祝って年貢を例年の半分にすること、諸事手軽にすることが申し渡された。地元の記録『天誅党始末書』等に書かれた触書の写しには、上記の文書の末尾に「仮御政府」と記されているのが見られる。自分たちが支配するのではなく、行幸がなされるまでの一時預かりであることを内外に示すものといえよう。また代官所から運び出された家財道具や衣類などは、村の貧窮人へ下げ渡すように指示し、兵糧炊き出しを行った家には褒美を渡した。

桜井寺にある鈴木源内首洗いの手水鉢。貞享3年(1686)寄進。

代官所役人の梟首

桜井寺の石の手水鉢で洗われ載せられていた鈴木代官、長谷川岱助、黒沢儀助、伊東敬吾の四名の首と、大島村で割腹した木村祐治郎を合わせて五人の首が須恵村のはずれの仕置場に、次のような書付とともに三日間晒された。

此の者共、近来違勅の幕府の逆意を請け、専ら有志の者を押し付け、朝廷幕府を同様に心得、僅か三百年の恩儀を申し觸れ、開闢《かいびゃく》以来の大恩を忘れしめ、然《しか》もこれがために皇国を辱め、夷狄《いてき》の助と成り候事も弁えず、且つ、聚斂《しゅうれん》の筋も少なからず、罪科重大、これにより誅戮《ちゅうりく》を加える者なり。(6)

鈴木源内墓（旧極楽寺墓所・五條市本町）。五條代官所犠牲者の墓域で、左から黒沢儀助・伊東敬吾（合葬）、高橋勇蔵、鈴木源内、長谷川岱助、木村祐治郎の墓。

その後、村役人に引き渡され、極楽寺墓地に埋葬されている。捕縛された役人や夫人計八名は三日間の拘留の上、釈放された。役人と誤認されて殺害の憂き目にあった按摩嘉吉については、嘉吉の妻が桜井寺へ訴え出たところ、葬儀料を添えて遺体が下げ渡された。

嘉吉一件
右の者、全く人違いにて首取られ候につき、女房おおいに愁嘆いたし、その余り女房より桜井寺本陣へ願い出で候処、御聞き届けに相成り、早速右嘉吉首貰ひ受け、内へ持ちかへり極楽寺へと葬りたり。尤も御上より御不便御加へ御憐愍《れんびん》を以て葬料として、白米五斗金子五両也頂戴奉り候。（『本城久兵衛日記』）

井澤宜庵自画像（早稲田大学図書館所蔵）。代官の首級も描いている。

政治方針の布告

恵比寿神社の高札場には、次のような高札を掲げた。幕府が派遣した五條代官に代わって、天皇直轄地になる理《ことわり》を布告している。

皇祖天神天地を開き万物を生じ給ひて、皇孫その天地万物を総制し給ふ處なり。即ち、皇帝は天地の大宗主、此故に万民と雖も庶裔孫なれば、神は祖なり、祖は神なり。先祖あらん限り、臣なり子なり。乃ち先祖の仕へ奉りし如く、事へ奉れば忠孝のひとつたるところ疑いなきものなり。土地人民、主家これあるものも君家の臣にして主家の従なり。故に衣冠これある者は皆天朝より受る所明白なり。この君臣主従の分を弁へ、士民各其の職業を勤め、祭祀を助け、藩屏《はんぺい》（まがき、囲いのこと。ここでは王室の守りとなること）として天恩に報い奉るべし。是れ即ち天人一致の大道、日夜敬ひ奉るべき事。（『天誅党始末書』[7]）

周辺諸大名へは、上記に加え次の布告が出された。

近来、洋夷渡来以後、皇国の屈すべからず辱むべからずの儀を深く思召され、御宸襟を悩まされ候処、土地人民を預り奉り候諸大名と雖も、聴かず如き耳、瞻《みえ》ず如き目、元来藩屏たるべき諸義理を忘却し、却て違勅の奸邪に組し、追々夷狄《いてき》の術中に陥り、おのれ皇国の壷虫《こちゅう》、夷狄の奴隷たるをも知らず、嘆かわしき事に候。大和行幸、神武帝山陵、春日社に於いて御親征の御軍謀遊ばされたきの事に候得共、猶妨げ奉るの族《やから》これあり、実に恐れ入り奉り候事に候。これに依り憤意に堪えず義兵を召し諭し、鸞輿《らんよ》を迎え奉らんがため、此表へ発向せしめ候。其許等、天朝は君なり、幕府は主なり。君臣主従の大義を存ぜらるにおいては、早速会盟、その策を定めらるべく候。若し会盟に預からずにおいては、時日を移さずその罪を糺すべき事

文久三亥年八月

大和国中諸大名其外者に至るまで（同）

御政府は周辺村々に、さらに以下の呼びかけをした。

一、今般仰せられ候趣意、天誅へ加わりたき者これあり候はば、苗字帯刀御免成し下され、其の上、五石二人扶持下さる旨、その村取調べ、願い出るべき様仰せられ候間、小前末に至るまで洩らさず様、右趣早々御達し成され候事

一、米穀困り候ものこれあるは、村役人より不念これなき様、篤《とく》と取調べ、過米《かまい》等これあり候はば、御買上げに相成り、代銀の義下しなされ、新米も出来候間、拂米致し候様、仰せられ候間、御達し申し候事

一、諸願筋これあり候はば、桜井寺中山中将様差控えられ候上、仰せ渡され候間、これまた御承知成さるべく事(8)

「天誅へ加わりたき」者、すなわち皇軍御先鋒に加わりたいという者は、苗字帯刀を許し、五石二人扶持を与えること、米穀に困っている者がいないかどうか調べ、過米《かまい》(徴収して集めた米)があるなら買い上げるので渡してやること、願い事があるなら申し出ること、の三ヶ条を布告している。

「天誅組」の呼称　地元に残る文書を見てみると、この皇軍御先鋒について様々な呼称が使われているのが見られる。『浪士組姓名事跡風聞書』には、「文久三亥年八月十七日、五條陣屋へ討入り候正義組人は、天誅組と唱え候」とあり、また『本城久兵衛日記』には「天誅組と唱ひ浪士五六拾人余り、人足七八拾人ばかり、千早峠越にて五條表へ御入り込み御役所へ押寄せ申し候」とある。また『五條北之町順番帳』にも「維時《これとき》文久三亥八月十七日暮れ方前、天誅組唱ひ候武者浪士五十人許り外に人足のもの共、

千早越にて五條へ入込み申し候」。『栗山氏文書』には、「天朝御役人」とある。

前記三ヶ条では「天誅へ加わりたき者」とあるように、おそらく代官所討ち入りの時点で、自分たちの俗称として幕府に天誅を加えるとの意味をもって、「天誅組」の呼称が使われ始めたのであろう。

役割分担

この間、皇軍御先鋒に加わるため平岡鳩平、市川精一郎、そして伴林光平らが駆付けた。そして五條御政府の役割分担が決められるなど、新政府の基盤は徐々に整いはじめていた。

主将	中山忠光
総裁	藤本津之助
総裁	松本謙三郎
総裁	吉村虎太郎
側用人	池内蔵太
監察	吉田重蔵
監察	那須信吾
監察	酒井傳次郎
銀奉行・砲一番組	磯崎寛
小荷駄奉行	水郡善之祐
武器取調方	安岡嘉助
武器取調方	伊藤三弥
合図掛	宍戸弥四郎

合図掛　森下儀之助
兵糧方　林豹吉郎
兵糧方　鳴川清三郎
勘定方　平岡鳩平
勘定方　小川佐吉
記録方　伴林光平
執筆方　辻幾之助
小姓頭　渋谷伊與作
小姓頭　尾崎鋳五郎
小姓頭　石川一
小荷駄方　前田繁馬
小荷駄方　森本伝兵衛
小荷駄方下役　木村楠馬
小荷駄方下役　山口松蔵
兵糧方下役　福浦元吉
槍一番組長　上田宗児
槍一番組　土居佐之助
槍一番組　荒巻羊三郎
伍長　中垣健太郎

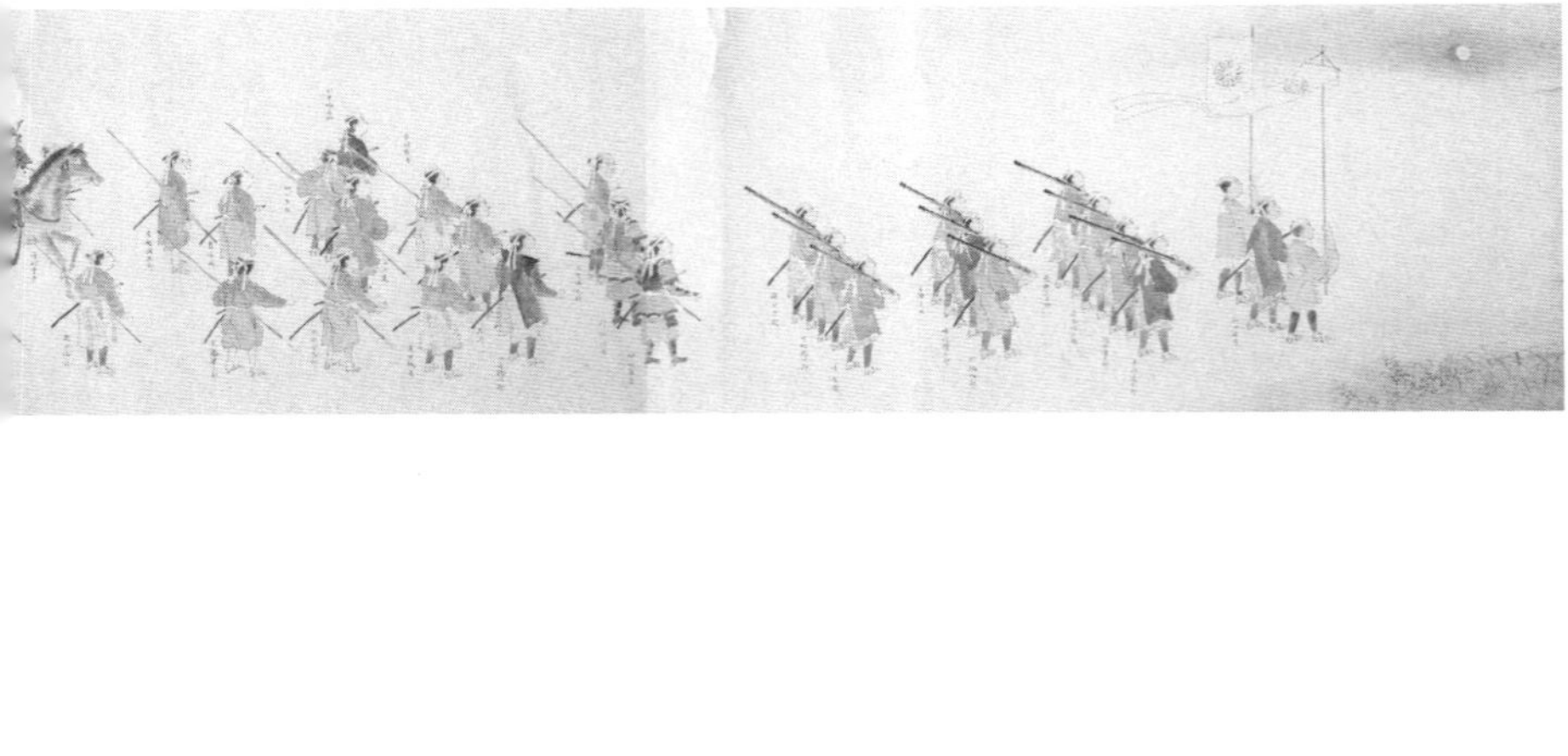

伍長　原田亀太郎
伍長　和田佐市
伍長　鶴田陶司
伍長　江頭種八
伍長　森下幾馬
伍長　市川精一郎
伍長　長野一郎
伍長　保母健
伍長　伊吹周吉
伍長　竹志田熊雄
伍長　水郡英太郎
伍長　島村省吾
砲一番組長　半田門吉
砲一番組　田所騰次郎
砲一番組　田中弥三郎
砲一番組　田中楠之助
砲一番組　楠目清馬
砲一番組　沢村幸吉
砲一番組　島浪間

天誅組出発の図(堂山善子氏所蔵／写真提供 市立五條文化博物館)。水郡英太郎が後年、河内の水郡家から五條へ向けて出発したときの様子を回想して描かせたもの。

砲一番組　安岡斧太郎
砲一番組　鍋島米之助(9)

勧善懲悪策

民心安定を第一とし、朝廷直轄地にふさわしい治政を心掛けていた天誅組は、勧善懲悪でもって臨んだ。先の布告にあるように、米に困っている者は調べた上で貸米をすること、願い事がある者は申し出ることを申し渡し、公平な治政でもって臨んでいる。まず、父母への孝行心と尊王の志が厚いこと、皇軍御先鋒軍を迎えて勤めに励んだことにより、新町村の森脇久兵衛を表彰し、褒詞状と金一封を与えた。また領民の訴えについて意外な程こまごまと聞き取り、調査をした節が見られる。

十八日には宇智郡中村の庄屋について何らかの訴えがあったようで、十九日朝、隊士十三人が中村へ出向き、調査を始めた。宇智郡中村は幕府領で、庄屋は山県与市。先の代官所討ち入りの際に、手代高橋勇蔵の逃走の手助けをした人物である。与市から村高や小作料高などの聞き取りをしたのち、今度は村人を集めて聞き取りを行った。結果、与市の庄屋役罷免と銀十貫目の提供を命じている。与市罷免後、中村の庄屋は二見村年寄元治郎という人物が引き継いだ。『五條北之町順番帳』には、「中村与市、右同人平日非道に致し、村方気受け宜しからずに付」とあるが、『山県氏文書』によると、与市は、これらの処置について「右は全く浪士共に心を寄せ私方を余人より悪敷様申込み候儀」としている。つまり山県与市は庄屋としての行いが悪く、村人の受けが悪かったようだ。与市は捕えられて桜井寺へ連行された。また、二見村前坊源右衛門という人物も桜井寺へ連行されている。

二見村前坊源右衛門殿一件、右同人義、平日非道にて気受け甚だ宜しからず、尚々常々母親不孝致し候間、右母親より不孝跡の趣、鈴木様へ嘆願書をもって御利解願ひいたしこれあり候処、右御吟味中の由御聞き込み、早速召捕り縄付候て桜井寺へ引取り候。（『本城久兵衛日記』）

前坊源右衛門は日頃から母親への不孝が甚だしく、母親から代官へ嘆願書が出され、代官所で吟味中であった。天誅組はその吟味を引き継ぎ、源右衛門を召捕り永牢に処し、家財没収の上、家督を弟の徳太郎へ譲るよう申し渡している。

旗本領の接収

近世の宇智郡にはおよそ六十の村々があり、そのうち約半分が幕府領で、それ以外は旗本知行地であった。旗本は将軍の家臣であるため江戸住まいをしており、領地では地元農民を代官に取り立てて領地経営をさせていた。これを幕府の「代官」に対して「在地代官」と呼んでいる。天誅組は、幕府領を抑えたと同様、周辺旗本領をも接収しようとした。吉村虎太郎が在京の同志に宛てた手紙に、旗本領村に出向き十一ヶ村が降伏した、と述べられている。この手紙は、八月二十五日、町奉行に押収され、京都守護職へ提出された。

今十七日申下刻、和州五條著、即時、代官舎に討入り、賊主鈴木源内を初め六人の賊首を討取り、其余八人縛し、即夜官舎を焼き捨て置き、十八日、右代官下七万石村民共服来り、昨十九日、僕等、旗本共の領村へ立ち越し、拾壹ヶ村降伏、勢い日々に盛んに相成り、今日前侍従様十津川へ御引移り、不日大軍を御引卒の上、御上京にも相成るべくに付、早々朝敵相模守を御討ち取り成され、片時も早く御親征遊ばされ候様、御周旋肝要の御事に候、以上

八月廿日

島村寿之助様
土方楠左衛門様
安岡覚之助様

吉村虎太郎[10]

十九日、まず向かったのは三在村《さんざい》(五條市三在町)であった。ここは旗本小堀氏の領地で、在地代官は内原庄左衛門。三在村は、現在の国道二四号と三七〇号との合流地点で、当時、大和街道・下街道・伊勢街道が交わる交通の要衝であった。数ある旗本領地の中で、真っ先にここを選んだのは、交通の要衝をまず抑えようとしたことが考えられる。

三在村の接収にあたり、在地代官内原には百姓に対して非道な態度があったとされ、また自宅の普請に村人を従事させ華美な家を建てさせたとして、その家を打ち壊し、家財・米などを没収した。『五條北之町順番帳』には「同村方百姓衆、その義聞取り、平日の仇報《むくい》しと申し、悦びかへり打毀《こわ》し申し候」とあり、村人たちが日頃の怨みを晴らさんとばかりに喜んで打ち壊しに加わったようだ。およそ三十石ばかりあった米は桜井寺へ運び、家財道具や衣類などは市で売り払った後、その代銀が村方へ渡され、村人たちへ分配された。三在村の今後について、朝廷直轄地となし、内原庄左衛門の後任として佐右衛門を庄屋に、清六を年寄に任じ、内原家打ち壊しの後始末を命じている。

周辺各藩への協力要請

一方、那須信吾は四、五名を連れて十八日夕方、高取藩[11]へ向かった。那須信吾の役目は軍使で、その内容は、義兵を募って行幸をお迎えするので高取藩としてはどうされるのか、覚悟を決めて返答されたい、というものであった。高取藩では、既に五條代官が「皇軍御先鋒」なる一団に討ち取られた情報を入手しており、十八日には御広間御番所から次のような命令が出され、警戒を厳重にしていた。

昨日五條役所において、異変の儀これあり候に付、もし当御藩へ押し移り候等も計り難く、これにより御沙汰これあり候迄は、御家中の面々末々に到る迄、宿に在り罷り在り候事。
右の通り下筋相触れ、上筋に然るべき様、御取計らい成さるべく候、以上(12)

高取藩は、那須信吾を俵屋旅館(西内善右衛門方)へ案内し、月番家老内藤伊織、多羅尾儀八の二人が面談した。那須が返答を迫ると、二人の家老はやむなく義軍に馳せ参じる旨を返答。翌十九日朝、那須の要求のまま請書を提出した。このような重要な事柄は保留の上、公儀へお伺いをたてるのが本来の筋であったが、那須が自分たちは勅命によって行動していることを強調し、即時返答を強いたため、高取藩では、真相を訝《いぶか》しみながらも、朝敵になることを恐れて請書を提出したのであった。請書を出させた那須は、さらに甲冑百領・槍百筋・刀百振・銃百挺・米百石・乗馬二匹などの借用を申し出ている。藩では、取敢えず翌二十日に長槍三十本・銃二十挺を届け、米その他は後日届けることを約束した。

高取城古写真。廃城令によって明治22～23年頃にすべて取り壊された。

これと同様、十九日には紀州藩へも使者が差し向けられた。それについて『本城久兵衛日記』に興味深い記述がある。

十九日、池内蔵太、紀州兵庫まで使者に参り、尤も御出張番所壱所弐所三所まで押し進み、右場まで御入込み、其の砌、紀州表大教乱(大狂乱)、尤も是間御引合振りもこれあり。(『本城久兵衛日記』)

堺から五條までの行軍中、狭山藩・下館藩などに要請したことと同じように、高取藩・紀州藩などの周辺の藩をも従わせて、行幸・御親征受け入れ準備を整えようとしたわけである。

しかし続きをみると、

然る処、彼是致し候処へ京師より御使五條表へ罷り越し候と申し、水郡英之助(善之祐のこと)右場所まで御参迎、御同伴にて直々御引取のよし。(同)

京都より使者が五條へ来たとの急報を、水郡善之祐が池内蔵太へ知らせに来たのである。紀州藩領兵庫村(和歌山県橋本市隅田町上兵庫・下兵庫)という街道沿いの村まで来て、藩内大狂乱になっているのをそのままで池らは急ぎ五條へ戻った。

三　京都からの使者

政変の報せ

天誅組が五條へ到着する前の十六日、平野国臣、安積五郎、池田謙次郎が三条実美の命を受け、五條へ向けて京を出発していた。行幸前に勝手な行動は謹めとの命で、途中、河内国で三浦主馬《しゅめ》が加わり、桜井寺についたのは十八日夜であった。制止するには一日遅かったわけである。元々平野は伏見寺田屋事件の首謀者の一人であり、安積五郎は清河八郎率いる虎尾の会に属する尊攘派である。今回の決起には賛成であった彼らは天誅組が既に行動を起こし代官所を討ったことを喜び、平野以外はこのまま残って加わることになった。『大和日記』には、平野は「一夜泊まりにて京師へ帰る」とあり、桜井寺に一泊した翌十九日、朝から話し合いをもち、平野は報告の為に京へ戻ろうとした。そこへ、京都からの別の使者が桜井寺へ飛び込んできた。その時の状況について、岡藩士小河一敏《おごうかずとし》が次のように書いている。

八月十六日、平野次郎を学習院詰と命せられ即日三條卿の御内命にて大和へ遣わされたる由。一敏、親しくこれを次郎に聞けり。其故は、前侍従中山卿忠光、浪士を具せられ大和辺りへ打立ち賜ふ由、内々聞え行幸前甚だもって有るまじき事なれば次郎急ぎ参って此事止め奉るべき由を命ぜられたりとかや。然るに次郎行き向へば思ひにまさりて盛熾なる事にて今更止め得べからず。さまさま申し語らふ中に十八日の変、大和にも聞へ次郎は急ぎ帰京したりとそ。（小河一敏『王政復古義挙録』[13]）

その使者とは、京都に連絡係として残っていた古東領左衛門《ことうりょうざえもん》[14]であり、一同に思わぬ知らせを告げた。朝廷で政変が起き、今まで政治の主導権を握っていた長州藩を中心とする尊攘派が、公武一和派の薩摩藩・会津藩に取って代わられ、大和行幸・御親征の中止が決定された、というのであった。水郡善之祐が紀州藩へ来ていた池内蔵太に知らせ大慌てで戻ったのは、このことであった。

平野は急ぎ京都へ戻った。この時、中山忠光の名前で学習院に宛てて一書が書かれ、鶴田陶司が平野に同道して京都へ向かったが、『大和日記』によると「既に姦党の政と相成り居り中へ御上書など相納むべく形勢にもこれなき故、空しく帰り来る」とあるように、既に公武一和派が占める朝廷は御上書など出せる状況ではなく、空しく帰ってきたという。

（1）『本城久兵衛日記』（五條市立図書館蔵「紙谷氏文書」）は、五條村北之町の住人本城久兵衛が当時の出来事を記した日記で、天誅組の動向を知る貴重な史料。『五條市史』（五條市史編集委員会）、一一一九～一一三一頁所収。

（2）『山県氏文書』は、宇智郡中村の庄屋山県家の文書。『五條市史』、一一六〇～一一七一頁所収。

（3）桜井寺は奈良県五條市須恵にある浄土宗の寺。天暦年間（九四七～九五七）に桜井康成によって創建されたと伝えられる。幕末のこの時期、五條では有数の規模の寺院であったことから天誅組の本陣として借り受けられた。天誅組が天ノ川辻へ移動すると、入れ替わりに幕府の追討軍が陣を敷いた。現在の桜井寺は、戦後の国道二四号線の拡幅によって境内地が縮小し、景観は大きく変わっている。現在の伽藍は昭和四十二年（一九六七）に村野藤吾によって設計されたもので、以前の本堂は神奈川県足柄下郡箱根町元箱根に移築され、京風湯豆腐桜井茶屋の建物として現存している。また山門は埼玉県所沢市の狭山不動寺に移築されてこれも現存している。

（4）『五條北之町順番帳』は、五條村北之町の村役人が交代で記した記録で、『本城久兵衛日記』と並んで地元から見た天誅組を知る貴重な資料。『五條市史』一一三二～一一三四頁所収。

（5）『会津藩庁記録』二（日本史籍協会）、一〇七頁。

（6）『会津藩庁記録』二、一〇七頁。

（7）『天誅党始末書』は、五條市新町の柏田家（当時の屋号は森脇屋）所蔵の文書。『五條市史』、一〇九三～一一〇五頁所収。

（8）正親町季董著『天忠組の主将中山忠光』（やまと刊行会・一九三一年）、二三九頁。

（9）『会津藩庁記録』二、八九～九二頁参照。

(10)『会津藩庁記録』二、二五頁。

(11)高取藩は寛永十七年(一六四〇)に大番頭であった旗本植村家政が、三代将軍徳川家光より高取二万五千石を拝領し初代藩主となった。文久三年当時の藩主は十三代植村家保。

(12)『奈良縣高市郡志料』(奈良県高市郡役所・一九一五年)、四五一頁。

(13)小河一敏著『王政復古義挙録』(丸善商社書店、一八八六年)より。小河一敏(一八一三～八二)は豊後竹田の生まれで岡藩士。通称弥右衛門。尊攘派志士として活躍し、藩によって幽閉されるも王政復古がなると許されて新政府に出仕し、大阪府から独立した初代堺県知事となった。

(14)古東領左衛門(一八一九～六四)は、淡路島三原郡津井村出身の資産家で、勤王の志士。飢饉の際には私財で貧民を救い、津井港や岩屋港の改修など淡路のために尽した。藤本津之助、松本謙三郎らと懇意で、天誅組挙兵の際には家財道具をも売却して軍資として提供した。領左衛門は八月十八日の政変後の情勢を注視するために京都に戻り、三条木屋町の寓居にいたところを、八月二十四日、新選組によって捕縛された。元治元年(一八六四)七月二十日、六角獄舎で処刑。

第五章●八月十八日の政変

一　政変への動き

八月十八日という日に、尊攘派の与り知らぬところで何が行われたのか。朝廷内で密かに進められたクーデターの発端は、まさに尊攘派が推し進めていた大和行幸・御親征計画の阻止であった。

大和行幸の阻止

尊攘派の計画通りに大和行幸の詔が下され、長州藩に対して、藩主父子のうち一人を上京させるようにとの命が添えられた八月十三日、薩摩藩士高崎佐太郎《たかさきさたろう》と、会津藩公用人、秋月悌次郎《あきづきていじろう》・廣澤富次郎《ひろさわとみじろう》・大野英馬・柴秀治は密かに京都三本木で会談をした。薩摩藩・会津藩の言い分は、最近の勅諚は全て奸臣が発する偽勅であるという。特に大和行幸については、国事御用掛の過激派が長州や真木和泉などと一緒になって堂上を脅かして発した偽勅で、発駕されると最早取り返しのつかない事態になる。今ここで薩摩・会津の二藩が提携してこれを阻止し聖上を奸臣からお守りするべきではないか、ということであった。

京都守護職の松平容保は会津から赴任して以来、孝明天皇の信任が厚く、尊攘派から煙たがられていた。先の六月二十五日、尊攘派が、邪魔な容保を情勢視察と称して江戸へ追い返そうと画策して勅諚が下された時、孝明天皇から容保に密かに「東下は叡慮ではない」との宸翰が下されていた程である。よって容保は、今回の行幸・御親征も天皇の叡慮から出たものではないと確信し、藩士の動揺を抑え、事態の打開に苦心していたのである。つまりこの頃になると、勅は天皇の真意でなく、周囲の尊攘派公家の言うがままに出されていた。天皇は尊攘派に囲まれており、尊攘派は天皇の真意が自分たちと同じ攘夷倒幕であると誤解し、いわば総仕上げとして、大和行幸・御親征を打ち出したのであった。

会津と薩摩の画策

行幸反対派の鳥取藩主池田慶徳《よしのり》、岡山藩主池田茂政《もちまさ》、徳島藩主蜂須賀茂韶《はちすかもちあき》、米沢藩主上杉斉憲《なりのり》の四人が中止を願って参内し、行幸決定に激昂する会津藩士たちが、松平容保に京都守護職辞職を勧めるなどの騒ぎがあった陰で、秋月らはすぐに黒谷の本陣に駆けて容保に薩会提携を伝え、同意を得た。二藩の協議は秘密裏に、そして孝明天皇の信頼の厚い中川宮をも引き入れて瞬く間に進んだ。公武一和派の前関白近衛忠煕《ただひろ》・忠房父子、右大臣二条斉敬《なりゆき》・徳大寺公純《とくだいじきんいと》にも協力を求めて、反大和行幸の勢力基盤を固めていった。中川宮が薩摩藩士に送った文書には、宮の並々ならぬ決意が表れている。

先刻申入れ候極密の事件については、尊融、誠に累年の鬱念を晴し、生涯の忠胆を尽くすべきは此時と存詰候。ついては其方、忠誠深く感服する所にて、実に容易ならず、更に疑いなき至重至大の事件に付、猶亦《なおまた》反覆思慮、粉骨砕身、大事成就の様、偏に頼入候。（「久邇宮文書」[1]）

十四日は、中山忠光以下四十名が方広寺から大和国へ向けて出発した日である。京都では、長州藩士益田右衛門介・桂小五郎・久坂玄瑞、久留米藩士水野丹後、熊本藩士宮部鼎蔵、土佐藩士土方楠左衛門、筑前藩士平野国臣らに、行幸準備のため学習院出仕が命じられた。十五日には、長州・加賀・熊本・薩摩・久留米・

土佐藩に、行幸及び御親征軍議のための御用金十万両の調達が命じられ、公卿供奉の行列の位置も定められた。十六日、堺港に上陸した忠光らは、西高野街道を進み水郡善之祐宅へ到着している。会津藩は、京都詰の任務を終えて帰国の途についたばかりの兵を呼び戻して兵力を倍増させており、政変断行に向けての準備は整いつつあった。これらのことは第三章で述べたとおりである。

この間、政変計画を密かに練ってきた会津藩・薩摩藩、中川宮、前関白近衛忠熙・忠房父子、右大臣二条斉敬らは、二十五ヶ条もの政策を作り上げ、この十六日午前四時頃、中川宮が九州鎮撫使辞退を上奏すると見せかけて参内、密かに尊攘派の排斥を天皇に上奏した。

一、宮様お供、清和院御門より御入。
一、総人数、兵器等は蛤御門より入り、公家御門御臺所御門辺りへ未明参上、宮様御参り待上げ奉り候様致し度候事。
一、宮御参りの上、即刻御門御門出入り沙汰、厳重仰せ出され度事。
一、列藩残らず飛檄を以て御召、主人滞京の御方々は急速御召の事。
一、御参り、即刻正義の公卿方御召、御評議の事。同二藩より御迎参向《さんこう》の事。
一、暴論の公家方何れも仰せ渡され外の物御参内御見込み仰せ達せられ候事。
一、浪士取り押さえ、会藩、所司代、両町奉行の諸手より御受越しの事。
薩藩より罷出で苦しからず候はば、御請申すべき事。
一、御親兵ども召しなされ、御築地《ついじ》内堅め仰せ出され度事。
但し、勅命厳重に仰せ出され、万一御親兵の内異議を生じ候者これあり候はば、忽ち両藩へ征討仰せ下され度候事。
一、朝議御一洗御評議第一、公論を御主意と遊ばされ、いささかも私憤の振舞これなき様仕り度候事。
一、寺院市中御取締、いささかも取り乱さず様に公平を旨と致し、御取締あらせられ度候事。
一、堺町御門の長州堅め御免、跡筑前へ仰せ出され度候事。
一、此の大機会全く備え相成り候上は、早々成行き関東へ仰せ下され、一橋幷に加判の中、両三輩急速に召しなされ、攘夷猶又厳重御決議御評論、万世動きなき様、屹度修理建てなされ、御沙汰仰せ出され度候事。
一、暴論相唱え著しく眼相違い正論と存じ込み候輩、公卿へ迫り御国家の重事に関係いたすべく身柄に無く、卑賤の徒、輦下に近づき奉り、却って騒乱を醸し出し候儀、以来屹度御採用に相成らず、申上げ度ものは支配頭へ申し立てさせ、倍(陪)臣のものは主人へ相付、序を越え候儀、一切御禁制厳重仰せ出され度事。
一、洛中洛外御取締りに向け、守護職、所司代、町奉行等へ厳重仰せ渡され度事。
一、人別相改め支配これなき浪士居り宿、猥に差免《さしゆる》し候ものは厳科に行われ、一人たりとも京師に足を留め候儀、御禁制仰せ出され度事。
宮様御参内の後、公家門の外皆これ鎖《とぎ》し置き、純正の堂上方を名指して召し呼ばれ、其の外一切参内差し止められ候事。
一、激家堂上方、是迄偽勅取計い諸事強求致し、叡慮に叶いなされず趣をもって退職逼塞を令《いひ》つけ、諸人面会厳重差し止めとなし、尤も其の家々へ詰合いの藩士浪人直様退去令つけ候事。但し、地下人総じて堂上方へ参入堅く禁制すべき事。
一、参政寄人御用掛りの御向、一切廃せられ候事。
一、在京の諸大名等召し寄せられ、又は主人これなき者は、詰合いの重役等召し呼ばれ、都で留守等の外、京都において御用これなき者は三日の内に引き払わせ候事。
一、浪士と称し主人これなき、又は附属これなき者は、三日の間に引き払わせ候事。
一、諸家御守衛の兵士一切廃され、五日の間に引取らせ、尤も此儀諸藩へ触達これあるべく候事。
一、堂上方偽勅取計い候訳を以て退役逼塞を令《いひ》つけ候儀、在京諸藩は勿論、遠近諸国まで早速触達令つけ候事。但し此時朝政御改正遊ばされ候儀、御達し成され候様仕り度事。
一、伊勢の勅使を始め、監察使をも急速御呼び戻しの事。
一、召さるべき堂上方、近衛様（御父子）、二條右府様、徳大寺内府様、外々も有志正議の御方々これ有るべく。
一、召さるべき御大名、因州様（鳥取藩主池田慶徳《よしのり》）、備前様（岡山藩主池田茂政《もちまさ》）、米沢様（米沢藩主上杉斉憲《なりのり》）、阿波様御世子（徳島藩世子蜂須《はちす》賀《か》茂韶《もちあき》）、土佐様兵之助（山内《やまうち》豊積《とよつむ》・山内容堂の弟）、淀様（京都所司代・淀藩主稲葉正邦）。
一、取締致すべき者共
松村大成、宮部鼎蔵、真木和泉、丹羽出雲守（丹羽正雄）、久坂義助（久坂玄瑞）、桂小五郎、佐々木男也、楢崎弥八郎、萩野鹿助（時山直八）、轟木武兵衛、増田右衛門助（益田右衛門介）、川上弥一
松平相模守（池田慶徳）、松平備前守（池田茂政）、上杉弾正大弼（上杉斉憲）、松平淡路守（蜂須賀茂韶）、山

内兵之助（山内豊積）、稲葉長門守（稲葉正邦）

右一時至急召され度事。

（人名欠）

右一時暴論家堂上参内御差止めの事。

九門へ右召され候大名幷に其の家来、通行差し許し、公卿たりとも一切通させ間敷き事。

御所御門
右は公家門の外皆閉じさせ、堂上たりとも御沙汰これなき者は参入らず候事。

御所内に詰合い候御守衛兵は、御沙汰を以て引拂はせ候事。（「近衛家文書」[2]）

尊攘派公卿とその御親兵・長州藩・浪人を、御所内は勿論京都からも一掃し、二度と彼らに朝政を執らせまいとする、一大政変計画である。三条実美らの公卿が過激な行動を取る事を嫌っていた孝明天皇は、中川宮の意見にすぐに賛成したが、即日断行を危ぶんだため勅許はなかった。そのうちに夜が明け、国事御用掛の公卿たちが次々と参内してきたため、午前八時頃に中川宮は諦めて退出した。尊攘派公卿たちの参内の様子に、待機していた薩会両藩士たちは事が洩れたと思ったという。しかし漏洩はなく、夕方に孝明天皇から中川宮に宸翰が下った。「因州会津の兵に令し、兵力を以て国家の害を除くべし」との内容で、ここに至って政変の決行は、十七日夜半から十八日明け方と決定したのである。

九門閉鎖

十七日の夜はちょうど五條代官所の建物が劫火に包まれ始めたときであった。中川宮が会津藩士に守られ密かに石薬師門から参内したのに続き、京都守護職松平容保、京都所司代稲葉正邦が兵を率いてこれに続き、召命の無い者は入れてはならぬとの厳命が警備の兵に伝えられ、御所の門は全て閉ざされた。

前関白近衛忠熙・忠房父子、右大臣二条斉敬、徳大寺公純が召出されて参内し、その後から薩摩藩兵は大砲五挺に各々小銃といった武装で九門内に入った。九門を守るのは薩摩藩を中心に会津藩・淀藩・京都所司代の兵である。このとき薩摩藩は敢えて、長州藩が受け持っていた堺町御門の警備を願ったという。午前四時頃、九門警備の配置が整うや合図の空砲が一発響いた。そして在京諸大名に対して、主従覚悟を決めた上で急ぎ兵を率いて参内するようにとの召命が下されたのである。昨日までと違う情勢と緊迫した状況に諸大名も驚いたことであろう。まず山内容堂の弟である山内兵庫(豊誉《とよたか》)が、土佐藩主の名代として急ぎ参内した。主従ともに火事羽織を着込んで早馬で駆け付け、中には甲冑を背負っているものもあったという。土佐に続いて米沢藩・備前藩・大洲《おおず》藩・鹿奴《しかの》藩・大溝藩・新谷藩などが駆け付けてきた。従来の九門警備の各藩士たちも、駆け付け持ち場に着いた。この時の警備は以下の通りである。

清和院御門(土佐藩)
寺町御門(熊本藩)
下立売御門(仙台藩)
蛤御門(水戸藩)
今出川御門(備前藩)
乾御門(薩摩藩)
中立売御門(鳥取藩)
石薬師御門(徳島藩)

堺町御門(京都市上京区)。京都御苑の南側、丸太町通りに面して南向きに開いているが、当時はもう少し北に位置していた。

堺町御門（薩摩藩）

諸大名が追々駆け付け参内してくるうちに夜が明け、十八日になっていた。武家伝奏・議奏・国事御用掛・国事参政・国事寄人などの参内差し止めと長州藩士及び非番の兵が九門内通行を禁じる旨が言い渡された。その上で、権中納言柳原光愛《やなぎわらみつなる》に参内が伝えられ、会津藩兵に守られながら参内するや、朝議が開かれた。先の二十五ヶ条内にあったように、長州派公卿の処分、国事参政・国事寄人の廃止、長州藩の堺町御門警備解任、長州藩士及び浪人の京都一掃、大和行幸及び御親征延期、議奏の交代などが次々と決定され、代わって関白は勿論、議奏、武家伝奏など主な職を公武一和派の公卿たちが占める事となった。

薩摩藩・会津藩はじめ公武一和派による政変によって、情勢は完全に覆った。それは、長州藩はじめ尊攘派公家や志士たちが二度と朝政に参加出来ないばかりか、在京すら許されない程徹底したものであった。

二　長州藩と七卿落ち

尊攘派の占め出し

三条実美ら尊攘派公家、そして長州藩や真木和泉らが、この用意周到に進められた政変にまったく気づいていなかったことが、数々の文書や日記に現れている。

朝、高木元右衛門来て曰く、今暁世間静かならざる由を聞きしにより清和院御門へ行って見るに、門を閉じ出入りを禁せり。外八門皆然る由、人馬大いに奔走すと。因って三條殿へ馳せ参る、殿は今暁朝廷より御沙汰ありて参内を差し止められ他人面会等を禁せられたり。久坂義助（久坂玄瑞）、佐々木男也、座にあり孰《いず》れも其の所以《ゆえん》を知らず。外、人来たり曰く、中川宮昨夜参内あり、近衛関白殿（前関白）も同参内あり、其後九門には会津薩州の兵を以て増し堅めの命ありと。想ふに姦賊狂妄奸計を逞し、朝廷を刼《おびやか》し奉り、正義の諸卿を讒誣《ざんぶ》離間（無実の事を言い立てて謗り、人の仲を裂く事）し、行幸御大挙を留め奉り、朝廷を挾み天下に令せんと。（宮部鼎蔵『南海日録』[3]）

長州藩邸跡（京都市中京区）。高瀬川一之舟入南側から御池通まで、河原町通から木屋町通に至る一帯に長州藩毛利家の藩邸があった。

十八日明け方、長州藩士たちが普段通りに堺町御門へ来ると、門を武装した薩摩藩士が固めており、長州藩士の入門を固く拒絶した。驚いた長州藩士が藩邸に急を告げ、事情探索が行われたが、何が起こったのか皆目分からず、また三条実美も知らせを受けて急ぎ参内しようとしたが参内禁止、謹慎処分の朝命が伝えられた。『南海日録』にあるように、久坂玄瑞ら主だった長州藩士たちも何も分からず、追々情報が入ってくるにつれ、思うことは薩摩・会津などの賊が奸計をもって朝廷を脅かしている、ということであった。

変を聞いて駆けつけた真木和泉らと共に三条実美は長州藩邸へ至り、事態を打開する為に鷹司関白邸へ向かった。鷹司関白邸及び隣の堺町御門は三条実美が連れてきた御親兵たちと長州藩士で溢れかえり、御門内の薩摩藩兵と睨み合い、まさに一触即発の状

妙法院門跡（京都市東山区）。御所を追われた七卿は長州藩邸から妙法院へ移り、長州へと下ることになった。

態であった。そこへ長州藩の堺町御門警備を免じる勅が下されたために緊張は益々高まり、長州側は退かず、その喧噪は宮中にも聞こえる程であったという。

彼是して居るうちに薩州の兵と会津の兵が堺町御門へ押て来て、勅命にて吾々へ此御門の警衛を仰付られたれば御門を受取らうと云。長州藩は今朝より事変の生じた事を知って居るから容易に渡さうとは言はぬ。両藩士が武装して来たのを見て大に怒って此御沙汰は決して真の勅命ではない、汝等の姦謀より出た事である、受取りたくば槍先で受取れ、心得たと云ふ様な騒ぎ。大砲を向けて今や戦争にならうとする処へ、柳原が勅使に来て長藩を諭して御門を渡させた。

（東久世通禧『竹亭回顧録 維新前夜』[4]）

これは、東久世《ひがしくぜ》通禧《みちとみ》が明治になってから語ったものである。勅使柳原光愛が来て、毛利元純《もとずみ》（長府藩支藩清末藩主）・吉川経幹《つねもと》（岩国藩主）・益田右衛門介（長州藩家老）らを召し、騒ぎを静め早々に引き取る様に諭し、勅書を下したことでなんとか事態が静まった。長州藩や三条ら公卿たちは午後一時頃、仕方なく妙法院[5]（京都市東山区）へ引き上げ、残った兵はその後も薩摩藩兵と睨み合っていたが、午後四時頃、遂に引き揚げを決した。だが薩摩藩・会津藩が武装している手前、長州藩だけが下がることは出来なかった。双方相引くという

七卿西竄記念碑(妙法院境内)。七卿落ちを記念して建てられた石碑。

七卿の一人、三条実美。

長州側からの提案に薩摩・会津も了解し、長州藩の引き揚げと同時に堺町御門の警備は淀藩に交代された。長州兵の撤退を勧告にきていた米沢藩士大瀧新蔵という人物が、この時の様を手紙に記している。

是迄正義忠節を唱へし長藩だけありて、関白殿下の庭前に数十の大砲を列し置くも、悉く筒先を倒にして天朝に敵対致さず、天下の大敵をものともせず、暁より申刻(午後四時)下り迄持ち堪へ詰り、勅使を以て御理解あるを待て、しつしつと引退しは剛勇と申も余りあり。(6)

その数、約二千六百人。毛利元純、吉川経幹、益田右衛門介がそれぞれの手勢を率いていた。妙法院では夜通し評議が行われた。中でも真木和泉は、こうなった以上金剛山(奈良県御所市・大阪府南河内郡千早赤阪村)か摂津の摩耶山《まやさん》(兵庫県神戸市灘区)に拠って挙兵しようと提案したが、長州藩は一旦国元へ帰ることを主張。三条実美・東久世通禧・三条西季知《さんじょうにしすえとも》・壬生基修《みぶもとなが》・四条隆謌《しじょうたかうた》・錦小路頼徳《にしきこうじよりのり》・沢宣嘉《のぶよし》の七名も長州へ下ることになり、その他の公卿たちは残って自宅で謹慎することになった。時刻は既に午前三時になっていた。

七卿都落ち

一夜にして朝廷における地位を失い、在京することすら許されなくなった一同は再起を誓い、長州藩へと落ち延びることになった。明け方妙法院を出立したが、あいにくの雨、七卿が慣れない蓑笠に草履姿で歩行していく姿は実に痛ましいものであったという。

平野国臣が、鶴田陶司と京へ戻った時、既に三条実美らは長州へ向かって出立したあとであった。

三　行幸の中止

冠履倒置、正邪傾倒

五條桜井寺の天誅組本陣に、京都の政変の報せがもたらされた時の様子を、伴林光平は次のように書いている。

大内(御所)にゆくりなき騒ぎありて、精忠無二の長州さへ、不義不忠の名を蒙りて、自國へ退きけるよしきこえければ、いと心安からず思居けるに、豈計《あにはか》らんや、御親征御延引の勅書さへ出けるよし、告げる者ありしかば、余りの事にあきれ果て、ものさへ云はれず。(伴林光平『南山踏雲録』)

御所で何か騒ぎがあって長州が不義不忠の名を蒙って国元へ退いてしまったと聞き、何があったかと不安に思う一方、行幸・御親征延期の勅が出たことについて、驚いたという表現ではなく呆れて物が言えない、としている。追々詳しい情報が入ってきたのであろう。続きにこうある。

此上は、いかがはせん。「冠履倒置、正邪傾倒はめづらしからぬ世のならひなり。たとい乱暴の名は蒙るとも、精義の一挙、斯くて止むべき」など、人々切歯瞠目して言い罵るほどこそあれ。（同）

しかし「冠履倒置、正邪傾倒は珍しくない世の中」で、政権が一時的にもせよ公武一和派に奪われたことは、皇軍御先鋒という立場が失われたことを意味する。しかも五條代官を討ち取り、倒幕の狼煙はあがっている。幕府と、公武一和路線をとった朝廷からみると、単なる逆徒でしかなかった。

徹底抗戦　皆々「たとえ乱暴といわれようとも、正義の一挙をやめることなどできようか」と口々に言い罵りあったとあるように、行幸・御親征が中止されたとはいえ、またすぐに尊攘派が取って代わるだろうという見方が大半であった。天誅組の運命を変えた知らせをもってきた古東領左衛門は、引き続き京都の情勢を注視するために戻っていった。

評議の末、御親征の真の目的である倒幕に向けて徹底抗戦し、政局が変わるのを待つことになったが、この十九日夕方、紀州藩の兵が橋本へ姿を見せたという情報が入ってきた。中山忠光を先頭に二見村まで進軍したが、紀州藩兵は小規模で、天誅組の進軍を見て紀見峠まで引いた。

『会津藩庁記録』に、大坂御蔵屋敷近所に住まいしている髪結いが、高松への参詣途中で見聞したという話が載せられている。「右狭山五條両所の騒動により、国境まで人数出張の処、またまた京師の様子相響き、紀州様御上京に相成り候に付、紀州表大混雑のよし」とあり、狭山藩へ天誅組が訪問したこと、五條代官が討たれたことなどの騒ぎから紀州藩兵が状況視察に国境まで来たところ、京都からの知らせが入り、紀州藩主が大急ぎで京都へ上ることになったため兵を引き揚げ、藩内は大混雑になっている、という。天誅組も敢えて追わずに引き返し、吉野川の河原で野外訓練をして桜井寺へ戻った。

この日、『大和日記』によると、さらに志士たちの加勢があった。

岡見留次郎　水戸藩
天保高殿　水戸藩
安田鉄蔵(山下佐吉)　高取藩
西田仁兵衛　江戸
橋本若狭　大和国

橋本若狭は、丹生《にう》川上神社下社(7)(吉野郡下市町長谷)の神官である。天誅組が五條代官所に討ち入ったことを聞き、欣求寺《ごんぐうじ》了厳《りょうげん》や中井越前ら二十四名を率いて、天ノ川辻本陣へ駆けつけたのである。土地に明るい在地の参加者を得たことは、これから繰り広げられる戦いを前に、大いに士気が上がるものであった。

(1)『孝明天皇紀』巻百六十八、七九二頁。
(2)『孝明天皇紀』巻百六十八、七九二頁。
(3)岩崎英重編『維新日乗纂輯第二』(日本史籍協会)所収。
(4)『幕末維新史料叢書』第三(新人物往来社)所収。
(5)妙法院は京都市東山区妙法院前側町にある天台宗の門跡寺院。その頃の門跡は稠宮《さわのみや》(のちの有栖川宮威仁親王)で、幼少であったため在住はしていず、当時土佐藩が借り受けていた。
(6)維新史料編纂会編『維新史』第三巻、五七三頁。

（7）丹生川上神社下社は、奈良県吉野郡下市町長谷にある神社。延喜式内社の丹生川上神社は朝廷が奉幣する二十二社の一であったが、応仁の乱以降、朝廷が衰微するにつれてその所在地も不明になっていた。江戸時代半ばになり幕府が朝廷の祭祀を重んじるようになると式内社の考証がなされた。当時、「丹生大明神」と称していた当社が式内社の丹生川上神社に比定され、宝永七年（一七一〇）、中御門天皇の勅使が遣わされたのを最初に、文久二年（一八六二）の孝明天皇の攘夷祈願も二十二社の一社として奉幣があった。当社の社家の橋本若狭、中井越前が天誅組に加担したことから、戦いの中で社殿が焼失した。明治四年（一八七一）、官幣大社に列し「官幣大社丹生川上神社」となったが、明治六年に高龗《たかおかみ》神社（吉野郡川上村迫）を丹生川上神社に比定する説が出され、明治二十九年に高龗神社を丹生川上神社上社、当社を下社と称するようになった。さらに大正四年（一九一五）に蟻通神社（吉野郡東吉野村小《おむら》）を丹生川上神社に比定する説が出され、大正十一年に蟻通神社を丹生川上神社中社と称するようになった。

第六章　高取城下の戦い

堀家（五條市西吉野町和田）。主屋は日本でも有数の古民家で重要文化財に指定されている。

一　天ノ川辻へ

本隊南下

八月二十日。天誅組は、朝から行動を開始した。中山忠光、藤本津之助、松本謙三郎らが率いる本隊は、陣を南に移して抗戦準備を整えるために桜井寺を出発、寺には後続隊として池内蔵太・安積五郎など数名を残すことになった。

本隊は途中、和田村（五條市西吉野町和田）の堀家[1]に立ち寄っている。堀家は南北朝の動乱の際、後醍醐天皇・後村上天皇・後亀山天皇の行在所であった家で、ここで南朝ゆかりの遺品を拝した。その後南へ向かい、この日は天ノ川辻《てんのかわつじ》を通り過ぎて阪本村で一泊。翌二十一日、天ノ川辻まで戻って鶴屋治兵衛《つるやじへえ》の屋敷を本陣とした。

天ノ川辻本陣

天ノ川辻は、吉野川と十津川との分水嶺にあたる天辻峠の南に立地しており、峠の標高は八〇〇

天ノ川辻本陣跡(五條市大塔町簾)。8月21日にここにあった鶴屋治兵衛宅を本陣とした。9月14日に陥落する。

メートル。西熊野街道と高野山に通じる古道の交差点であり、古来から交通の要所であった。この辺りの道は幅壱丈(約三メートル)、百軒近い問屋が軒を連ね、五條村から牛馬に積んで運ばれてきた米や酒、諸雑貨はここで一旦降ろされ、この先十津川方面へは全て人が背負っていかなければならなかった。ただ、高地のため水の便が悪い。古くから伝わる歌に「嫁にやるとも天辻やるな、辛い水汲み嫁にさす」というのがあるほどで、飲み水は谷へ下りて汲まなければならなかった。このような十津川郷の咽喉ともいえる要害の峠は、天誅組が勤王の地十津川郷を味方にして前面の敵に備えるに最適であった。

　鶴屋治兵衛は天ノ川辻一帯きっての豪商で、「天ノ川の水が逆に流れても鶴屋の身代《しんだい》は滅びぬ」、「辻の鶴屋か阪本の迫か、さては小代の善太郎か」と唄われたほどである。天誅組が本陣を構えるにあたって、屋敷、家財道具、兵糧など一切を提供した。天ノ川辻に落ち着いた一同は、この日から、幕府軍との戦闘に向けた準備を開始した。五條代官所管轄の村々から人足や武器弾薬・兵糧が山のように集められた。これは百一人足といわれ、高百石につき一人を徴集するもので、物資輸送に駆り出された人足は多い日で一日千人を超えたという。その内容は、米や塩のほか、味噌、醤油、足袋、晒《さらし》などから鋸《のこぎり》や鉈《なた》、刀剣、槍など様々であった。また、地元では隊士と人足の食事などの世話が一切かかってきて、婦女子が総出で駆り出された。

木製大砲

天ノ川辻本陣と同様に、後続隊が残った五條村の桜井寺においても、人足・物資の集積が行われていた。

> 七万石の御支配中総代衆残らず呼び出し、百石に付き人足壱人宛申付けられ候。尚又その銘々へ已来《このかた》苗字帯刀差し許され、いよいよ忠勤致すべき旨仰せ渡され候御事。（中略）近郷近在鎗鉄砲の類、残らず本陣へ差出し申すべき旨申し渡され、早速持参夥《おびただ》しく集まり申し候、桜井寺境内にて木大筒追々に出来る。（『本城久兵衛日記』）

代官所所轄領地であった村役人を全員呼び出し、人足を出すこと、槍鉄砲の類は残らず本陣へ差し出す様命じ、桜井寺境内で木の大砲が追々出来たことが書かれている。

天誅組の大砲は、宇陀の砲術家林豹吉郎《はやしひょうきちろう》の指導で造られたといわれるが、実際には他に何人か製砲の心得のある者がいたようだ。

> 此程、木工、竹工などを呼び入れて大砲幾許かを造らしむ。一貫目玉七挺、二貫目玉五挺、安岡嘉助、伊吹周吉等奉行す。又五條出張所（桜井寺）にても大砲十挺、旗三十本造る。因州磯崎寛、江戸安積五郎、水戸岡見富次郎（岡見留次郎）等奉行す。（伴林光平『南山踏雲録』）

林は宇陀郡拾生（宇陀市大宇陀町拾生）の出身で、鋳物師《いもじ》の父をもつ。製砲術を学ぶ為に蘭学を勉強、長崎をはじめ各地を渡り歩いた。安政元年（一八五四）には郡山藩に召し出されて大砲製作をしたこともある。しか

富貴辻の道標（五條市大塔町簾）。五條、富貴、天川方面の道路が交差する辻で、かつては賑わっていた。

梅田雲浜顕彰碑（十津川村川津）。安政の大獄で処刑された梅田雲浜は十津川郷も訪問しており、郷士と繋りが深かった。

し今回は急拵えの為、松の木を半分に切って中をくり貫き、両方を合わせて竹のたがで締めて縄を巻いただけであった。桜井寺、天ノ川辻の両陣で造られ、火薬は急ぎ堺へ人をやって取り寄せている。

防塁構築

防塁の構築も始まった。場所は、富貴辻《ふきつじ》と鳩ノ首峠の二ヶ所。富貴辻は、天ノ川辻本陣から北へ約一キロの地点で、西熊野街道と富貴からの道が交わる。ここでは、西の紀州方面からの敵に備えた。鳩ノ首峠は、大日川村と永谷《えいたに》村を繋ぐ西熊野街道のほぼ中間に位置し、五條・御所《ごせ》といった北方への視界が開けている。五條方面の敵に備えて塁が築かれた。

二　十津川郷士集結

十津川郷士

防塁構築と物資集積に大わらわの中、吉村虎太郎、保母《ほぼ》健《たける》は、乾十郎の案内で十津川郷へ向かった。目的は十津川郷士の協力要請である。乾はかつて、師梅田雲浜や森田節斎に従って何度も十津川郷に足を運び、十津川郷兵の養成に尽力した経緯がある。父の治良平《じろへい》が郷の宇宮原《うぐはら》村の出だったこともあり、十津川郷の主な人物たちを知る乾は、案内に最適であった。

十津川郷の勤王の歴史は、神武天皇東征の軍の先鋒を務めたことから始まる。皇軍を案内した八咫烏《やたがらす》が十津川の祖先であるといわれ、それ以来幾度と無く、天皇の吉野・紀州・高野山・熊野への行幸や熊野三山の修繕などの御用を務めてきた。壬申の乱の時には大海人皇子《おおあまのみこ》(天武天皇)を助け、南北朝時代には、大塔宮《おおとうのみや》護良《もりよし》親王の十津川御潜居[2]をお守りしている。さらに国難を迎えた今、十津川郷士らはこういった古来からの勤王精神、由緒復古を唱えて禁裏御守衛を願い出て許されており、吉村虎太郎らが入郷した二十一日より九日前の八月十二日には、百名弱の主立った郷士が既に上京していた。そんな中での徴兵に、乾が吉村に紹介したのは留守居役野崎主計《かずえ》であった。

野崎主計

野崎主計は川津村の庄屋である。若い頃、病で十三年もの間立つことが出来ず、その間読書三昧の日々を送った。ついに十津川一の物識りとなり「川津のしりくさり」と呼ばれた。病が癒えて立つことが出来た時、彼は「達磨《だるま》は九年、俺は十三年、俺は達磨に優る」と高笑したという。かつて梅田雲浜や各藩の志士たちが頻繁に訪ねてくるほど、博識さと誠実な人柄は世間に知られていた。今年で四十歳、十津川郷の重鎮の一人である。

二十二日早朝、吉村一行は川津村のはずれで野崎主計と風屋村の沖垣斎宮《いつき》に対面した。吉村は、陣羽織を脱ぐと草の上に敷いて野崎・沖垣を座らせ、自分は路上に座って挨拶をしたという話がある。そういう気配りと終始相手をたてる話しぶり、天誅組の行動に感銘した野崎はすぐさま郷をあげて参戦することを約束し、深瀬繁理《ふかせしげり》、田中主馬蔵《しゅめぞう》、前木鏡之進ら主立った在郷幹部たちに連絡をした。郷士の協力を得られたことで、吉村は二十三日早朝に次のような通達を渡した。

昨廿二日申渡し候上は、早刻出張有るべく候得共、火急の御用に付十五歳より五十歳迄残らず明廿四日御本陣へ出張これ有るべく、若し故なく遅滞に及び候者は、御由緒召放され、品(法の意。ここでは軍令をさす)により厳科に処さるべく候條、其心得を以て早々出張これ有るべく候、以上

八月廿三日　卯刻

総裁　吉村寅太郎[3]

高野山への援軍要請

一方、高野山の僧兵にも協力要請をするため、上田宗児が兵四十人ばかりを連れ、忠光の書状を持って出かけた。高野山は近世の寺社領主の中で大規模な知行石高を誇っていることに加え、地理的には要害であり、ぜひとも押さえておきたいところであった。高野山行人方三光院の報告によると、中山侍従殿の使者として尾崎鋳五郎、土居佐之助、上田宗児ら四十名が二十二日夜、高野山へやってきたという。僧侶たちは困惑し、一行を粉河屋吉右衛門、金屋茂兵衛の旅宿へ留め、総代が金蔵院で面会をした。

抜き身の槍鉄砲等、厳重に相構候て、浪士申立には、一山中味方に属し申すべきや、否返答振りにより一戦に及ぶべき哉など、無体の応接恐惑至極、一山中、重々練談仕り候へども、僧侶の儀にて兼ねて武備これなき事ゆえ、致し方なく相属し候旨偽り相答へ[4]

協力すると偽って返答し、その一方で和歌山へ使者をやって高野山が窮地に陥っている事態を告げさせた。紀州藩では、その後約千二百名の兵を高野山へ遣わしている。

上田主殿墓（大阪府河内長野市神ガ丘・延命寺墓地）。上田はたまたま林村の玉堀家に逗留していた勤王の志士であった。

玉堀為之進奉納灯籠（十津川村高津・国王神社境内）。玉堀の名が刻まれている。

玉堀為之進辞世句碑（十津川村高津・国王神社境内）。玉堀は天ノ川辻本陣で斬首された。享年53歳。

十津川郷士参集

十津川郷では、吉村が渡した通達がすぐに野崎らによって郷全体に流された。その日のうちに郷内五十九ヶ村全てに行き渡ったこの命令に、郷士たちは夜を徹して天ノ川辻本陣目指して駆け、二十五日朝までに約千百人が集結した。郷士たちを引率し束ねるのは、野崎主計、深瀬繁理、田中主馬蔵、前木鏡之進、中丈之介らの在郷幹部たちである。

玉堀為之進斬首

天誅組は集まった郷士たちに、これは勅命によって組織された御親兵であること、幕府軍を迎え撃つことなどを言い渡したが、集まった者の中から勅命の真偽を問いただした者がいた。林村の庄屋玉堀為之進《たまほりためのしん》と、玉堀家に滞在していた河内の浪士上田主殿《とのも》であった。玉堀らは、一度京都へ使いを出して事実確認した上で十津川郷士の行動を決めるべきであると主張した。勅命云々は徴兵のための方便であったため、吉村虎太郎は他への影響を恐れて二人を斬首に処した。のちに十津川郷は天誅組から離脱することになるが、そのことを思えばこのときの玉堀の意見は当を得たものであった。京都の政変の報に接した藩はどこも天誅組の呼びかけには応じなかった。政変を知らない十津川郷のみが、代表郷士の決断のもと、天誅組に参加することとなったのである。

三　高取攻め

追討軍編成

京都には天誅組の情報が次々と寄せられていた。皇軍御先鋒の要請に、取敢えずは武具などを献上し協力の返答をした狭山藩や下館藩、高取藩、情報を仕入れていた紀州藩や奈良奉行所などは次々と京都へ報告と進退伺いを出していたのである。そんな状況にまず朝廷から紀州藩へ二十日付でお達しがあった。

京都御用の由にて諸士数十人、河州狭山辺へ相越し候に付き伺いこれ有り候へ共、右様御用仰付けられ候儀は一切これなき候。早々鎮撫これ有るべく候。一昨日脱走候堂上もこれ有り候間、何地へ罷り越すも計難く、万一罷越如何体《いかてい》の儀申し候とも必ず取敢これなく鎮静候様、心得べき事。（「定功卿手録」[5]）

「皇軍御先鋒」を自負する天誅組にすれば憤慨するような内容であるが、朝政を掌握し尊攘派を京都から一掃した公武一和派にすれば残った懸念を早々に潰してしまいたい上、長州へ落ちていった七卿の動向も気になるところであった。この天誅組追討に大きな力を発揮したのが、京都守護職松平容保であった。幕府はこの年の六月、将軍家茂が退京したのち、京都における幕府機関の最高責任者としての京都守護職の容保に、「梱外の全権」を委任していた。京都所司代・京都町奉行を指揮下に組み込むもので、非常時においては近隣諸国・大坂城代・奈良奉行・伏見奉行などへの指揮権を持つ。尊攘派勢力を抑えたい会津藩が幕府に願って得たもので、この権限が与えられていなかったら、幕府は近隣諸藩を出兵させるのにてこずったであろう。

続いて朝廷・京都守護職・京都所司代から、郡山藩・高取藩・芝村藩・小泉藩・柳本藩・新庄藩・柳生藩・彦根藩・津藩に出兵命令が出された。

風の森神社（御所市鴨神）。御所に向かって進発した吉村虎太郎率いる支隊が陣を敷いた風の森峠の頂上にある。

五條へ進軍

一方、予想以上の兵力を得た天誅組は、天ノ川辻を出発して二十五日昼二時頃、五條村へ戻ってきた。『本城久兵衛日記』によると、吉野川河原で総勢足を留め、俄作りの木砲の試し打ちをし、その後桜井寺・宝満寺・常善旅館に分かれて休息した。

五條では、周辺諸大名が追討のために進軍してくるという情報が次々と入ってきた。しかも既に郡山藩の兵が御所《ごせ》村（奈良県御所市）まで来ているという。一刻も猶予ならずと、夜になって須恵口方面へと進軍を開始した。向かう先は、高取城[6]（奈良県高市郡高取町）である。高取藩が後日届けると約束した米が、未納のまま日が過ぎていた。そこで五條に残っていた後続隊の池内蔵太《いけくらた》が、二十二日に書面で催促したところ、藩では既に京都の情勢を知り、京都守護職からも通達を受けていたために、断りを入れてきていたのであった。しかも、命令を受けて討伐の準備までしているという。天誅組は、千名余りの軍勢で押し寄せ違約を責め、尚も約束を違えるならば攻撃も辞さないこと、その場合は城を取って拠点とし、京都の情勢が変わるまで持ちこたえようと考えたのである。五條には十四、五名を残し、総勢三在村まで進軍。中山忠光の率いる本隊は重坂峠《へいさか》を越えて高取城下へ、吉村虎太郎の率いる支隊は、郡山藩兵と相対するため風の森峠を越えて御所村へ向かって北上した。

支隊は下街道を北上し池ノ内村を経て、夜半過ぎに大口峠へ着くと、原田藤右衛門方にて休憩をとった。杉本彦平宅から兵糧を徴集し、峠で陣容を整え夜明けまで滞陣して付近の見張りを続けたが、何事もなく夜が明けた。斥候を出して様子を探索させたが、郡山藩兵の影はなく、吉村は大口峠を引き揚げた。

追討諸藩の足並み

二十五日の日付で郡山藩から京都守護職に出された文書がある。この文書からは、松平容保の思いと裏腹に、各藩ともに天誅組討伐の命令を受けながらも戦さに出るのを渋っていたことが窺える。

和州五條村鈴木源内陣屋へ中山家公達の由にて浪士相交じり乱妨に及び候族《やから》、取鎮め方の義、厳重手配致すべく、尤も織田山城守様(宇陀松山藩)、織田摂津守様(芝村藩)、永井信濃守様(新庄藩)、植村出羽守様(高取藩)へも鎮防方仰せ付けられ候間、申し合すべき旨、且つ山岡備後守様(奈良奉行)へも応援の義相心得御手配御申し渡し御座候段、去る廿一日御達しなされ候。これに依り早速右御銘々様方へ甲斐守より御案内仕り候所、何れも御人少なきにて御加勢御人数差し出され候義は御断りに御座候。然る所、前顕五條表の義は郡山より凡そ十里計南に相当り、前後嶮岨《けんそ》の山間に吉野川を構へ堅固の土地に御座候間、南は紀州、西は金剛山にたより、数ヶ所の通路何れも難所に付、備え押し駆け引き等も不自由の場所に付、甲斐守一手の人数にては厳重の手配甚だ覚束なく存じ奉り候。これにより何方様より成り共、御援兵仰せ付け下し置かれ候はば、精々申し合せ仕るべくと存じ奉り候。尤も在國表相応の人数、何時にても出張仕るべき様手筈は申し付け置き候。御指図次第、差出申すべき心得には御座候得共、右の趣、一応伺い奉り候様、甲斐守申付け候儀に御座候。以上

八月廿五日

松平甲斐守内　印藤別書

木野才太

同　伴　大谷記八郎⑦

討伐相談のために集まろうと、郡山藩が出兵命令を受けた各藩に呼びかけたが、どこも兵を出すのを断ってきた、というのである。そして五條の地へ出兵することの困難さを述べ、郡山藩だけではどうしようもない、勿論指図有り次第いつでも出兵出来るがどうしたものだろうか、というお伺いをしている。

高取藩の防戦準備

そんな中で、わざわざ出兵する藩とは違って標的にされた高取藩では、斥候を出して天誅組の動向を探り、防衛準備を進めていた。城代家老中谷栄次郎が総指揮を執り、甲州流軍学師範福田耕平、剣術師範杉野楢助、槍術馬術師範浦野七兵衛を参謀に、約二千人体制で大砲二門（ホイッスル砲）、補助砲五門（ダライバス砲）を用意。練兵場にしている鳥ヶ峰の高地に大砲を据え、国府神社や石川山、各櫓、門、番所など計十八ヶ所に兵を配置した。さらに十五歳以上の領民を徴集して周辺の森や丘陵に潜ませ、兵に擬して敵を攪乱させる作戦をとった。またこれらの領民をして武器弾薬や兵糧運搬を担わせ、それだけではまだ不安に思い、郡山藩へ援軍まで頼んだ。準備万端、天誅組の襲来を待ち受けたのである。

大乗寺（御所市戸毛）。蓮如上人ゆかりの浄土真宗本願寺派の寺院。

高取襲撃

主将中山忠光に総裁松本謙三郎、藤本津之助が率いる本隊は、二十五日夜中頃に重坂峠へ着き、僅かな休息をとった。その休憩の最中、味方が高取藩の斥候小姓頭西島源左衛門を捕えた。監察役の那須信吾が高取藩の動向などを尋問したが、口を割らなかったため首を刎ねた。

一同は戸毛《とけ》村まで進み大乗寺に入ると軍議を開いた。無防備と思っていた高取藩が斥候を出しているという事で、充分な警戒態勢が敷かれていると考えた松本・藤本の二総裁は、敵の様子を探った上で吉村の支隊と連絡をとるべきで、攻撃はそれからにしたほうがよいとの意見を出した。また安積五郎も、十津川兵の疲れを指摘し大休止を進言した。しかし、血気にはやる若い隊士たちから即攻撃との意見が出て、中山忠光もそれに同調、このままの勢いで進むことになったのである。

鳥ヶ峰の戦い

重坂峠から、高取城下まで行程約十キロ。峠を出発した彼らは中街道から土佐街道を二列縦隊で進んできた。そして二十六日午前六時頃、城下の手前一キロの森村で俄かに急襲を受けた。北側は鳥ヶ峰、東南は国府神社である。敵の布陣を知らないまま、昇りくる朝日に向かって列をなして歩いていた本隊が、鳥ヶ峰に高取兵の姿を視認し大慌てで木砲を前面に引っ張り出した時既に、敵の砲が火を噴いていた。朝日を背にした地の利と天誅組の動向を偵察していた高取藩は、いち早く一斉攻撃を開始した。

高取城下の戦い戦闘図

国府神社(高取町下土佐)。小高い丘陵の上にあり、大砲を設置して天誅組を迎え討った。

鳥ヶ峰古戦場碑(高取町観覚寺・高取町役場内)。土佐街道を見下ろすことができる高台にある。

煙の下より進め進めと頻りに大将軍、下知したまへども、一筋の小道にて敵は小高き所に居り、進み兼て見えたる處に、敵より打出す破裂丸に驚き、十津川農兵崩れ立ち、一人即死一両人手を負う。我一と引退きけるを、頭の面々、大に制すと雖能はず。先手に進みし酒井傳治郎、甲を百目玉に打砕かれ、何分味方の足場悪敷《あしき》故、備へ崩れて見えけれども、敵しきりに鬨の聲を揚げ、味方も鬨を合て急におめいて二手に別れ惣軍五條へ静々と引揚たり。夫より夜にかけて天ノ川辻本陣迄引上る。

（半田門吉『大和日記』）

一本道で突如攻撃を受け、先頭を進んでいた者たちは驚いて退くも、総勢千人以上の二列縦隊である。後方の者たちは先頭で起こったことが分からず、進む者と退く者とで狭い路上は混乱を極めた。しかも天誅組の俄作りの木砲は、松の生木をくり貫いて造ったもので、試し打ちの時はうまくいったが、この時は内部から松脂が出て発火せず玉が飛ばなかったという。高取藩の砲も錆ついて照準が合わないものが多く、放った弾はどれも天誅組の頭上を飛び越えていったといわれる。

復元された高取藩の大砲。高取町立リベルテホールに展示されている。

高取城朝駈の日、烏帽子形の兜を着たりしを敵の百目筒にて打ぬかれしかと、尻居に倒れたるのみにて事なく還りしか、衆見て肝を冷さぬ者なかりき。されど酒井は特に煩ふ事もなくて、なほ所々の討手などに向ひ居りしを、二日ばかりは項痿れて、もの音も覚へさりしと後に語りき。（伴林光平『南山踏雲録』）

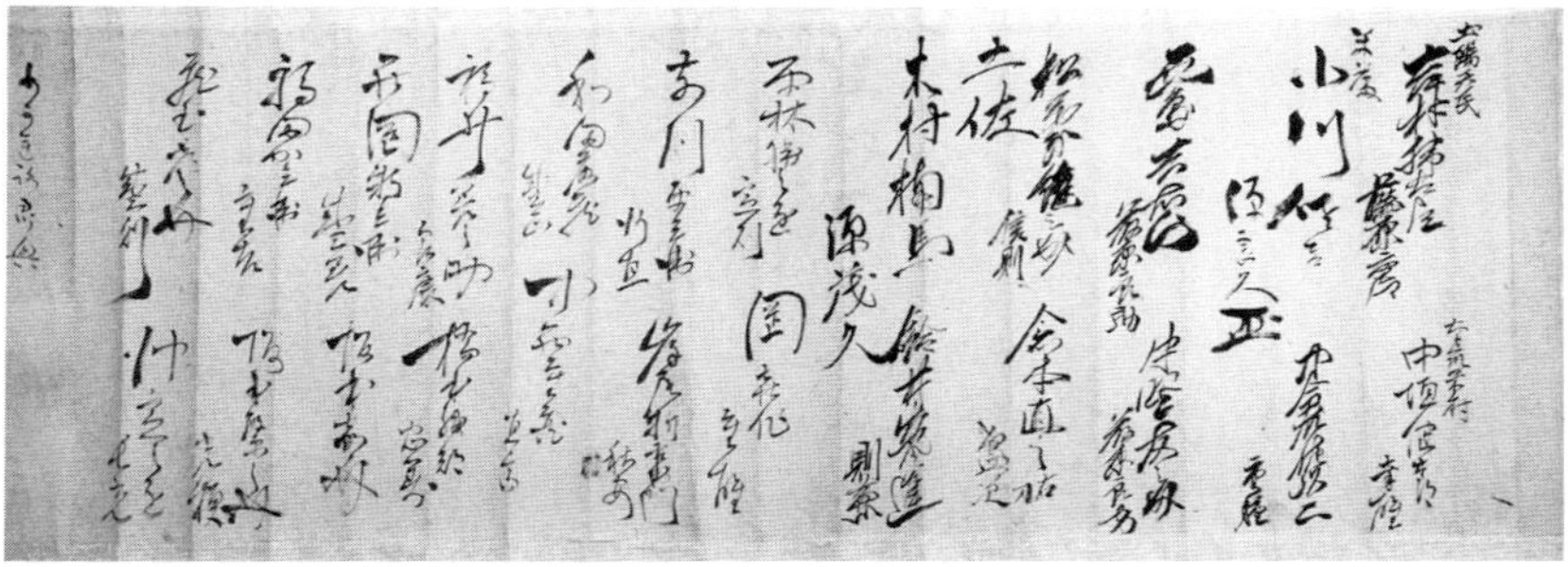

高取城討入衆連名書（西尾家旧蔵・現存せず）。高取城夜襲に向かう吉村以下隊士の連名書。

高取藩が撃った大砲が、酒井傳次郎の烏帽子型兜に被弾した。倒れた酒井を見て皆肝を冷やしたが、当の本人はけろりとして立ち上がり討手に向かっていった、という。旧式のダライバス砲だったのが幸いした。後遺症としては二日間ほど首が痺れ耳鳴りがしただけであった。

とはいえ天誅組は、高所から小銃大砲を撃ち込まれ大混乱に陥ったところに、付近の森から鬨の声や太鼓の音が響き渡り、敵人数を錯覚した。十津川郷兵が離散逃避するのを制止しきれず、隊士たちも引きずられるようにして敗走した。その様子は高取藩側から見ると、まるで群雀が物音に驚いて飛散するようだったという。戦闘は約二時間で終わった。高取城攻撃どころか、城下にも辿り着けなかった本隊は重坂村まで敗走し、ようやく兵をまとめた。水郡善之祐ら五十名程は、高取藩兵の追尾を喰いとめるべく重坂峠に留まり、本隊は五條村まで戻った。

高取城夜襲作戦

支隊を率いて引き揚げてきた吉村虎太郎が、本隊の無残な敗走に出くわしたのは、ちょうど昨日本隊と別れた三在村であった。吉村は激昂の余り、忠光の馬の轡《くつわ》を取ってその敗戦を詰《なじ》ったともいわれる。大事な初戦での負け戦に、吉村はその場で人数を集めて決死隊を結成し、高取城下へ夜襲に向かった。付き従う者は、小川佐吉、中垣健太郎、木村楠馬、中倉才次郎と十津川郷士、総勢二十四名。重坂村の庄屋西尾清右衛門宅で夜になるのを待ち、城下に火を付け混乱に乗じて討ち入る計

吉村虎太郎が被弾した木ノ辻(高取町薩摩)。

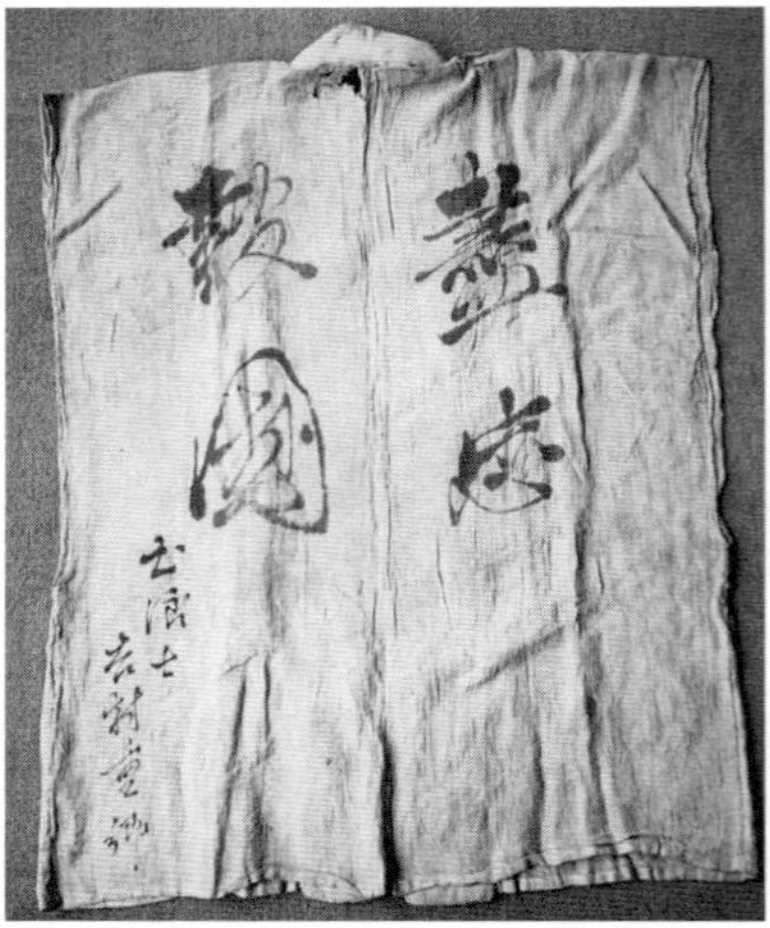

吉村虎太郎の肌襦袢(西尾家蔵)。吉村が世話になった西尾家に残したものと伝わる。

画であった。夜七時頃、決死の覚悟で各々名前を書き残すと、枯柴を背負い火縄を持って同家を出た。十時頃、薩摩村の木の辻という三叉路まで来たとき、馬で警戒に当たっていた同藩軍監役浦野七兵衛と出くわした。吉村は槍で浦野と渡り合い、後方では十津川郷士が猟銃で浦野に狙いを定めた。加勢しようと撃ったところが弾は外れ、吉村の股の付け根辺りに命中したのである。吉村が怯んだ隙に浦野は逃走、藩に急を告げた。敵が準備を整えて出撃してくれば夜襲どころではなかった。一行はこれ以上進むのは諦め、負傷した吉村を担いで戸毛村まで戻り、女医榎本住《えのもとすみ》[8]の門を叩いて銃創の応急手当を受け、重坂村の西尾家まで戻った。

西尾清右衛門は、負傷した吉村を離れ座敷に寝かせると、奉膳《ぶんぜ》村の内科医小原元性《げんしょう》を呼んできて再度手当をさせた。更に駕籠を呼んで五條村の宿常善まで送っている。一行が五條村へ戻ったのは二十七日夜であった。

決死の覚悟をもって挑んだ夜襲も失敗した。本隊は五條で態勢を立て直すどころか通り過ぎて天ノ川辻本陣まで戻っており、しかも十津川郷士の多くは僅か一日で天誅組から離れてしまっていた。

双方の被害状況

天誅組本隊、ついで吉村率いる夜襲を退けた高取藩。その損害は、二人が軽傷を負ったのみで死者は一人もいなかった。天誅組の損害は、同藩から奈良奉行所への届出書の中で明らかにされている。

雑兵の首　七
生け捕り　およそ五十人
木筒　六挺
小筒　三十六挺
陣太鼓　一ツ
槍　九筋
刀　二十五本
弓　二張
脇差し　三十九本
兜　一ツ
具足　一領
陣笠　五十六
玉薬簞笥　二荷
高張提灯　二本
箱提灯　一
法被　三枚⑨

榎本住紀年碑(御所市戸毛)。吉村虎太郎の初期治療を行った榎本住は、当時珍しい女医であった。

高取藩植村氏は老中及び松平容保から感状を受けた。その後高取藩は、天誅組追討連合軍には加えられず、専ら防衛警戒に当たることになった。出兵命令を受けた藩が渋々進軍し、吉野郡の山中で苦労することを考えると幸運であるともいえよう。

藩では、奮戦した藩士らに対して身分や役目ごとに細かく分けて二両から二分までの賞与を与え、さらに警備警戒を強めるよう指示を出した。追討各藩が万一天誅組を討てなかった場合、大和国中を守る最後の拠点として威力を発揮しなければならず、以後実戦さながらの訓練が度々行われるようになった。

（1） 堀家の伝えるところによれば、足利尊氏によって都を追われた後醍醐天皇を、この地の郷士堀信増《ほりのぶます》が迎え入れたという。その後、後醍醐天皇は吉野に朝廷を開き、京都の北朝と吉野の南朝に皇統が二分されることとなった。正平三年（一三四八）、高師直の軍勢に吉野が攻め落とされると、南朝二代後村上天皇は賀名生《あのう》に移り、堀家は行宮となった。堀信増とその子信道は、以後二十年間にわたって仕え、従四位を賜っている。その後、長慶天皇、後亀山天皇の行宮にもなったともいい、その由緒から「賀名生皇居跡」と呼ばれている。南朝ゆかりの宝物として、日の丸が描かれた幟旗や縦笛、天目台や、後村上天皇の宸筆と伝えられる旗などが代々守り継がれており、天誅組隊士も拝観した。堀家住宅は国指定重要文化財に指定されている。また裏山は堀信増が黒木御所を造営したと伝えられる場所である。

（2） 元弘元年（一三三一）に後醍醐天皇が反北条の兵を挙げ、第一皇子護良親王（大塔宮）も呼応したが、天皇が笠置で囚われ、護良親王は十津川へ逃れたことが『太平記』巻五などで知られる。十津川村の上野地と吊り橋でつながっている対岸の谷瀬には護良親王が潜居されたと伝わる黒木御所跡がある。平成十七年に五條市に編入された旧大塔村は、明治二十二年（一八八九）の村発足時に、この地の豪族戸野兵衛、竹原八郎らが宮を匿ったことに因んで付けられたという。

(3)『十津川記事』より。『十津川記事』は上・中・下の三巻からなる。嘉永六年(一八五三)六月より明治四十一年(一九〇八)十二月に至るまでの村、およびその関係者の行事・事蹟・動静等の主なものが年代順に記述されたもので、執筆者、初版発行年の不詳であるが、この間の村のことを知ることのできる貴重書となっている。

(4)堀内信編『南紀徳川史』第三巻(名著出版)、巻之二十八、五四七頁。

(5)『孝明天皇紀』巻百六十九、八三二頁。

(6)高取城は、かつて郡山城の後詰として重宝され、また奥吉野地方一帯の一揆取鎮めの重要拠点として存在した。寛永十七年(一六四〇)、三代将軍徳川家光によって高取藩を与えられた植村氏は、二百二十年たってようやく、大和国中におけるこの城の重要性と役割を大いに発揮した。

(7)『会津藩庁記録』二、三四頁。

(8)戸毛で開業した榎本玄丈の長女、榎本住(一八一六〜九三)は当時としては珍しい女医であった。その医術は「妙訣、神の如し」ともいわれ、川上村の富豪土倉庄三郎の家からも終始往診を請われたほどで、診察を請う者は後を絶たなかった。背が高く早口で、男勝りな性格であったが診察は非常に丁寧親切であった。最後は肺炎で寝ていたところ往診を請われ、人に背負われて診察に行き、帰って死んだという。現在もある榎本医院の前に記念碑が建てられているが、これは住がまだ存命中の明治二十六年(一八九三)二月に建立された。

(9)『会津藩庁記録』二、四八頁。

第七章 追討軍との攻防

一 五條退陣

五條退去

傷を負った吉村虎太郎ら決死隊が五條へ戻ったのは、二十七日夜であった。しかし桜井寺には水郡《にごり》ら後続隊が残っているだけで、本隊は高取の敗走そのままの勢いで二十六日のうちに天ノ川辻本陣へ退いていたのである。もし夜襲の成果があがっていたなら、この本隊の動きはまさに痛恨というべきであろう。水郡らは、二十六日夜中まで重坂峠《へいさか》に布陣していたが、明け方頃に桜井寺へ戻り、本隊を追って五條を引き払うべく二十七日は一日後始末に追われていた。『本城久兵衛日記』によると、多数の人足が集められ、兵糧その他を運び、それでもまだ残った物資は隠し置き、敵が来て調べられても決して渡してはならないことが申し渡された。さらに村役人に対して次のように言ったとある。

高取軍勢、押込み候間、此方ら此処に相詰め罷り居り候ては却って為方《せんかた》に相成らず、尤も敵より放火決定、且つ町方はおおいに相騒しの義に至り候間、心淋しく思われ候得共、余儀無き指揮によって当陣所は一先ず引払ひ申し候間、左様相心得申すべき旨仰せられ候。(中略)尚又、此方等も何時帰陣に及び候も計り難きの間、其の節には手支《てつか》へこれ無き様、跡守衛の程、一に頼み入り申し候と、懇ろに仰せ渡され候。（『本城久兵衛日記』）

高取の軍勢が押し寄せた場合、自分たちがここにいては却って迷惑をかけるだろう、尤も敵が放火をすると町方は難儀し不安に思うであろうが、大将の指図ゆえ陣はひとまず引き払う、しかしいつ何時戻ってくるか分からないので、その時のために陣の守衛をくれぐれも頼む、と言っているのである。

中山忠光は、鶴田陶司を遣わして後続隊の早期引き揚げを通達し、鶴田は和田村の堀家まで迎えに出て、そこで後続隊の到着を待った。

長殿本陣

急ぎ御退陣に成られ候様、中山公の仰せに御座候間、一刻も早く天ノ川辻迄御引取りにならるべく候。諸君、和田村堀氏迄昨夜御引取りに成られ候由、承り候に付、同所迄御迎に参り候處、未だ御越これなく、同所へ御待ち申し候間、吉村君同道にて急々御引取り下さるべく候。早々

八月廿八日　鶴田陶司

中垣健太郎様　急用
小河佐吉様

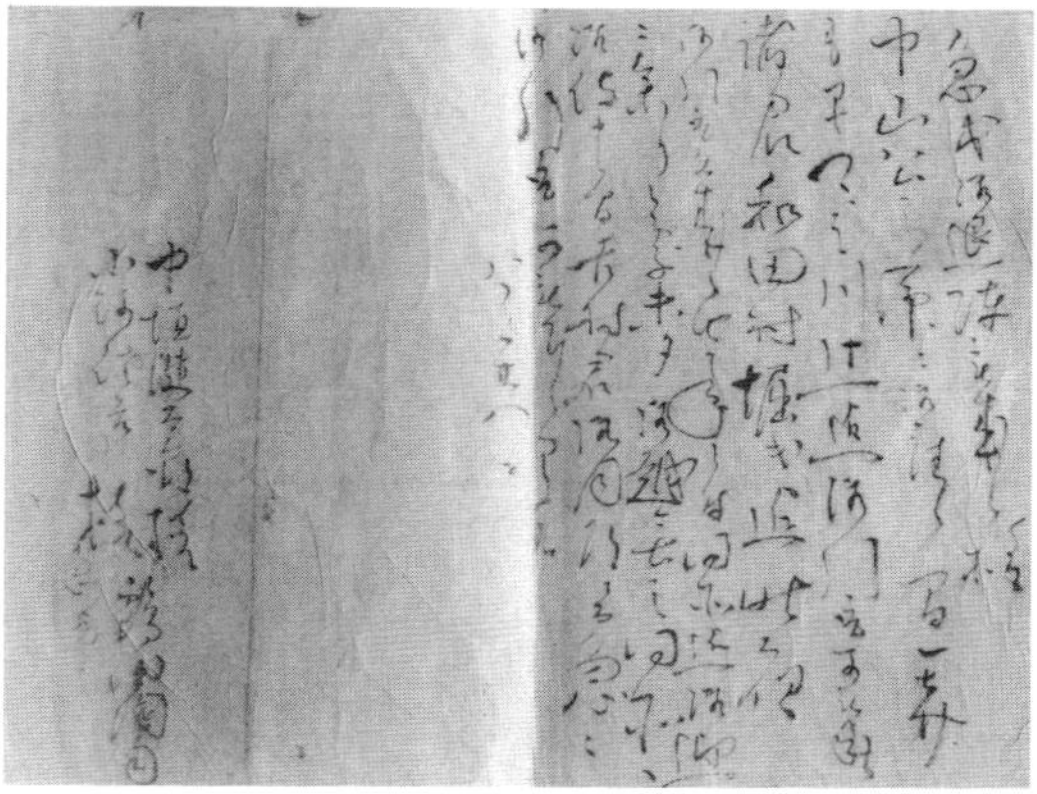

中垣健太郎・小川佐吉宛、鶴田陶司書状（堀元夫氏旧蔵・平成15年に盗難に合って以後、所在不明）。

本隊では十津川郷へ退いて新宮（和歌山県新宮市）へ出て船で四国か九州へ渡ってのち再挙しようという意見になっていた。ここまで考えが急転換した訳は、『大和日記』二十八日の記述に、

京師の根本崩れ、御親征も相止む。姦徒、朝廷の政を恣《ほしいまま》にし長州も退きし處にては味方に来る者はなく、自然、朝敵どもより朝敵の名を蒙らしめんは必然たり。其の時兵力を以て手を広げんこと甚だ難し。（半田門吉『大和日記』）

「賀名生皇居」扁額（堀元夫氏所蔵）。吉村虎太郎の自筆。堀家の門にかけられていた。

とあり、高取藩との戦闘で敗退したこと、幕府の追討軍の情報が次々と入ってくることなどから次第に後ろ向きな考えになっていたようだ。本隊は追討軍の手が回らないうちに一刻も早く移動をと考え、夕方まで後続隊の到着を待っていたが、ついに出発し長殿《ながとの》村（奈良県吉野郡十津川村長殿）へ移った。

吉村らは二十八日朝に五條を引き払い、堀家で鶴田陶司と合流した。

「皇居」の扁額

天辻村本陣は勿論、其の道筋厳重に陣固めいたし、人々へ和田村堀に帝居の御高札相張り申し候。此村所にて陣所相張り申し候。その奥の方さし所に陣張り致しこれあり、もし諸藩の軍兵責め寄せ候はば、右の場所にて合戦ひ候積りのよし。（『本城久兵衛日記』）

堀家に「帝居」の御高札を掲げたことを人々に告げた、という。これは「皇居」の高札のことで、現在、堀家の門にはこの複製が掲げられ、隣接する賀名生《あのう》の里歴史民俗資料館に、当時の高札が保存展示されている。吉村、水郡ら後続隊は堀家で鶴田陶司と合流すると、この辺りに陣を張って追討軍と戦う算段をつけたようだ。堀家に残る伝承では、吉村虎太郎が、南朝三帝の行宮《あんぐう》であった同家に戦火が及ばないよう、追討軍にもすぐそれと分かる様に「皇居」と書いて門に掲げさせた、という。

堀家のある和田村の西側高地は北曽木《ほくそぎ》村といい「賀名生梅林」として有名な場所である。南北朝の頃、都からこの地へ逃れてきた公家たちが、既に賀名生の梅の美しさを歌に詠んでいるほど歴史が深い。後続隊は、周囲の地形からこの北曽木村と南の大日川《おびかわ》村を前線として砦を築き、追討軍との戦闘に備えようとした。しかし、そういう算段をつけながら天ノ川辻へ戻ってきた後続隊を待っていたのは、空の本陣であった。

二　追討軍着陣

新宮脱出策

二十九日の朝、長殿村の本隊から天ノ川辻へ使者が来て、全員急ぎ南下してくるよう命を伝えてきた。十津川郷の小原《おはら》村か折立《おりたち》村あたりで船に乗り、熊野川を下って新宮へ討って出、海路、四国か九州へ逃れ後日再起を図ろうという方針であった。しかし吉村ら後続隊は南下命令を拒否、天ノ川辻で追討軍を相手に戦うことに決し、動かなかった。この場に居たのは那須信吾や池内蔵太など吉村と同郷の者たちと、水郡善之祐率いる兵《つわもの》揃いの河内勢である。そして先日加わった橋本若狭ら下市勢が、戦闘準備をしていた。

下市村一帯にも南朝ゆかりの場所が多い。橋本率いる下市勢も南朝への思い入れが強く、天誅組の掲げる尊王攘夷・御親征は琴線に触れるものであったに違いない。

神社で皇威伸張・国土安穏の祈禱をしていた橋本は、二十三日に天ノ川辻本陣で献策をしていたのである。平原《へいばら》村樺ノ木峠、栃原岳、広橋村といった要害に塁を築き、追討軍の進軍を阻むべきであるという。敵は必ず下市村方面からも来るに違いないと読んでいた。塁の構築などの準備で郷民を徴兵する為に中山忠光の御《み》教書《きょうしょ》を請い受けた橋本は、田所騰次郎、楠目清馬とともに神社へ戻った。そしてさらに五日間にわたって皇軍成就の祈禱を行うと、近郷の村の男子を悉く徴集し、栃原岳、広橋峠、樺ノ木峠、汗入《あせり》村、平沼田村に次々と塁を構築していった。さらに、敵の足場を悪くするために急坂に竹の皮を敷き詰め、付近の山々に丸太や桶を置いて大砲に見せかけ、郷民たちを昼夜警備に就かせて夜には篝火《かがりび》を盛んに焚くなどの奇計を用いて敵を牽制した。中山忠光らの本隊が新宮脱出を決めて南下している間も、橋本は後続隊と連携を取りながら防衛準備の真最中だったのである。

追討諸藩の出陣

出兵命令を受けながら動かなかった各藩は、京都守護職から再三の叱咤を受けてようやく出動しはじめた。二十四日には朝廷から津藩・彦根藩へも出兵の勅諚が出された。

しかし出動準備や進軍はひどく緩慢であった。戦闘経験がない上に天誅組の規模が誇張して伝えられており、各藩上層部は戦々恐々であった。郡山藩は二十六日に出発したものの、自藩だけが突出することを恐れ、他藩の動向を見ながら一日に二里半から三里程度を進軍、彦根藩に至っては二十七日に八木《やぎ》村(橿原市八木)に来ていながら三十日になってやっと二里進み、土佐村(高市郡高取町下土佐)へ入るような有様であった。郡山藩は三十日、下渕村(吉野郡大淀町下渕)に布陣。津藩も同日に今井村(五條市今井町)へ到着し、安生寺その他に入ったが、その後二、三日はそこから動かなかった。彦根藩は九月一日、檜垣本《ひがいもと》村(吉野郡大淀町桧垣本)

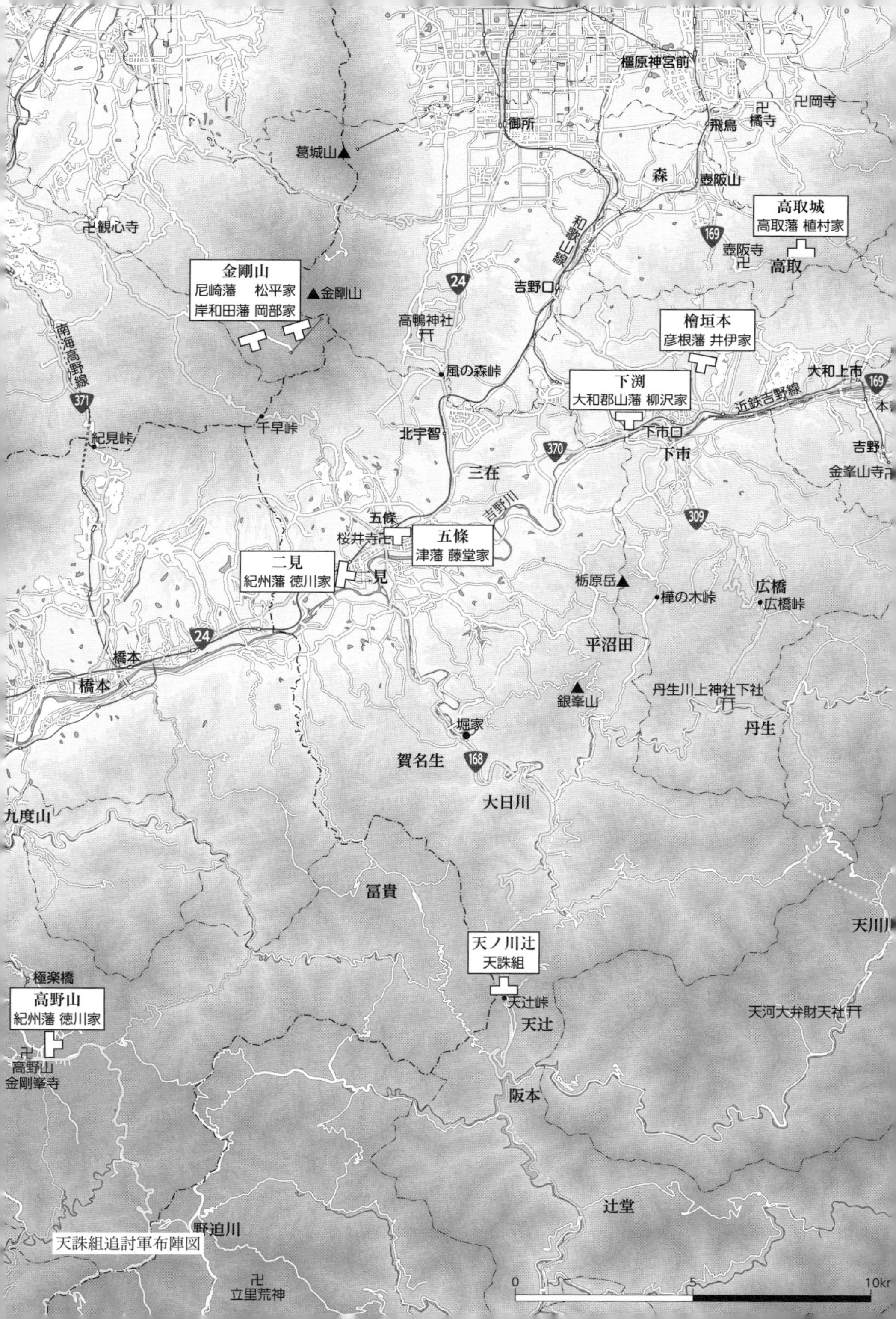

橿原神宮前
卍岡寺
卍橘寺
御所
飛鳥
葛城山
森
壺阪山
高取城
高取藩 植村家
卍観心寺
和歌山線
169
壺阪寺
卍
高取
24
金剛山
尼崎藩 松平家
岸和田藩 岡部家
▲金剛山
吉野口
南海高野線
高鴨神社
檜垣本
彦根藩 井伊家
風の森峠
下渕
大和郡山藩 柳沢家
大和上市
169
371
近鉄吉野線
本
千早峠
北宇智
下市口
紀見峠
370
下市
吉野
三在
金峯山寺
吉野川
309
五條
五條
桜井寺卍
津藩 藤堂家
二見
紀州藩 徳川家
二見
栃原岳
樺の木峠
広橋
広橋峠
24
平沼田
橋本
橋本
銀峯山
丹生川上神社下社
丹生
堀家
賀名生
168
大日川
九度山
冨貴
天川
天ノ川辻
天誅組
極楽橋
高野山
紀州藩 徳川家
天辻峠
天河大弁財天社
天辻
卍
高野山
金剛峯寺
阪本
辻堂
野迫川
卍
立里荒神
0
5
10km

天誅組追討軍布陣図

に布陣した。
紀州藩は、二十八日朝に六百人が二見村(五條市二見)へ到着、翌二十九日に五條村へ入ってきた。つまり、吉村・水郡ら後続隊が五條を引き払った二十八日朝には、すぐ目と鼻の先に紀州藩兵が来ていたのであり、間一髪逃れたのである。更に別働隊が高野山にも布陣した。高野山の僧兵たちは既に天誅組追討の立場をとり、紀州藩に協力をしていたのである。紀州藩と高野山僧兵、そして法福寺の北畠道龍《きたばたけどうりゅう》[1]ら計八百名程が、高野山と九度山《くどやま》の二手に分かれて富貴辻へと進軍を始めていた。

澤田実之助

二十九日に高野山へ入った紀州藩兵は、ここで澤田実之助という高野山三宝院納所の学侶を一人捕えている。澤田は中筒香《なかつつが》村(和歌山県伊都郡高野町中筒香)出身で剣の腕前もあり、かねてから乾十郎らと示し合わせていたといわれる。澤田は、密かに高野山内で天誅組参加の活動をしていたところ、北畠道龍に見破られ、紀州藩副軍大番頭坂西又六によって持明院へ呼び出され捕えられた。その後の澤田への処置は、手指をことごとく折られて歯を抜き取られるなどの拷問であった。しかし澤田は顔色ひとつ変えずに耐えたという。のち京都へ送られ、九月二十七日、獄中で死去した。享年四十六。

この一件に驚いた高野山と紀州藩の役人は、他にも天誅組に通じている者がいるかもしれないと考え、藩へ徒目付や小人目付などの役人を早々に派遣してくれるよう、依頼している。

また新たに膳所《ぜぜ》藩、尼崎藩、岸和田藩、狭山藩にも出兵命令が下り、これらの藩は金剛山を固めた。これら天誅組追討連合軍ともいうべき軍勢は計十五藩、総勢約一万三千人にも及んだ。幕府・朝廷が規模の程を把握していなかったのではなく、武力蜂起に呼応する者たちを警戒しており、早々に潰してしまいたかったのである。

動揺する紀州藩

二十九日に五條村へ入ってきた紀州藩は、柴山太郎左衛門が五、六百名、水野多門が約千名を率いてきた。紀州藩の動向も『本城久兵衛日記』に詳しく、柴山隊はまず戎堂《えびすどう》前の天誅組高札を打ち壊し、その様子は「戎堂高札弐枚とも打毀し申し候、尤も槍の小尻にて落とし、人足どもなど土足に相懸け、こなみちんに相成りたり」という有様であった。また両隊ともに旗をなびかせ、主立った人は駿馬に乗り、列を整え夥しい量の荷を運んで進軍してくるさまは威風堂々、実に立派であったという。

しかし、これは恰好だけで、一旦桜井寺に入った両隊はすぐに、柴山隊は二見村へ、水野隊は橋本まで引き揚げてしまった。夜に桜井寺客殿床下に賊が数人忍び込んだという情報があり、水野多門は夜中二時頃に大慌てで寺を引き払い橋本まで退陣したのであった。それればかりか病と称して一人勝手に和歌山へ逃げ帰ったという。これを恥じた水野の用人荒巻佐源太は桜井寺で割腹し、藩では後日、水野を罷免し千五百石を召し上げた。

他にも、桜井寺に来て大将と面会したいと申し出た横幕長兵衛という人物が天誅組と誤認され討たれるという不祥事があった。横幕は京都の紀州藩邸で同藩用人に天誅組追討の許しを得てやってきた人物であった。

また、天誅組数名が吉野川対岸で白襦袢を竿の先にひっかけ振り回して挑発すると、川向こうから鉄砲を撃ちかけはじめたが、柴山隊は撃ち合いに終始して川を渡ろうとはしなかったという。この様子について、紀州藩が鉄砲を撃ち込んでいる対岸の竹藪には天誅組がいる様子など何も分からなかったという目撃記録もある。いずれにせよ、紀州藩では天誅組の動向が摑めず、大将、兵ともに恐る恐るといった行動しかとれなかった。

吉村ら天ノ川辻本陣に残った天誅組後続隊は、紀州藩の実態を知るや、三十日夜半頃、那須信吾ら約四十名で恋野《こいの》村（和歌山県橋本市恋野）に留まっていた紀州勢に奇襲をかけた。

驚いた紀州藩兵は逃げ出し、那須らは武具や食糧などを奪い取って陣所に火を放ち意気揚々と戻ってきた。しかもこの日、磯崎寛と石川一は二人だけで五條村の様子を見ようと桜井寺まで戻っている。紀州藩兵が桜井寺を引き払ったあとの様子を見、馬借所で駕籠に乗って悠々と引き揚げた。『本城久兵衛日記』には「その勇気、希代なり」と記されている。

「国家の乱賊」

京では九月一日、朝廷から松平容保へ以下の通達があり、その中で中山忠光は庶民の身分とされ、「国家の乱賊」とまで書かれている。

元中山侍従、去る五月出奔官位共返上祖父以下義絶、当時庶人の身分に候処、和州五條之一揆中山中将或は中山侍従と名乗り、無謀の所業これ有る由に候得共、勅諚の旨相唱候故、斟酌《しんしゃく》致し候者もこれ有哉に相聞え候。当時稱え官名候は全く偽名且つ朝権を憚らず勅諚を唱え候段、国家の乱賊にて朝廷より仰せ付られ候者には一切これ無き候間、早々打取鎮静これ有るべく、討手の面々へ洩さず様、相達すべき事。（「定功卿手録」[2]）

また三十日には、孝明天皇が「去十八日以降申出候儀は真実朕の存意に候」との宸翰を下された。つまり十八日以前の勅は自分の真意ではないということであり、天誅組の存在意義は真っ向から否定される形となった。尊攘派は、外国が日本に入ってくることを嫌う孝明天皇の攘夷すべきであるとの意を汲む余り、攘夷どころか条約を結んだ不届きな幕府を倒して、朝廷に政権を戻そうと命を賭けているのに、その天皇から見離された形になった。しかしそれでも天誅組含め尊攘派は、これらは全て薩摩藩、会津藩による企てであり、天皇のためにも両藩を朝廷から追い払わなければならないと考え、この宸翰をこそ偽勅と見ていた。

三　後続隊の奮闘

風屋本陣

八月二十八日、二十九日と長殿村に滞陣していた中山忠光ら本隊は、三十日朝、ついに後続隊を待たずに新宮へ進むことに決した。それでも後続隊が追い付けるよう気を配りながらの行動で、三十日は十六キロ進んで風屋《かぜや》村（吉野郡十津川村風屋）に着陣、翌九月一日は同村にとどまった。しかし後続隊が追ってくる様子はなく、更にこの日、新宮の水野家が兵を出し、熊野川の船着き場の全てを押さえたとの情報が入った。

風屋本陣跡（十津川村風屋・老人憩の家内）。本陣となった福寿院のあったところは風屋ダム建設で水没し、石碑はダム湖畔に建つ。

武蔵本陣

本隊は、二日朝、更に南の武蔵《むさし》村（吉野郡十津川村武蔵）へ移動し、光明寺(3)に入った。武蔵村は現在の湯泉地《とうせんじ》温泉から坂を登り、標高七九四メートルの大森山の先にある。標高が高く、北方から村への道は一本のみという地の利があった。しかも村の南方からは大野村、高滝村へ出る道が通じている。現在は使われていない古道であるが、後続隊が合流すればすぐにでも南下できる態勢をとっていたのかもしれない。村には楠木正成の孫にあたる楠木正勝のものと伝わる墓があり、隊士たちが南朝ゆかりの正勝の墓に詣でたであろうことが想像できる。

光明寺跡地に建つ旧武蔵小学校校舎。天誅組は約2日滞在し、再び北上して天ノ川辻に戻る。

天誅組が本陣を置いた武蔵の光明寺跡（十津川村武蔵）。

要害を築く

一方、天ノ川辻に留まっていた後続隊は次々と手を打っていた。紀州藩への小出しの攻撃もさることながら、天ノ川辻から丹原《たんばら》村の間の要所に梵鐘を置いて砲に見せかけ、旗を立て並べた。路傍の大木には切り目を入れて矢を挟んでおき、矢を引き抜くと大木が忽ち道へ倒れてくるような仕掛けを何ヶ所にも施した。少人数ではゲリラ戦を展開するしかなく、出来る限りの策を施したといえよう。そして紀州藩兵の様子から五條突破の脱出案を練って本隊へ知らせ、急ぎ天ノ川辻へ戻ってくるよう提案をし、次いで八月三十日、「天川辻御役所」の名で五條村、須恵村、新町村役人へ松平容保が御所に乱入し天子を押し込め五條へ軍勢を差向けているが、長州はじめ各地諸大名が不日大挙し賊徒を征伐するので、三ヶ村の者はとにかく天朝に精忠を励むようにとの触れを出した。[4] さらに吉村は、紀伊新宮城主で紀州藩家老水野大炊《おおい》頭《かみ》忠幹《ただもと》宛てに書状を認めた。

去年、尊藩横井次大夫等脱藩の砌、僕兄分(上岡胆治の事)京師に相詰め居り、奔走致し候、分をもって追って僕上京、委細承はり、其後、貴藩正義の面々より水野大炊父土佐の前非を悔い、上には天朝を尊び下には小民を育む志、屹度相立ち居り候上は、自今以後諸藩有志は掛念致さず様との噂これあり候由、承り居り候故、突然ながら一筆啓上致し候。

しからば去月十三日、御親征の御沙汰これあり候處、中山前侍従卿、畿内に賊徒輻輳《ふくそう》致し居り候上は、叡慮貫徹の程覚束なく思召され、諸藩有志の士を召し連れられ、大和河内等の奸賊を征し義士を募り、御幸供奉のため御下向、既に狭山侯高取侯に使者差出され、五條奸吏鈴木源内を誅し、正邪糺明《きゅうめい》の基本を建て掛けられ候處、豈計《あにはからん》、同月十八日暁、逆賊松平肥後守、有栖川親王宮殿へ鉄砲数十発致し、直に宮門に乱入し、主上を挟み正義の公卿方を悉く貶け候由、実に大逆無道、三尺の童子といへども血泣に耐えず候。

しかれども私欲に迷ひ右に同意の公卿並びに諸藩も少なからず趣、よって彼の賊徒等種々偽勅言を出し候故、既に帰服致し居り候高取侯、却って我中山公の軍に発砲し、御藩また大軍を出張、大和の國民を悩し候。これ如何なる間違いに候や。過日前侍従卿より両度使者差立てられ、頗る不都合、左候時は朝敵一味の事や、君公の御家他に異り候へば、当時勤王の魁となり大功業御立て成され、大樹公の罪をも御償ひ、忠孝両全の御事と存じ奉り候。此頃僕病で十津川郷に在り、村民来り雑談中、公の勇節にして寛大なる事を談ず。就て前日の御赤心の談に信服す。しかして当今、公黙って諫めずはこれ何見る所や。仁義の人を賊徒に陥す事、天下の不幸、僕遺憾に堪えず病間失敬、愚言を呈し候。頓首百拝。

文久三　九月朔日

中山侍従卿　随従

土佐　吉村寅太郎

水野大炊様(5)

紀州藩横井次大夫、伊達五郎らが脱藩したときの寛大な処置についてまず相手を持ちあげ、貴藩が大軍を出して我らに発砲し大和の国民を悩ませているのは、どういう間違いか、とやんわり糺している。御三家紀州藩はほかとは違う、勤王の魁《さきがけ》となり大功業を立てることが将軍の罪をも償うことになり忠孝両全のことであるとし、最後には十津川で村民と雑談中に、貴方の勇断かつ寛大なことを話したとまで述べている。時勢を述べ抗議するだけでなく相手を立てるやり方は、吉村が常に自然体でとってきた接遇であった。

九月に入っても追討各藩ともに未だ進軍中で、五條村に入ったのは津藩約千二百人のみであった。津藩伊賀上野城代藤堂新七郎《とうどうしんしちろう》は九月三日、桜井寺に入った。二見村や恋野村近辺にいた紀州藩兵は逆に橋本まで退いていた。この間の事情として、天誅組が掲げていた高札を紀州藩兵が打ち壊したことについて「天誅組とはいかなるものか江戸へ出す証拠がなくなってしまった」と津藩が抗議したことがひとつの原因という風聞がある。(6)

天誅組を賊軍としか見ておらず、その高札内容に微塵の志を感じようとしなかった紀州藩に対し、津藩は高札を証拠のひとつとして幕府の公平な裁きを望んだ。吉村は、そういう姿勢の藤堂新七郎へも書簡を出しているが、さらりと嫌味がかった面白い内容である。

今般この表発向の趣意は、去月十三日御親征仰せ出され候に付、義兵相募り、鳳輦《ほうれん》守護の所存にこれ有り、然る処、同月十八日松平肥後守逆意を企て、不法に御所内へ押込み、恐れ多くも主上を押籠め奉り、偽名をもって四方へ号令致し候段相聞、痛歎に堪えず、この上は同志諸大名申合せ、右逆賊を誅罰致し、宸襟を安んじ奉りたき所存にて、精誠尽力致し居り候折から、有名の諸藩よりも使者をもって近々大挙在京の逆徒征罰致すべき段申越候。其藩に於いては、兼ねて勤王の志これある趣に承知致し候。定めて逆賊追罰の御籌策《ちゅうさく》もこれ有るべきと存じ候。然るに、この度五條表へ立向い候様子にては、官軍へ敵対致され候様にも相見え候。一応掛合に及び、存慮の趣きっと承知致したく候事。猶々五條代官支配村々、既に王化に服し候處、此度御增加にも相成り候哉に承り候、何れより拝領致され候哉、承知致し度候事。

中山前侍従殿使者　渋谷伊與作(7)

政変を起こした京都守護職松平容保らを逆賊とし、諸藩から使者がきて在京の逆徒を征討すべきと言ってきている中、貴藩は以前から勤王の志があると聞いている、さぞやこれら逆徒追討の策略をお持ちだろう。なのに五條へ来ているのはどういうことか、官軍へ敵対しているようにも見えるが、などと述べているのである。しかも、それとも五條代官所支配地は津藩のものになったのだろうか、誰から拝領されたのか聞きたいものだ、と嫌味で締めくくっている。

渋谷伊與作

この書簡をもって九月五日に使者に立ったのが渋谷伊與作(伊豫作)であった。下館藩士勘定方渋谷利左衛門の長男で、十七歳の時、江戸藩邸で藩主の側に仕えることになったが、桜田門外の変を契機に脱藩して挙に投じた。伴林光平は、彼の事をこう評している。

圓目隆鼻、長《たけ》高く肉厚し、膂力《りょりょく》(腕力)衆を超ゆ。肩顒骨《けんぎょうこつ》耳に過ぐ(肩の骨が張って耳に届くほどの様子)。所帯の大刀、刃の渡り三尺三寸、重さ一貫八百目と云。平生衆に接するや、語呂喃々、童蒙《どうもう》の如し。しかして事に臨むや応対確乎、聊も正義失せず。(伴林光平『南山踏雲録』)

体格がよく豪傑そのものといった風で、持っている刀は刃渡り一メートル、重さ約七キロという代物であった。その風貌と裏腹に子供のようにやさしい話し方をした。しかし事に臨むとその応対や信念は揺るぎないものであったという。

津藩では渋谷を酒食でもてなし、眠ってしまったところを取り抑えてしまった。大きな身体は長持《ながもち》に押し込められて大和古市村の陣屋へと送られたが、その最中、渋谷の足は長持を突き破り、運ばれながら高鼾で眠っていたという話がある。

四　大日川の戦い

天ノ川辻に戻る

後続隊の五條突破案に希望を見出した本隊は、天ノ川辻へ戻るべく四日朝、ようやく武蔵村を出発した。この日、天ノ川辻には下市方面の防衛準備を終えた橋本若狭らが戻ってきており、後続隊の士気はあがっていた。

しかし、朝廷や京都守護職も傍観しているわけではなかった。松平容保は、武家伝奏野宮定功《ののみやさだいさ》を通じて朝廷から「寸刻も早く打捕《だほ》鎮静これあり候様」との催促を受け、この四日、紀州藩、彦根藩、津藩、郡山藩の四藩に対して、天誅組追討が捗らないことへの叱責ともいえる文書を出している。

八月二十一日、各藩に出兵命令を出してから既に十日以上が過ぎているのに、「打捕鎮静」している様子もないのである。尊攘派を京都から追い落としたにも関わらず、主だった長州藩士たちが今なお大勢京都に潜伏していることも気がかりで、万一連携されでもしたら一大事であった。様々な懸念から、松平容保はじめ公武一和派は早々に天誅組を屠りたい一心であった。

富貴の焼討ち

その中で、天ノ川辻へ通じる富貴辻へ進軍していた法福寺党を中心とする紀州藩兵は、九月四日、千手院口、大滝村(和歌山県伊都郡高野町大滝)、富貴村(伊都郡高野町東富貴)などへ兵を配置したが、この日早朝、天ノ川辻の天誅組後続隊は様子見程度の攻撃をしかけ、さらに翌五日の夜には富貴村の焼討ちを敢行し、民家二十軒ばかりを焼いた。そのまま法福寺党と戦闘になったが、少人数の天誅組は勢いにのって押し進み、法福寺党を天狗木峠まで退かせた。

九月六日の紀州藩士奥村立蔵から同藩への報告書によると、「当山の形勢、存外危急に相成り、これまでの御人数にては防戦覚束なく候に付、大御番の内一人過刻早駕を以て差し遣わされ候儀に御座候」と、とにかく防戦もままならない、このままでは高野山が危ないとし、「まず達者成る鉄砲打四五十人、百目筒、拾匁筒等、寸刻も早く御差向け御座候様、仕り度存じ奉り候[8]」と、腕の確かな鉄砲打の兵と大砲を一刻も早く向かわせてくれるよう依頼している。

朝廷からの叱責と、この現場の報告に紀州藩は事態を重くみて、総勢三千七百名の兵を動員した。この富貴村の戦闘で天誅組は追討軍の惰弱さを確認し、士気も高く天ノ川辻へ引き揚げた。

五條脱出策

六日午後、天ノ川辻に本隊が戻るやすぐに軍議が開かれた。作戦内容は、北曽木村で敵と一戦しそのままの勢いで五條を突破、堺へ脱出するというものである。安積五郎、池内蔵太が北曽木村へ陣の構築に向かい、上田宗児、半田門吉が次の文書を持って再び十津川郷へ協力要請に出かけた。

攘夷の儀に付、幕府連々違勅の事は今更論ずるに及ばず、数々《かずかず》奸悪の格、或は廃帝の儀を立てあまつさえ小笠原図書頭(小笠原長行《ながみち》)逆暴を企て、相次いで松平春嶽謀逆をもって天朝へ迫り奉らんと欲す。

しかれども天道清明、事皆露顕してその曲悪を全うせず。正義の堂上姉小路殿（姉小路公知）の如き死力をもって王室を助け、転法輪三条殿（三条実美）以下公論正義の堂上方叡慮を翼け奉り、長州侯その他天下の有志尽力、断然御親征仰せ出されるに至り、奸党《かんとう》猶その曲悪を恣《ほしいまま》にし、不正の堂上に謀り会津の如き有栖川宮に暴発し、恐れ乍ら聖体《せいたい》に迫り奉り、終に御親征を妨げ、あまつさえ正義の公卿を悉く誣劾《ふがい》し、忠正の長州も既に陸沈に至らんとす。

一天萬乗の叡慮海内に貫徹せず、まさに今、いかが思食《おぼしめ》さるべき哉、茲に想像し奉るも恐れ多き限りなり。神州義心廉恥の人たらん者、豈に外見に堪ゆべけんや。天下勤王有志の輩、雲の如く蜂の如く義兵を挙げて、奸徒を誅し叡慮を遵奉し、皇國復古の御大業に尽力し天恩を報ぜずんば、却て奸曲に優る罪人とも申すべき。既に今般中山殿、天下に先達、當国において義兵を挙げられ候處、京師は奸徒の政と相成り、中川宮竝会津の命令をもって賊徒日々増長し、これを古へに譬ふれば楠正成千早籠城に等く、賊滅の謀を廻らし忠力を尽さば、天地に生気有り、必ず新田児島菊池の如き英雄勤王の義兵、連々として天下に起らん事疑いなし。既に丹波丹後但馬にも義兵起り、長州又大挙して不日上京の趣相聞へ、実に今日粉骨砕身の忠を尽さずんば、豈に神州有志の人とは言はんや。爰に於て天ノ川辻より二里、北曽木と中所の要害の地に拠て本陣を置き、天ノ川辻は後陣に定められ、其他紀州往来を始め所々に兵士を備へ、或は篝火を以て敵を劫し、又は放火をもって敵を追散らし、彼が旗幟を奪取、軍威日々盛んに相成り、十津川郷中米塩運送の手段は追々に相開き、十津川郷の為にも急度《きっと》御尽力在らせられ候思召しに付、郷中有志の人々も、兼ての忠義猶更奮発、まさに今、天朝の御為、死力をもって尽されたく深く御頼思召され候。然るに紀州の儀、露計りも天朝の重んずべきを知らず、奸魁会津等の命を以て繰出し一応の使者もなく、此方の使者の通路を差留め、彼より猥りに炮発して戦を始め、実に武門の礼を知らず。あまつさえ五条村へ立置かれたる制札は、當世の愚民幕府ありて天朝あるを知らざる故、皇國萬世不抜の天恩を遁れざる人の道を教へ、人心忠孝を発し、天朝の御為不忠を試みる制札に候を、打碎或は土足にかけ、大逆無道、譬ふるに物なし。苟《いやしく》も人心ある者、皇國の二字を見ては拝伏致すべきこそ神州の人とも申すべきに、右の為体《ていたらく》、實に外夷に優る大逆賊、肉を削り骨を砕きて尚足らず。勤王の人々、これを聞て誰か切歯発憤せざらんや。十津川郷有志の人々も、是等の情実篤《とく》と承知の上、忠勇相励まされ候様思召し候。且又、百姓中には、決して取騒がず安心し、尚更農業出精致すべき様との思召しに候事。(9)

勅命であるとして半ば強制的に集めた前回と違って今回の要請文は、今の情勢と自分たちの立場や成すべき事を細かに説明し「まさに今、天朝の御為、死力をもって尽されたく深く御頼思召され候」とあるように、切実な内容であった。しかし高取攻めの敗走後、ほとんどいなくなった十津川郷兵を再度集めようとしても、集まる者は少なかったようである。

大日川の戦い

北曽木村へ向かった安積五郎と池内蔵太は、馬場仙次郎宅を本営に、教蓮寺を分営と定め、関門を設けて敵に備えると翌七日朝には戻ってきた。本隊はすぐに天ノ川辻を出発したが、午後三時頃、途中の大日川《おびかわ》村まで進軍したところで、津藩藤堂新七郎隊約六百人と遭遇した。この隊は視察がてら出陣してきたもので、準備万端整った北曽木村を目前にして俄かに戦闘が始まった。九月七日、追討軍にとって初めての歴とした戦闘である。

高所の大日川村に位置する天誅組に対し、藤堂勢は低所の向加名生《むかいあのう》村から丹生川を渡って攻め上ってきた。銃撃戦に及ぶこと約二時間、日暮れ近くまで持ちこたえたが、人数も火力も敵が優っている。安積五郎

大日川丹生神社(五條市西吉野町大日川)。この付近で天誅組と追討軍の戦闘があった。

は一計を考え、宍戸弥四郎ら少人数を連れると密かに大日川村の急斜面を下って丹生川を渡り、敵の背後に回った。そして向加名生村の鎮国寺《ちんこくじ》(10)に潜むと、機を見て宍戸に法螺貝を吹かせた。思わぬ背後からの音に、伏兵かと驚いた藤堂勢は浮き足立ち敗走した。日が暮れてきたこともあり、藤堂勢は追っ手を警戒して和田村の家に放火すると堀家へ退却し、陣容を整えると五條村まで退いた。この戦闘で大日川村の民家が多く焼失し、残ったのは十四軒のみであったという。これについて『南山踏雲録』九月七日の記述には、

大日川の戦に藤堂家上分の士、即死二人深手四人、雑兵手負死人すべて四十余人ありけるよし。その後加納(加名生)村の堀氏来て委《つぶさ》に物かたれり。かくてその物語の中に殊に可笑しかりしは、藤堂何某とかいふ男、堀の家を本陣にて扣へ居りしか退き出るとき堀家の主人に告て曰く、取るに足らぬ正義の浪士、敵には不足なれとも、何分案内知らずの嶮巖絶壁《けんがんぜっぺき》、おもわず敵に欺かれて多くの玉薬を費したれば、すべなくて引とる也。不日兵衆を引繕ひて一挙に山塞を乗くづしてむ。見よ見よ、といひて出けるとぞ。義徒、此話を聞て云ふ、其愚には及ぶべからず。(『南山踏雲録』)

藤堂勢が虚勢を張って戻っていった様が、堀家の主人によってもたらされている。しかし天誅組側は、藤堂勢を撃退して揚がる士気とは裏腹に兵を纏めると、せっかく準備した北曽木村へは行かず白銀岳《しろがねだけ》へ移動し

た。藤堂勢や他の敵情が分からないということもあったが、後続隊と違って本隊は常に危険を避ける守りの態勢をここでもとっており、それが最後までいい影響を及ぼさなかった。

藤堂新七郎は、この戦闘の模様を直ちに京都守護職へ知らせている。京都守護職への書状を急ぎ託された飛脚は、途中で出会った南都興福寺の侍に、夜の働きということで金十両もらったことや、砲丸が二十ばかり頭上を過ぎる中を命からがら走ってきたなどと、かなりの誇張を交えて大袈裟に語っており、どうなるかと思われた戦争がついに始まったことで、民衆の間にもかなりの興奮があったことを物語っている。[11]

こういった民衆の噂や風聞以外にも、会津藩は独自で天誅組の規模や様子探索に藩士などを派遣している。そういった者たちは、土地の者に案内させて天ノ川辻本陣近くまで忍び入り、人数や武器のおよその数、付近の絵図まで作って報告している。その報告書の中のひとつに「山を越し木立の繁き中を潜り、ひそりと天ノ川辻へ忍び入り候處、案内者廻りの者に見咎められ、鑑札持参致し候哉と尋ねられ候處、挨拶遅々致し候内、後より首を刎ねられ候に付、一散に逃げ帰り」[12]とあり、天誅組が天ノ川辻本陣を通行するものには鑑札を発行するなどして厳重な警戒をしていたことが窺える。

白銀岳山頂に鎮座する波宝神社(五條市西吉野町夜中)。銀峯山とも呼ばれる。

五　白銀岳攻防

白銀岳本陣

白銀岳(五條市西吉野町夜中)は大日川村から東へ約五キロ、五條から南下する西熊野街道と下市から南下する丹生街道と

波宝神社社殿。左の貴寶殿は旧神宮寺の建物。

栃原岳山頂に鎮座する波比売神社(下市町栃原)。

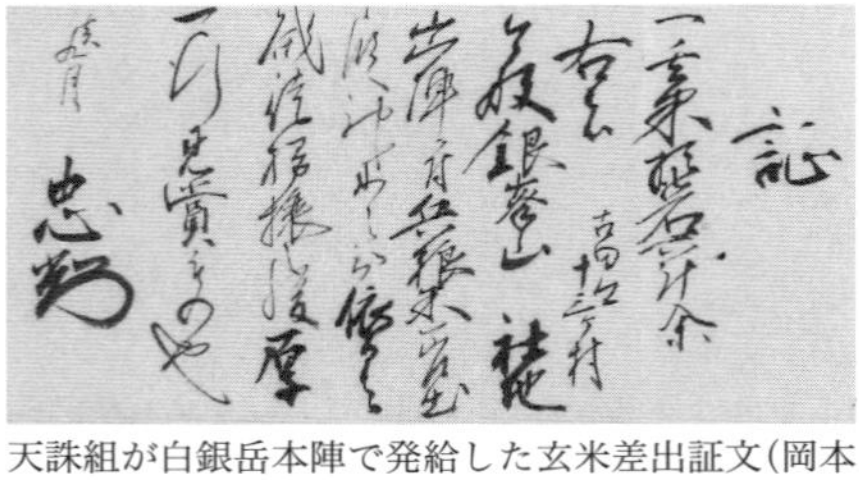

天誅組が白銀岳本陣で発給した玄米差出証文(岡本崇氏所蔵)。賊徒掃攘の後は厚く報いるとある。

の中間辺りに位置する。標高六一〇メートルの頂上に波宝《はほう》神社と神宮寺[13]があり、広い境内を持つ。

七日のうちに白銀岳に移陣した天誅組は、橋本若狭の準備に従い各防衛地点に兵を配する事を決めた。白銀岳を本陣として、敵に備える前線の砦は樺ノ木《かばのき》峠と広橋峠の二ヶ所である。樺ノ木峠には水郡善之祐ら河内勢を中心に地元農兵が、広橋峠には橋本若狭ら下市勢、地元農兵、十津川郷士たちが守った。そして白銀岳の北麓、平沼田《ひらぬまた》村に本隊の大部分を置き、戦況次第でどの前線へも駆けつけられるように配備した。つまり山頂の本陣には中山忠光、伴林光平、失明していた松本謙三郎などの戦闘に不向きな人物だけがおり、ほとんどは麓にいた。その宿泊地としては奥谷村(五條市西吉野町奥谷)の井澤宜庵の妻禮以《れい》の実家岡田家や新子《あたらし》村(五條市西吉野町西新子)で油屋を営む豪商岡本家、汗入《あせり》村欣求寺《ごんぐうじ》などが挙げられる。この寺の住職欣求寺了厳は橋本若狭の呼びかけで参加した下市勢の一人であった。

追討諸藩は、京都守護職からの叱責もあって漸くお互いに連携して動き始めており、九月十日を天ノ川辻総攻撃と決定し、その手始めとして白銀岳への一斉攻撃を開始しようとしていた。下市村に布陣していた彦根藩が八日朝、早くも白銀岳へ向かって進軍しているところを見ると、天誅組移動の情報が斥候によって七日のうちにもたらされていたことが分かる。彦根藩兵約九百名は、下市村から十日市村へと続く街道を進んできた。道は栃原岳(吉野郡下市町栃原)へ登る山道の入り口、波比売《はひめ》神社(14)の鳥居の前で栃原岳の裾を迂回し、樺ノ木峠へとさしかかる。

樺ノ木峠古戦場(下市町平原)。近年の道路拡張工事で様相が一変した。

樺ノ木峠の碑。天誅組堡塁跡と記されている。

樺ノ木峠の戦い

九月八日、激戦はまず樺ノ木峠で開始された。水郡善之祐らは地元民を入れても百名に満たなかったと思われる。その状態で約九百名の彦根藩兵を迎え撃った。峠の西側は栃原岳の斜面で、東側は樺ノ木高地である。両高台に築いた砦からさかんに木砲や小銃を撃ち彦根藩の進軍を阻んでいたが、そのうちに栃原岳の頂上に登った同藩別働隊に砦の背後をつかれた。これは南阿田村車谷へ迂回し南東の栃原岳へ進軍してきたもので、天誅組砦のほぼ真上に位置する観音堂まで登った彦根藩は、急斜面を一気に駆け下りて砦を襲撃したのである。頭上からの敵襲に水郡らは防ぎきれず、やむなく砦を放棄し夕方には白銀岳まで後退した。この戦闘で天誅組が占拠していた街道沿いの茶屋角《かど》屋と枡屋は焼失した(15)。

広橋峠の戦い

樺ノ木峠攻防戦の最中、水郡と共に防戦していた橋本若狭の元に、郡山藩兵約二千名による広橋峠急襲の報が入った。広橋峠は下市村から丹生村を通っ

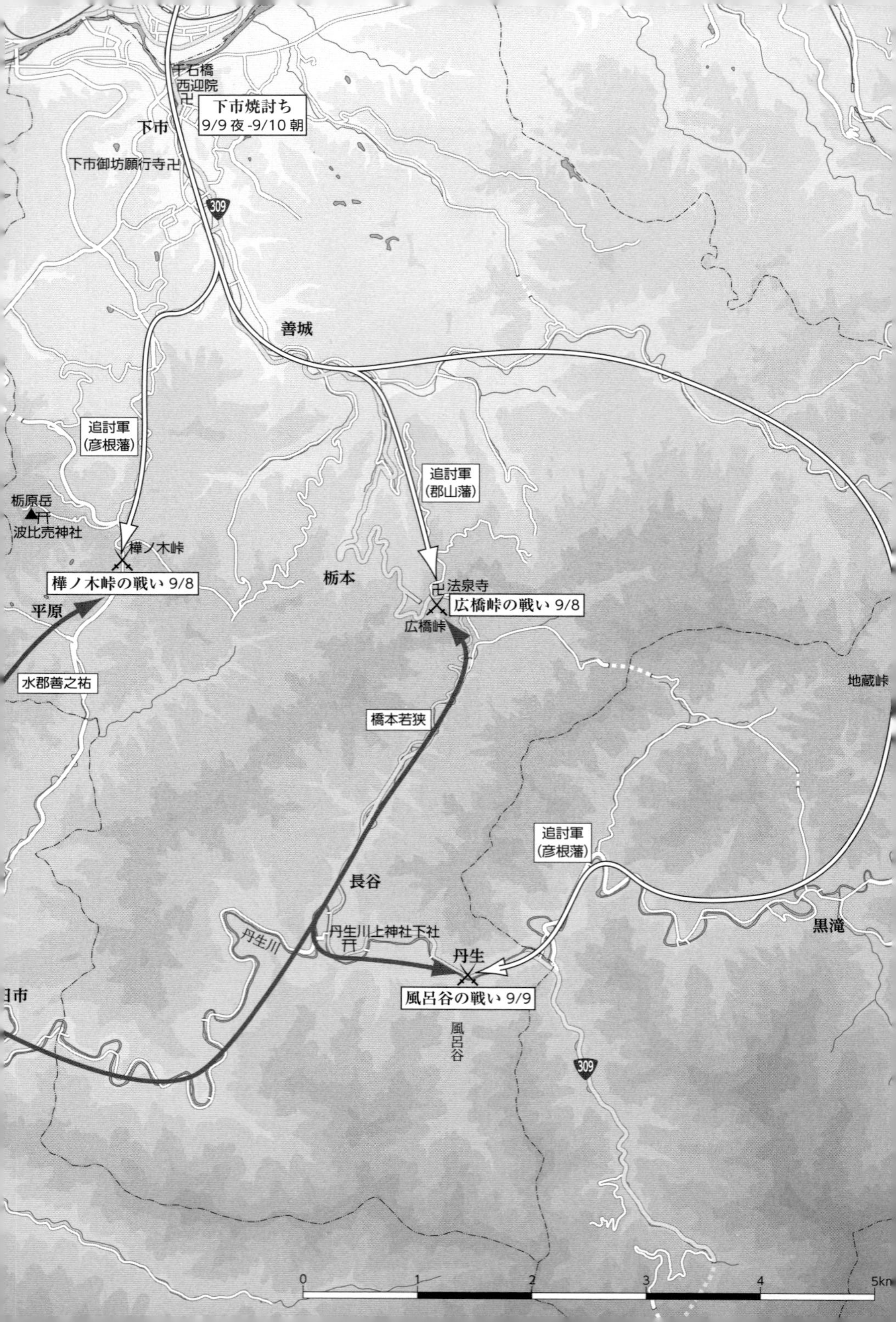

千石橋
西迎院
下市焼討ち
9/9 夜 -9/10 朝
下市
下市御坊願行寺
309
善城
追討軍
(彦根藩)
追討軍
(郡山藩)
栃原岳
波比売神社
樺ノ木峠
樺ノ木峠の戦い 9/8
栃本
法泉寺
広橋峠の戦い 9/8
広橋峠
平原
水郡善之祐
橋本若狭
地蔵峠
追討軍
(彦根藩)
長谷
丹生川上神社下社
丹生川
丹生
風呂谷の戦い 9/9
風呂谷
黒滝
309
市
0
1
2
3
4
5km

岡八幡宮
三在
370
南阿田町
和歌山線
310
五条
24
栄山寺
吉野川
滝
桜井寺（津藩藤堂家陣所）
五條
五條代官所
（焼失）
五條へ撤退 9/10
湯川
御霊神社
霊安寺
追討軍
（津藩）
西新子
丹原
岡田家
岡本家
平沼田
銀峯山
波宝神
白銀岳本陣
9/7-10 朝
水郡善之祐
河内勢戦線離脱 9/11
夜中
堀家
北曽木
丹生川
和田
向加名生
黒渕
大日川丹生神社
168
大日川の戦い
9/7-10
大日川
城戸
白銀岳山麓戦闘図
至 鳩ノ首峠

て洞川《どろかわ》に至る、丹生街道の要であり、南朝ゆかりの広橋城跡である。峠から少し下ったところに国見茶屋があったらしい。その名の通り、峠からは下市町はおろか五條方面、高取の山々までよく見渡せる。水郡善之祐に後を頼むと橋本若狭は広橋峠へ急行したが、既に戦闘の真最中であった。ほとんど農兵ばかり百名程度では、敵勢二千名の進撃を前に長く持ちこたえられなかった。橋本若狭は、峠の頂上に位置する法泉寺[16]に陣をおいて指揮を執り、持ちうる限りの火力でもって応戦したが、小泉藩兵が椎原《しいはら》峠へ回って側面より大砲を撃ち込んできた為、一気に押された。法泉寺はじめ周辺民家が燃え、退路のなくなるのを心配した橋本若狭は、敵の進軍を阻みつつ退却、南約三キロの長谷《ながたに》村の自宅まで後退した。敵側の記録によると、天誅組が撃ってくる銃の弾はいずれも猟銃弾で、逃げる時は怪我人を担いで峻険を平地の如く軽々と走ったという。白銀岳へ通じる防衛最前線ともいうべき二つの要は、一日で陥落した。この八日の戦闘について彦根藩の橋本軍八郎が京都守護職へ出した報告書がある。

広橋峠古戦場(下市町広橋)。

法泉寺。広橋峠の頂上にある浄土真宗本願寺派の寺院で、天誅組の一隊が占拠したことによって焼失した。

法泉寺に残る太鼓。戦火で胴体の三分の一ほどが焼け焦げている。

昨八日朝より和州下市に出張罷り在り候。人数追々繰り出し、栃原ヶ嶽山の間に浪士築き置き候台場へ、左右より攻寄せ候處、途中樹木の間より頻りに小砲放出し申し候。此方よりも台場へ向け大小砲放出し、彼方五六人も打倒し候。右場所には浪士三四十人計、幷に郷夫多分罷り在り候様、見受け申し候。此方人数追々押寄せ候に付、台場幷に近辺村方等へ火をかけ逃去り候間、追いかけ台場三ヶ所乗取り申し候。右浪士共逃去り候を追討仕り候へども、何分谷を隔て樹木等生茂りこれ有り候に付、取逃し申し候間、猶追々山奥へ押入り申すべく儀に御座候。尤も打倒し候死人何方へ哉携帰り申し候。且つ又、台場の義は三ヶ所とも前に土手を築き深さ壹間ばかり長さ五十間ばかりの溝掘立て、此溝中より発砲致し候様、相見申し候。併せて此方人数壹人も死傷御座無く候。右台場までの道筋幷に台場近辺に柵焚場二十ヶ所もこれ有り、所々に木の柵取建て置き申し候。右等の段、取敢えず各様まで申し上げ置き候事。

九月九日　　井伊掃部頭留守居

橋本軍八郎

別紙に申上げ候通り、台場乗取り候節、左の通り残りこれあり候

一　木砲焼け残り　五挺
一　白幕　壹張　但し菊の紋付
一　白幕　壹張　但し九枚笹雀の紋付
一　白幕　壹張　但し無紋
一　鉄陣笠　壹ツ　但し丸に十の字紋付

丹生川上神社下社(下市町長谷)。追討軍によって焼き払われ、現在の社殿はその後の再建。

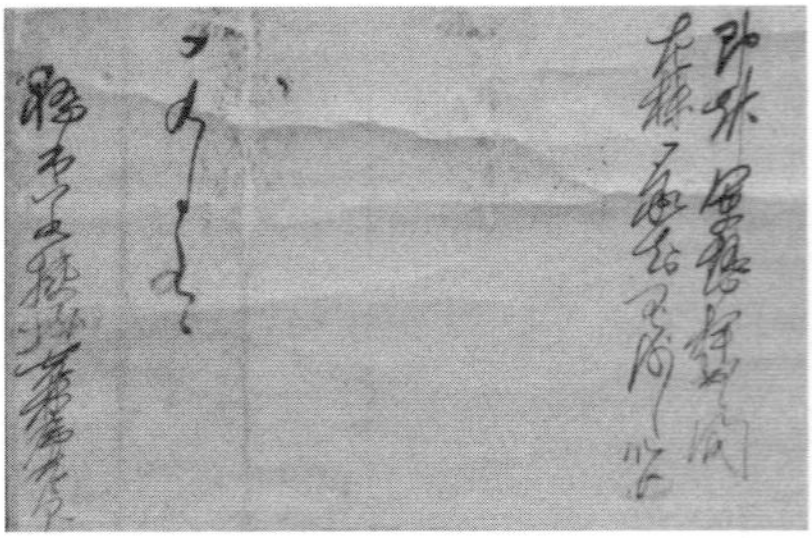

橋本若狭宛、吉村虎太郎書状。橋本からの救援要請に対し、即刻軍勢を送るとの9月9日付書状。

一　右の外、鍋釜鋤鍬斧斤夜具著用類等もこれ有り候
　右の通り、残りこれ有り候間、此方へ取入置き申し候　以上(17)

一夜明けた九日、彦根勢は白銀岳まで進撃してきた。水郡善之祐らは、白銀岳北麓平沼田村の塁に拠って奮戦、本陣からも森下幾馬ら二十数人が加わって銃で応戦した為、彦根勢は一旦兵を引いた。が、別働隊が白銀岳背後から大砲を撃ち込み出した為、水郡ら前線部隊はすぐに駆けつけ、斬り込みをかけた。そのうちに日が暮れて彦根勢が引き揚げたことで、ようやく前線は一息いれることが出来た。

六　下市村の焼討ち

丹生川上神社焼失

一方、自宅へ戻った橋本若狭のもとへ、九日朝、彦根藩二番隊が丹生村に向かって進軍中との情報が入ってきた。橋本は本陣へ状況を知らせる書状を出すと、下市勢中井越前らと共に迎え撃つべく丹生川上神社(現丹生川上神社下社)から東へ急行した。この彦根藩二番隊は、昨夜の内に仔邑《よむら》から地蔵峠(吉野郡黒滝村)を通って脇川村まで進軍していた。丹生川上神社より東へ約一キロ、風呂谷で戦闘になった。しかし圧倒的な火力と人数の差で容易く撃破され、橋本若狭は長谷村の北川家

吉野川に架かる千石橋。当時は木橋で、天誅組が破壊しようとしたが果たせなかった。

下市の町並み。300戸近い民家が焼討ちによって焼失した。

へ逃げ込んだ。が、すぐに彦根勢が押し寄せて来たため、裏庭から長谷川に脱出し難を逃れた。彦根藩兵は、神社や北川家などを焼き払って引き揚げた。

橋本からの援軍要請に吉村は急ぎ「即刻軍勢押し出し候間、左様御承知致さるべく候」と認め送っている。森下幾馬ら数十名が応援に駆けつけてきたが、既に彦根藩兵は引き揚げた後であった。橋本は一同を自宅に集め、明日も大軍で攻めてくるであろう敵を先に制する奇策を相談した。下市村の彦根藩陣営の焼討ちである。

下市夜襲

夜十一時頃、橋本若狭を筆頭に三十数人は二手に分かれ間道を通って下市村へ向かった。彦根藩陣営に突入したのは午前二時頃であった。一隊は長蓮寺口から村に入るや、篝火を焚いて警戒している番所を次々に襲撃した。もう一隊は観音山裏道から川のたもとへ出て、吉野川に架かる千石橋を引き落とそうとした。対岸の郡山藩陣営からの援軍を防ぐためであるが、橋は容易には落ちず、十津川兵に銃撃させて対岸を牽制し、彦根藩兵が宿舎にしている家々に火をつけて、陣屋で眠っていた彦根藩兵が大混乱に陥っているところを次々と討ち、武器などの物資を大量に奪った。『大和日記』にはその様子が他日の記録と比べて長文で書かれており、誇張した部分もあるようだが、一連の天誅組の戦闘の中で最も痛快な勝利であったことが窺える。

有志の面々精神を励まし、ここ彼所より馳せ廻り、町家所々火をかけ鬨をどっと揚げたりけり。昼の合戦に疲れ果て寝入りたる敵ども狼狽騒ぎ、右や左と十方を失い逃げ出るを突き殺し切り倒し、或は火煙の中に追込み、いずれも思ふ侭《まま》に働きける。中にも、森下か郎党吉三郎は大力にして太刀を打振り荒廻り、此の處は井伊家の本陣にて家老その外士分大勢宿陣致しけることにして、討たるる者数しれず。或は牽き出す馬を奪ひ取られ討たるる者もあり。物頭士分の輩、物の具もせず赤裸にて追い詰められ助け玉へと拝むもあり。甲冑兵器を奪ひ、或は先祖伝来の着物、大坂陣の節秋山何某か相用ひし品など書き記しけるを打ち捨て這々の体にて逃るるといへども、前は吉野川後は山にて外に逃げる道なく焼死ぬるものも又少なからず。味方大いに勝利を得て速やかに引きあげたり。此合戦に井伊の家老討死せしとの説もあれども、其の実審《つまび》らかならず。味方は手負い一人もなかりけり。

(半田門吉『大和日記』)

伴林光平歌碑(下市中央公園内)。下市の火災を白銀岳の本陣から見た伴林はその様子を「紅葉となりぬたにの家村」と詠んだ。

下市炎上

一同は、明け方頃、意気揚々と引き揚げた。この時に焼失した民家は約三百戸余りといわれる。天明八年(一七八八)の下市村の家数は千八十八軒であるので、これをそのまま適用すると、およそ三分の一が焼失したことになる。村人たちは付近の山々に逃げ、村は空になった。以後あらゆる品が不足し、略奪が横行、とても生活できる状態ではなかったらしい。彦根勢の受けた打撃も相当なものであった。

九日南山の銀峯山(白銀岳)にて、佳節にあひて、つらつら寄手の家禄を数え見るに、紀州藤堂彦根郡山芝村柳本小泉狭山植村岸和田等、すべて十有餘家にて石敷凡そ百五十萬餘。わずか百騎にたらぬ正義の浪士、右等の姦賊を当の敵にて悠然南山に高臥して菊花香裡に漫吟する、大丈夫の一大快事、何事かこれにしかむ。(『南山踏雲録』)

前線砦が次々と陥落する中、白銀岳山頂の本陣で「悠然南山に高臥して菊花香裡に漫吟」するどころではなかったであろうが、天誅組隊士たちの士気はまだまだ高揚し衰えていなかった。

(1) 法福寺は、和歌山市和歌浦にある浄土真宗本願寺派の寺。法福寺に生まれた北畠道龍(一八二〇～一九〇七)は、仏典を研鑽する傍ら、武芸を学び免許皆伝の腕前であった。また、本山や他宗派の学問を修めるとともに、諸国の志士と交流した。天誅組の変においては「法福寺隊」と呼ばれる僧兵隊を組織して、紀州藩兵とともに出陣して戦功があり、畜髪して士籍に入る。のち、明治九年(一八七六)、東京有楽町に北畠講法学舎を設立し校主となった。教法改革のため欧米を歴遊して、さらに日本人として初めて仏蹟を巡礼した。

(2) 『孝明天皇紀』巻一六九、八三五頁。

(3) 長盛山光明寺は、十津川村武蔵にあった曹洞宗の寺院。楠木正成の孫、楠木正勝が住んだ居宅の跡を寺にしたと伝わる。明治六年(一八七三)に廃寺となり、仏像の一部は村内の小庵に伝わる。跡地は武蔵小学校となったが、昭和四十五年(一九七〇)に廃校となり、その校舎は十津川村教育資料館となっている。近くに楠木正勝墓のほか、織田信長の家臣であった佐久間信盛墓がある。また、八月には武蔵の盆踊りが行われ、十津川の大踊りとして国指定重要無形民俗文化財に指定されている。

(4) 『会津藩庁記録』二、一八一頁。

（5）堀内信編『南紀徳川史』第三巻、巻之二十八、五三五頁。
（6）『会津藩庁記録』二、一五一頁参照。
（7）『会津藩庁記録』二、一七七頁。
（8）堀内信編『南紀徳川史』第三巻、巻之二十八、五四一頁。
（9）『十津川記事』より。
（10）神野山不動院鎮国寺は、五條市西吉野町向加名生にある真言宗の寺院。後醍醐天皇勅願所。大和新四国八十八ヶ所第三十六番札所。明治初年に一旦廃寺となる前は、現在地の北東の山上にあった。後に一堂を現在地に移転した。本堂正面に「文久三年九月　津藩主藤堂和泉守白銀二枚、郡山藩主松平甲斐守金一両、高取藩主植村駿河守金一両」と書かれた当時のものが額に入れられ掲げられている。
（11）『会津藩庁記録』二、一六三頁参照。
（12）『会津藩庁記録』二、一六七頁。
（13）白銀岳の山頂に鎮座する波宝神社は、平安時代天安二年（八五八）に官社となり、延長五年（九二七）の延喜式神名帳にも記される古社で、祭神は住吉三神と神功皇后。山麓の古田郷の氏神として崇拝され、「古田大明神」「若桜宮」などと称された。また、大峯修験と深いかかわりを持ち、「神蔵大明神」とも称され、神仏習合の時代には境内に銀峯山神宮寺があった。『太平記』巻第三十四「銀嵩軍事付曹娥精衛事」に、興良親王（護良親王王子）がここに籠り、南朝に反旗を翻して賀名生皇居を焼いた記事がみえる。現存する本殿は寛文十二年（一六七二）の建立で県指定有形文化財。天誅組が本陣を置いた神宮寺は廃寺となったが、建物は残り貴寶殿として現存している。
（14）式内社波比売神社は、栃原岳の山頂に鎮座し、祭神は水波能売神、応神天皇。天平二年（七三〇）創立で、中世以後は境内に神宮寺の真言宗金山寺があった（寺は明治期に廃寺）。一の鳥居付近の「大塔家」という地名は、元弘三年（一三三三）、吉野の戦に敗れて高野山へ落ち延びた大塔宮護良親王がこの付近の郷士の家に潜伏したとの伝承によるといわれる。

(15) 茶屋の庭にあった柿の巨木は、幹が半分焼けた状態で近年まで残っていたが台風で倒れた。以前はその焦げた木片を記念にともらいにくる人が多くいたということである。

(16) 龍臥山法泉寺は、吉野郡下市町広橋にある浄土真宗本願寺派の寺院。広橋峠の最高所に位置している。永正七年(一五一〇)に村民こぞって真宗に改宗し、以来、広橋集落の門徒によって維持されてきた。天誅組と追討軍との戦闘で戦火にかかり、村人によって避難された本尊阿弥陀如来立像を除いて、周辺民家とともに焼失した。慶応三年(一八六七)、いち早く現在の本堂が再建されたことは村民の信仰の篤さを物語る。なお、賀名生の鎮国寺の梵鐘が当寺に伝来している。

(17) 『会津藩庁記録』二、一九三頁。

第八章 解散と敗走

一 十津川郷への撤退

白銀岳退陣

十日朝、奪った物資とともに橋本若狭らは平沼田村まで戻り、彦根藩兵に対して警戒中の水郡《にごり》善之祐らと合流した。そして今なら下市村を突破して河内国へ脱出出来ると考え、共に本陣へ戻った。しかし、白銀岳頂上に本陣は既になかったのである。前夜の下市村の大火は本陣からもよく見えたが、味方の成功とは思いもよらなかったらしい。しかも、大日川《おびかわ》村の砦で津藩と銃撃戦を繰り広げていた安積五郎らが寄越した援軍要請に、夜のうちに本陣全員が出陣していたのであった。本陣移動にあたって伝令を残していかなかったのは不手際としか言えず、それほど大慌てで出陣したわけでもなかった。

九月十日（九月九日のこと）夜ふけて、銀峰山の御陣を御退ありて、大日川の御陣へ御還あり。道の程に夜中峠と云ふ烈しき峠ありて、そこに同じ名の里もあり。そこにて篝など焼きて、やしなひなどする折柄、或る丁等《よぼろら》（人足たち）、打ちなみだぐみて、大塔宮の古事など物語るをきゝて

当昔《そのかみ》をかゝげて見べき人もなし夜中の里の夜半の灯火《ともしび》
松杉の茂みをもるる影寒し夜中の里の秋の灯火
(伴林光平『南山踏雲録』)

とあるように、夜中村《よなか》で食事をしながら、「丁等」が涙ながらに話す大塔宮の物語を聞いているのである。

何の連絡もなく本陣が動いたことに憤りを感じた水郡らは、漸くやってきた伝令が大日川村集合を伝えると、気を取り直して兵を纏めた。

安積五郎が受け持つ大日川村は、九日から津藩の攻撃を受けていた。十日に天ノ川辻総攻撃を控えた津藩は、今日のうちに大日川村の砦を攻め落とし足場を固めておこうとしていたのである。朝からの小競り合いを何とか凌いでいた安積五郎ら僅かな隊士たちは、敵の本格的な攻撃気配に、本陣へ援軍を要請したのであった。

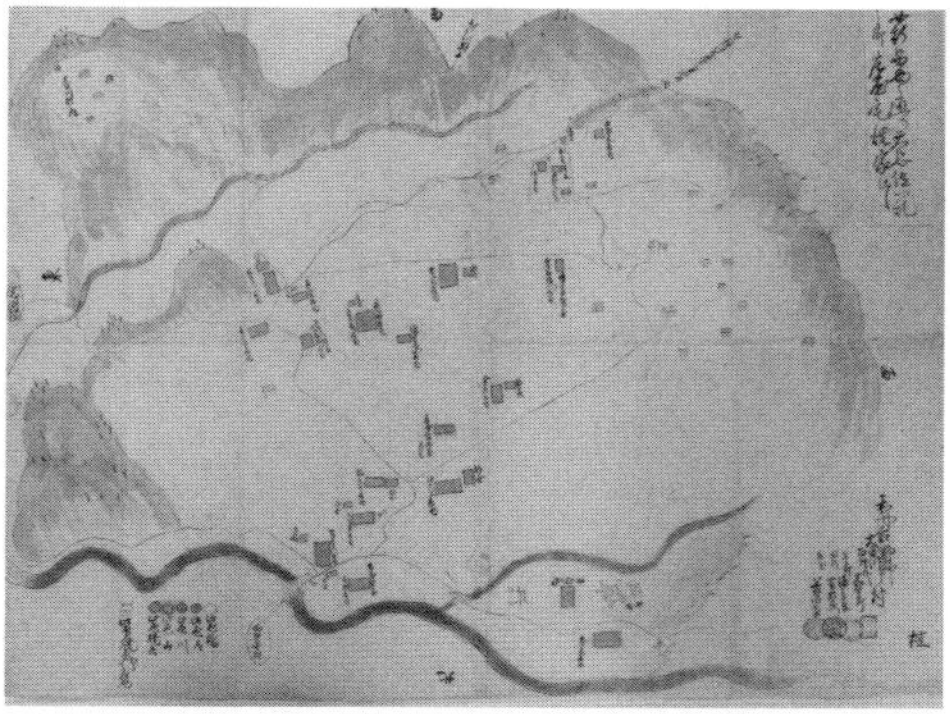
大日川村人家焼失絵地図(五條市西吉野町大日川区所蔵)。戦いの後に大日川の住民が五條代官所に提出した被災状況を示した地図。

藤堂勢の猛攻

中山忠光らが駆け付けたのは、十日明け方だった。そこで味方による下市の大火の報が本隊にもたらされた。勢いづいた本隊は、これを機に正面の敵を打ち破り河内国へ脱出することに決したが、その直後、津藩の猛攻が始まった。橋本若狭や水郡善之祐らが合流した時、まさに激戦の最中であった。しかし津藩は戦闘中にも関わらず、俄かに兵を引いた。敵が引いた理由が分からない天誅組は、とりあえず安積五郎や水郡善之祐ら河内勢が少数でこれを追撃して、北曽木《ほくそぎ》村の砦を取り返した。水郡らは更に丹原村まで追撃し、そこに陣を張って

天誅組砲弾(堀元夫氏所蔵)。大日川の戦いで使用された砲弾。

留まった。ここまで来ると五條村は目と鼻の先である。

本隊は、目の前の戦闘が終わったとはいえ隊士たちは皆疲れ切り、頼みの弾薬をほとんど使い切ってしまっていた。夕方頃に軍議が開かれたが、この状態では津藩兵を追撃し戦闘を重ねつつ五條村を突破し、河内国へ逃れるのは無理であるという意見が出て、河内脱出作戦を変更し再び十津川郷へ立て籠ることになった。

十日の『大和日記』には、藤堂勢が急に引き上げた理由を、「この日、紀州、彦根、津の三藩が同時に大日川攻撃をするはずだったところ、昨夜下市で彦根が大敗したことによってその計画に齟齬をきたした」とあるように、追討軍は揃って大日川村、天ノ川辻総攻撃をする予定であったが、下市村の大火によって彦根藩の被害が大きく、総攻撃は延期されたのである。

十津川籠城策

かつて高取攻めの初戦の敗北で十津川郷へ後退してしまった本隊は、いわば何もせずに郷内武蔵村まで後退しその後、小競り合いながら追討軍と戦ってきた後続隊の意見を取り入れてようやく天ノ川辻へ戻ってきた経緯がある。そして今また、目の前の敵を打ち破らずに十津川郷へ退くというのである。九月六日に本隊が天ノ川辻へ戻ってきて五條突破を図ろうとした時から、僅か四日しか経っていないわけだが、本隊の意見は相変わらず消極的で、しかも後続隊にあとを頼むと、一夜明けた十一日朝、早々に天ノ川辻へ引き揚げてしまった。

同十一日

大坂の方へ討出るとの決定なれども、玉薬拂底一戦分程に相成り、止む事を得ず、一先ず十津川へ引き籠るべしとの評議に相替り、天ノ川辻へ御帰陣。（半田門吉『大和日記』）

河内勢離脱

しかし、その決定がまたも前線隊士に知らされなかった。その理由や経緯は明らかではないが、決定を知らずに北曽木村、丹原村で敵を見張りながら本隊を待っていたのは水郡善之祐ら河内勢を中心とする隊士たちであった。水郡は、本隊が一向に姿を見せないことに不審を抱き、十一日昼前頃に大日川村へ様子を見に戻った。ここで水郡はようやく、軍議が変更されて本隊が既に天ノ川辻へ引き揚げたことを知ったのである。

高取敗走の時から数えると、三度目の前線放置であった。しかも、常に前線で奮闘してきたにもかかわらず、水郡らの意見は余り容れられることがなかった。水郡はついに天誅組から離脱し、別行動をとる事を決意した。安積五郎らが驚いて説得にあたったが、水郡は次のような決別の書を中山忠光に寄せた。

僕等一旦公を仰ぎて盟主となし、朝家の為に相努力せんことを約せり。然るに形勢一変忠邪名を異にし、今や大鳥逆まに迎ふるの時運に際会す。爰を以て屢々《しばしば》建策するあるも終《つい》に用いられず、徒《いたづら》に手を束ねて敗を待つものの如し。僕等思惟すらく、天下のこと一朝にして定むべきにあらず。故に暫く回天の気運を別天地に待ち、以て大いになす処あらん。（水郡長義「水郡長雄の履歴」[1]）

この時離脱した隊士たちは、水郡善之祐・水郡英太郎・鳴川清三郎・辻幾之助・和田佐市・田中楠之助・東条昇之助・浦田弁蔵・中村徳次郎・吉田重蔵（福岡藩）・石川一（鳥取藩）・原田亀太郎（備中松山藩）・保母健（島原藩）の十三名。離脱者が河内勢だけでなかったことは、ひとつ注目すべき点である。天誅組隊士は土佐藩出身が十九名、次いで河内勢が十六名と多く、次いで久留米藩出身者が八名、それ以外は刈谷藩から三名、そして九州・中国地方の藩出身者が一人ないしは二人で参加している。土佐藩出身者は吉村虎太郎が束ねており、河内勢は水郡善之祐のもとに集まってきた人々であった。自然と戦闘や移動、考えが郷党でまとまり、本隊に不満を持ち始めた同郷の者がいない隊士たちが、常に本隊と離れた位置にいる水郡のもとへ集まってくるのは自然の成り行きで、河内勢だけが不満を持っていたわけではなかったのである。

水郡善之祐らは、十津川郷士数名を道案内にして去っていった。河内の邸を出発してから二十六日目の九月十一日のことである。この時、安積五郎は嘆息してこう言ったといわれている。「将、将たらざるが故に、士、士たらざる。水郡の去る怨む所なし。」

総裁の素顔

ところで、本陣にあって全体の指揮を執らなければならないのは三人の総裁であるが、主将中山忠光と傍につき従っていた二人の総裁松本謙三郎、藤本津之助らの行動や考えを窺わせるものはほとんどない。

常に本陣にいた伴林光平は『南山踏雲録』に、印象に残った隊士の人物評を、記録の合間に書き記しているが、松本謙三郎のことは一言も書かれていない。元々左目を失明していた松本は、時期は不明だが行軍中に右目も失明しており、伴林光平の印象に残らなかったくらいに寡黙になっていったようだ。

藤本津之助については歌一首と次の言葉だけである。

雲を踏み巌さぐくむ武士の鎧の袖に紅葉かつ散る

この仁、神典を解しよく弁ず。卓見あり。傍ら文人書をよくす。尤も奇趣あり。備前岡山の脱士、鉄石と號す。また都門売菜翁と號す。詩賦及び草書に妙あり。年齢四十八。(『南山踏雲録』)

こちらも、総裁や軍師としてどのように采配をふるったかについては伝わってこない。

高取夜襲で負傷した吉村虎太郎は、白銀岳本陣にいたのか麓にいたのかはっきりしないが、九月九日の激戦の日、橋本若狭と何度か連絡をやりとりしていることから見て、前線との連携を常に保てる場所にいて戦闘状況を把握していたことが分かる。伴林光平の人物評は、この吉村が一番長い。

吉村虎太郎、土佐の郷士なり。寛仁大度、よく人を愛しよく人を敬す。行年廿有五。高取城朝駈退陣の夜、只一騎、小川佐吉、中垣健太郎の二人を率いて(別に十津川人廿人引具す)、城内三之門まで打入りて一戦、自ら槍を捻って城将秋山何某の馬上にあるを突落とし、槍を抜取らんとするに、ぬけざりしかば、強いて引きしらふ程に迅雷一聲、砲丸胸脇より背後へ射貫けたり。非常の痛手なりしかど、其後治療を加へて今は快治せり。一昨年軍学修行の由、上の殿へ願出て家を出づ。母なる人、大いに慷慨《こうがい》の志あり、虎太郎を潜に誡めて云、「丈夫何の別意ありて郷士を去らざる、事もし遅々せば、すべからく母の剣下に死すべし」と云々。奇代の女丈夫と云うべし。(同)

高取城夜襲の逸話は吉村自身の法螺話のようだが、こういう話を作って聞かせるほど、吉村は伴林や先の橋本若狭など、生国関係なく隊士たちと大らかに付き合っていたのであろう。しかし、全体としては、出身も身分も違う者たちを束ねえなかったわけであるが、それには封建制という縦社会で生きてきた者たちにとって難しいことであったに違いない。天誅組だけでなく、新選組や生野《いくの》で挙兵した者たちも身分や出身の壁を越えてまとまることは難しかった。

藤堂家中の同情

古市陣屋へ送られた渋谷伊與作は、津藩から厳しく詰問を受けていた。渋谷は堂々と皇軍の大義名分を述べ、津藩士を大いに困らせたらしいことが、九月八日に同藩から京都守護職に出した書面に表れている。

この度召し捕り候渋谷伊予作、厳敷く取調べ候處、この度追討の儀、勅命の由に候へども、鎮守将軍の命を蒙りなされ候有栖川宮様に鉄砲打掛け、長州の忠士を御所へ入れ申さず事など、皆会津のしわざにて、その後の勅命は真の勅命に非ず。其の証、去る丑年以来恐れ多くも攘夷御決心の御事ゆえ、我々は真の勅命に候はばこの度追討の儀、中山侍従へ申込みこれ有るべく處、その儀これなき旨申し募り、不意に召し捕られ候の段、甚だ残念の旨申立て候に付、中山侍従当時庶人の身、尤も偽勅に相違いこれなきに付、速やかに追討候様、勅命の上は片時も差し置き難く、殊に陣場へ猥りに立入り候に付、召捕り候儀もこれもって叡慮の旨申し聞かせ候處、何分勅命真偽の廉《かど》了解仕らず、品々申立て候。右の次第に付、応接仕り候者どもは勿論、一統憤怒に堪えず候段、申越し候。この段、御届申上げ候間、いかが仕るべきや。宜しく御差図成し下さるべく候。以上。

九月八日

藤堂和泉守家来
千田源内(2)

渋谷があれこれと申し立てるので、応接にあたった者ばかりか皆が渋谷の言い分に腹を立て、双方とも、自分たちの行動こそが真の勅命であると言い合うばかりで、どうすればよいかと指示を仰いでいるのである。その後、同藩はかねて天誅組が寄越した書状と渋谷の言い分に心動かされ、藩主が京都守護職へ意見書を出した。彼らが真の乱臣賊子ではないこと、「皇国勇敢の士」が必要なこの時に彼らを討伐するのは無残である、追討ではなく鎮撫の御沙汰を出して彼らを諭し解散させるべきであるとの内容であった。

今般和州五條表において乱妨に及び候諸浪士共追討の儀、勅命蒙り奉り、速やかに人数差出し、去る七日には兼ねて御届申上げ候通り、和田弁大日川に攻め寄せ、其の後も先手の者においては種々軍議を尽くし今日にも再び追討を加へ、最早退治仕り候も計り難く候へども、先日召捕候、渋谷伊豫作、存込得と相調べ候處、元来見込みは相違い致し候へども、尊王攘夷の儀においては身命を擲《なげう》つとあくまで存じ居り候事ゆえ、真の乱臣賊子にもこれなきと存知奉り候。殊に今般攘夷の儀、更に仰せ出され、帥宮別に勅使蒙り仰せられ候間、此度こそ関東においても違背はこれ有るまじく、左候時は皇国勇敢の士は養い置き度候折柄、彼を一時に打ち潰し候ては如何にも無残の事と存じ奉り候間、やはり鎮撫の御沙汰に相成り候様、願わしく、いよいよ右鎮撫に御決定相成り候はば、浪士共へ急に仰せ諭され、夫々生國へ引取り候様に相成り、其の上にて領主地頭に是非曲直相糺し候様、仰せ付けられ候ては如何これ有るべきや。(3)

しかしこういった意見が聞き入れられることはなかった。天誅組の理念と政変による不運さに、藤堂家はいたく同情した。そして九月十一日、藤堂新七郎は天誅組へ書状を出したのである。

藤堂家より書面来る。其大略に云、其御許方勤王の儀は尤の事なれども、五條代官を討取り山林に引籠り、猥《みだり》に干戈《かんか》を動し人民を苦しめらるる條、恐れ乍ら叡慮を悩され候。何分形においては朝敵同様の儀に付、早々降参に及なば、京師向はいかようとも周旋の仕り様もこれ有るべく、左もこれ無きにおいては、勅命を蒙りたることなれば止むを得ぬ事、攻潰し申すべき、との趣意なり。且つ五條表加増の儀は、かつてこれ無きとの趣なり。（半田門吉『大和日記』）

もうひとつの記録『南山踏雲録』にも、同じく藤堂新七郎からきた書状について書かれている。

此ほど、藤堂新七郎か五條の陣より書状到来、其旨趣、
今度其御許、御周旋の正義なる事は勿論に候得へども、そもそも軍装抜剣等にて四方横行致され候段、其形において乱暴と相見え申し候。なと言来れり。これにより即刻返書を認めて送る。其旨趣、そもそも形義《かたち》と實情《こころ》とは、何れか尊き何れか卑しき。我が正義の徒、よしや形は暴なるにもせよ、其情實においては尤も尊王攘夷の正義なり。汝等は浪士鎮撫の勅命を唱居れば、其形においては正なれども、其内實は聖明正白の天聴を壅閉《ようへい》し奉り、私に勅命を偽り造りて正義の士を苅盡さんとする姦賊等の命に従ひて、奔走馳駈する心中の乱暴、天下誰人か、悪まさらんや。故に汝は、形は正にして心は賊なり。吾は形は暴なれとも心は正なり。此差別をとくと會得《こころえ》て、急ぎ我旗下に降参し正義の士に従ひて、天朝に周旋し奉るべきよし言ひ遣りければ、いかが思ひけん其後は書翰《ふみ》も来ず。（『南山踏雲録』）

双方を合わせ見ると、津藩は天誅組の趣意を理解し大いに同情を寄せ、彼らがここにおいて討伐されるこ

とを惜しんでいるのがよく分かる。天誅組の行動を正義又は勤王の故であることは勿論であると述べ、しかし心はどうあれ、形は朝敵同様であるため降参せよ、京都へはいかようとも弁護周旋すること、もし聞かないなら当方も勅命を受けた身であるのでやむを得ず討伐するというのである。

二　天ノ川辻陥落

尊攘派狩り

しかし、そういった津藩の動きや、尊攘派がまた京都で勢いを盛り返してくれればという天誅組の希望を余所に、京都では浪人たちの取り締まりが厳しさを増していた。この年の三月に会津藩お預かりとして動き出した壬生浪士《みぶろうし》組は、八月十八日の政変時の御所警備の功績が認められて「新選組」の名前を賜り、京都市中の見廻りを強化していた。また朝廷から各藩・京都守護職へ次のような文書が出された。

先般御場所柄容易ならず事変これ有り、人心動揺の折柄に付、右残党幷出所不正の浮浪は勿論、其の余故なくして京地へ罷出で候浪士等は、厳重相改め取り訌《ただ》しの上、其の旧主へ引渡し候様致すべき旨仰せ出され候に付、各藩においても夫々厳重取締り、此節柄の義に付、猥《みだ》りに上京致させ間敷き義は勿論の儀に候へども、精々相心得させ、もし拠無き次第これ有り、洛中洛外共銘々屋敷外旅宿等に差置き候向きは、右場所幷姓名共、兼ねて其の役筋へ相届置き候様、仰せ出され候事。(4)

つまり長州藩士や浪人を見つけたら各々の旧主へ引き渡すこと、許可なく上京させないよう各藩で厳重に取り締まること、もし上京し藩邸以外に宿泊するときは、場所と姓名を届けることが通知されたのである。探索は京都市中のみならず、大坂その他にも広がっており、勢いを盛り返して朝廷内の政権を奪回したい長州藩や志士たちは思うように身動きがとれないでいた。会津藩の探索報告書のひとつに九月十四日付のものがある。大坂の町宿に何者か集団で潜んでいる様子を引き続き探索した報告で、徒党を組んだ浪人たちが天誅組に加わることを警戒していたことが窺える。

右弐拾人余り差し加わり、先の人数と合わせて六拾人位と相見え申し候。京都へ罷り出で候哉、大和へ加わり候哉の心根探り得かね候事に御座候。(5)

上野地村へ撤退

水郡善之祐ら隊士離脱の報は十一日夜半、本隊にもたらされた。翌十二日朝に軍議が開かれたが、ちょうどその時、紀州藩兵が鳩ノ首峠を占領した、との報が飛び込んできた。

上野地本陣跡(十津川村上野地)。谷瀬の吊橋近くの駐車場内に石碑はあるが、上野地のどこに在陣したのかはっきりとは分かっていない。

鳩ノ首峠では長野一郎、森本伝兵衛、磯崎寛らが、地元農兵を指揮して五條方面を睨んでいたが、紀州勢は東富貴から迂回して、峠西側から攻め込んできたのである。峠から天ノ川辻までは約十キロである。しかも別の紀州勢約五百人が、富貴辻へ近づきつつあった。軍議が混乱する中、五條の津藩兵も大日川村に向かって進軍しているという情報が、追い打ちをかけるように入った。この続けざまの進軍は、追討各藩の

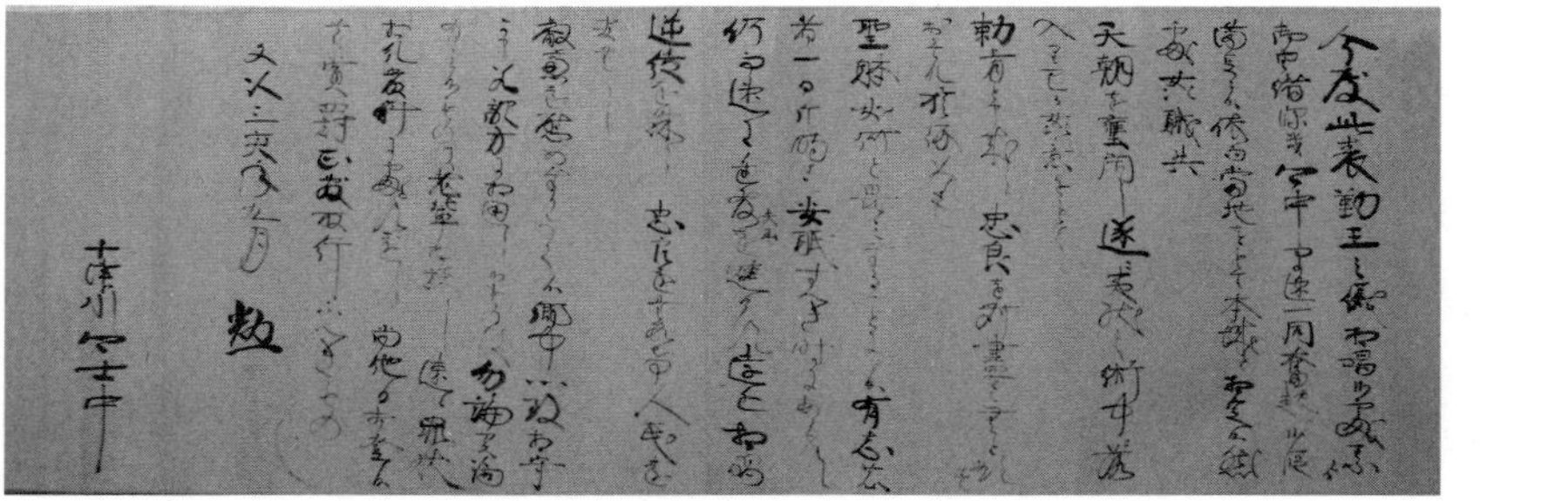

十津川籠城の檄文(十津川村歴史民俗資料館蔵)。伴林光平の筆。

天ノ川辻総攻撃の開始であった。

もはや、一刻の猶予もなく軍議は天ノ川辻放棄、十津川郷撤退と決まった。十津川郷士と共に戦いつつ深山に潜んで持ちこたえようという考えで、本隊はすぐに出発し、後続隊はぎりぎりまで残って物資の輸送を行うことになった。本隊は総勢約六十人程度と地元人足。少なくとも中山忠光、失明している松本謙三郎、病気の竹志田熊雄の三人は駕籠に乗っての移動である。一日の移動距離は僅かなもので、昼遅くに出発した本隊は僅か五キロ程先の小代村で一泊、十三日夕方頃に十津川郷上野地《うえのじ》村(吉野郡十津川村上野地)へ着陣した。

十津川郷へ立て籠るについて、中山忠光は郷へ書状を出させた。

今度此表勤王の義相唱え候処、素より御由緒深き郷中、早速一同奮起候段、満足に候。よって当地をもって本城と相定め候。しかるところ姦賊共天朝を擁閉《ようへい》し、遂に夷狄《いてき》の術中に落入り、己が姦意をもって勅旨と申成し、忠良を苅尽くさむと欲す。恐れ多くも聖躰如何と畏み奉る事に候。仍而《よって》速やかに進発、矢玉を避けず、遠近相唱え逆徒を誅し、忠良を助け人民を安んじ、叡慮を慰め奉りたく候。郷中一致、相守り申すべく、もし敵方に相通じ候ものは勿論、異論これ有り候ものは老輩相談じ、速かに罪状相糺し、厳科に処すべし。尚他日打ち登り候節、賞罰正式に取り行うべきもの也。

文久三亥年九月

忠光

天ノ川辻には吉村虎太郎、安積五郎、那須信吾、池内蔵太などの隊士約三十人と人足、計百人ばかりが残り撤退準備に追われた。刻々と天ノ川辻は包囲されつつあった。十二日朝の紀州勢の鳩ノ首峠占領に続いて、十三日には藤堂勢が大日川村まで進出してきた。そして十四日、両藩は天ノ川辻へ攻め込んできたのである。

天ノ川辻陥落

陣内で人足たちに物資を荷造りさせる傍ら、何人かの隊士は敵に一矢報いようと富貴辻の砦によって待ち構えた。正午頃にはじまった紀州勢の進軍に、陣内で昼飯の用意をしていた隊士たちは全員、炊事道具を捨てて応戦に向かった。双方の距離は僅か四、五十メートルまで狭まっていたという。そこへ、五條方面から津藩が攻め上ってきた。津藩の兵力は約二千人。池らは支えきれず、砦を放棄して陣まで逃げ戻った。

午後二時、吉村は本陣屋敷だった鶴屋治兵衛の家屋に火を放ち、総勢退却を命じた。火の燃えさかる天ノ川辻本陣に一番乗りを果たしたのは津藩で、後続隊が退却してから約二時間後の夕方であった。陣をおいた八月二十一日から数えて二十四日目の、九月十四日夕刻をもって天ノ川辻は遂に追討軍の手に落ちたのである。

一昨十三日、和州霊安寺村より番頭一隊、丹原村より同一隊その外大小砲隊、大日川村賊砦へ押寄せ候處、途中湯塩村にて木砲差置きこれ有り候故、焼捨て置き、夫より大日川へ著仕り候處、同所に浪士少々罷在り候に付、速やかに打拂い火を挙げ、翌十四日同所出立、天ノ川辻へ向け押寄せ候筈にて賀名生村まで押詰め両隊一手に相成り、追々相進み、所〻大材にて道路切塞ぎ要害堅固に構え居り候へども、悉く切り拂い、追々追撃仕り、永谷《えいたに》前にて右両隊の惣勢一手に相成り、夫《それ》より小銃隊大砲二手に分け、無二無三に天ノ川辻へ攻入り候故、賊兵防戦術を尽くし候へども、迅速追撃仕り候に付、恐怖狼狽仕り候哉、兵食半炊のまま、砦に火を放ち退散候に付、右放火消し留め鯨声を揚げ候頃、黄昏に及び候に付、惣勢天ノ川辻へ宿陣仕り候。もっとも分捕等数多御座候。猶右相改め居り候處へ紀州様御軍勢、富貴街道より馳付け候へども、最早賊砦一手にて乗取り後故、陣外へ退き申され候旨、唯今注進御座候に付、此段、取り敢えず御届け申上げ候、以上

九月十五日

藤堂和泉守家来
千田源内(6)

この津藩から京都守護職への報告によると、天誅組は後続隊が天ノ川辻で引き揚げ準備をしている最中も、一部の隊士は大日川村で敵を食い止めるべく頑張っていた。そして十四日、津藩は天ノ川辻攻略一番乗りを果たし、天誅組は炊事やりかけのまま砦に火を放って退散した、とある。火を放ったのは砦だけでなく本陣をおいていた鶴屋治兵衛の屋敷も含まれており、津藩兵は乗り込んできてまず消火活動にあたった。そして夕方になったので陣を張り、天誅組が残していった品物を改めているところへ紀州藩兵が駆けつけてきたという。

別の報告書によると、紀州勢と藤堂勢の連携が上手くいっていなかったことが書かれている。

去る十四日、紀伊殿人数、賊巣天ノ川辻攻撃の儀、藤堂和泉守人数と謀り合い攻め寄せ候筈候處、

籌策《ちゅうさく》の便宜をもって同日は延引致すべき旨、約定相決し、人数一旦富貴村へ引き揚げ候。折から藤堂勢、違約に及び天ノ川辻へ引き返し抜蒐《ばっしゅう》の様子、斥候の者見切り注進これ有り候付、紀伊殿勢取って返し間道より押寄せ、賊防禦出張の場所まで驀直《ばくちょく》に駈けつけ、其の両間凡そ二、三拾間ばかりに相迫り、大小砲連発手に及ぶ限り戦争候處、賊兵狼狽、本塁空虚に相成り候。折節藤堂勢、果たして本道より抜蒐《ばっしゅう》、一陣に進出、賊塁を乗っ取り鬨を揚げ候旨、尤も紀伊殿勢、戦争数合の上、賊徒四角八方へ敗走致し候間、猶又十津川山中へ責込み候手筈の旨、申し越し候。此段取り敢えず申達し候様、申付け候。(7)

紀州藩と津藩は、連携して天ノ川辻を総攻撃すること、十四日は延期することを決めておきながら、紀州勢が富貴村へ引き揚げた途端に津藩勢が抜駆けして天ノ川辻へ進軍していった、というのである。功を焦る余りの行動とも見えなくはないが、既に天誅組に同情的であった津藩は、他藩より先に天ノ川辻へ到達することで天誅組側に余計な死傷者を出さないよう密かに計らったのかもしれない。果たして、これ程の兵力の差がありながら敵味方とも討死怪我人はひとりもなかった。

三　一党解散

十津川郷士の離反状

挨拶状ともいうべき書翰を送って十津川郷に立て籠る予定の本隊だったが、またもや予期せぬ事態が起きていた。上野地村滞陣中の十四日夜、十津川郷士から離反状が届いたのである。その原因は朝廷から十津川郷へ下された命令であった。最初の御達しは八月二十七日付で、「中山侍従など申し候人を差下され候儀は一切これなく」(8)とし、十津川郷士はとにかく逃げて上京するようにとの内容である。続いて九月五日付で追討命令が出された。

去十七日、和州五條村における乱暴の浪士追討の儀、武家へ仰せつけられ候得共、余党十津川郷へ立入り候由、相聞え候。追々時日相移り候ては国家の大害に及ぶべく候。十津川郷往古以来勤王の志情相励まし尽力し早々に追討これ有るべく御沙汰候事。(「定功卿手録」(9))

禁裏御守衛に就いていた在京郷士上平《かみだいら》主税《ちから》(10)らが中川宮より命を拝し、十七名の郷士が七日、二隊に分かれて追討軍に囲まれている郷里を目指した。一隊は紀州藩伊達五郎(陸奥宗光の父)を頼り、その周旋によって高野山から警備厳しい国境を通過してきた。もう一隊は津藩を頼り、小川郷鷲家口《わしかぐち》村から北山郷へ入り大峰山系を越えてきた。いずれも京都から帰郷するまでに八日も費やしているのである。それだけ郷を取り巻く追討軍の警戒網が厳しくなっており、身元不詳な者は簡単に通行出来なくなっていたのである。帰郷を果たした上平主税は、その日のうちに密かに郷内村々の代表者を池穴村の龍蔵院に集めた。ここで初めて十津川郷士たちは、天誅組のいう勅命が偽りであること、このままでは十津川郷までも朝敵にされてしまう事を知ったのである。

衆論紛々の中、寄手はすでに我四隣に迫り漕運《そううん》みな絶え、郷士の危うきこと累卵の如し。然れども郷人多くは、未だ京師の御沙汰如何を詳悉《しょうしつ》せされば、一意朝命を遵奉するものと思ひ、今日に及ぶま

で共に倶に専ら防戦に従事せり。(11)

しかし郷民の多くは、何故天誅組が朝敵にされたのか非常に疑問をもったという。あれこれ議論した挙句最終的に、天誅組には十津川郷から退去してもらう、という結論に辿り着いた。

郷士たちの同情

郷内におれば朝廷の命令通り討たなくてはならないが、いなければその必要がない上、追討軍が天誅組を追って郷内に踏み込む事もなくなる。追討軍と天誅組の戦闘が行われると、食糧物資は入ってこなくなるばかりか、放火略奪といった戦争につきものの悪行が郷内で行われるということであり、郷士たちは村々を守るために何としても郷内での戦闘は避けたかった。

解散宣言

十四日、十津川郷としてこれ以後は協力出来ない事、郷外へ退去してもらいたいという内容の離反状を受け取った中山忠光は、隊士の中でも京都出発時から共にいた者のみを集めて協議した。そして翌十五日、上野地村滞陣中の隊士全員に、結論を言い渡した。解散を宣言したのである。

十五日朝、とく人々を召されて君公自ら曰く、京都より我に伴ひ来りし十四人はおきていはず。其後、山田の筧のつぎつぎに問ひ来りし大丈夫《ますらおども》等、我に伴はむと思はん者は伴へ。去らんと思はん者は去れ。道あらば九州長州へも四国土州へも趣きてむ。道なくば姦賊等を手元に引寄せて、心の限り打切り刺ころして、さて剣に伏して死なん心そ。心の縁ありて再び長州にて相見ん事も測りがたし、御酒ひとつ酌めや。(『南山踏雲録』)

この文章だけを見ると、勇ましい決意の下での解散式に見えるが、果たしてそのようなものだったのか。

解散という重要事項を決定するのに京都出発時から行動を共にしてきた者だけを集めて協議したことについて、途中参加の隊士たちは臂《ひじ》を張り眼を瞋《いか》らして憤懣を口にした。一部の隊士だけで決定した一方的な解散宣言であり、しかも後続隊は追跡してくる藤堂勢と戦いつつ退いている最中で、未だ長殿村にいたのである。追討軍が迫る中、山中での解散に個々では身動きもとれず、ほとんどの隊士はそのまま残った。この解散宣言は意味深である。後続隊はおろか隊士のことを何も考えずに感情に任せて発した責任放棄とも見えるし、十津川郷の窮地を救うために戦闘集団としてのいわば武装解除をしてみせたともとれよう。

風屋福寿院の談判

隊士たちは全員、谷の水を汲んで三献を傾けた。十津川郷士約三十数名は解散の儀式が終わると隊を離れたが、野崎主計、深瀬繁理、前木鏡之進らは、そのまま留まった。その後、郷代表として前田雅楽《うた》が天誅組の退去を見届ける役目を負って本陣を訪れた。

刻々と国境を追討軍が固めており、十津川郷以外に身の置き所はなくなろうとしていた。本隊は、再度郷士と話し合うために、乾十郎と伴林光平を派遣することにした。案内役として野崎主計が同行し、十六日朝、風屋村福寿院[12]において上平主税、丸田監物《けんもつ》の二人と話し合いがもたれた。

そもそも此許浪士の正義なることは海内滔々《とうとう》として人皆これを知れり。さるを此度十津川人正義の士を拒んで退陣せしめば、十津川人果たして正義なりや、邪義なりや。畢竟《ひっきょう》これを何とかいはむ。後年、有識の者、正史実録を物せんに、文久癸亥秋九月、正義浪士、中山公を奉じて十津川に入る、郷民拒んで容れず、と書き記さむ。それ容れられざる者正義ならば、容れざるものは邪義なるべし。天下公然として、禁庭守禦の公役を蒙れる十津川人、今日この一事に付て、邪義不正の名を蒙らんこと、口惜しき限りならずや。将禁庭へ対し奉りて不忠ならずや。よくよく思慮あるべき由。（同）

伴林光平は天誅組の大義名分と勤王論を説き、後の歴史家は、正義浪士が中山公を奉じて十津川へ入ったが郷民が拒んで容れず、と書くだろう。今日の事だけで邪義不正の名を蒙ることが口惜しくないのか、とまで言った。対する上平主税は、『南山踏雲録』の言葉を借りると「低首沈思、暫く言も無かりし」様子であったが、中川宮の令旨に背くと違勅の罪を蒙る事、山中の地にて食塩が乏しく退陣を願う者が多い事、このまま追討軍が郷内に踏み込めば生活が出来なくなる事などを説明して、再度郷外退去を願った。

山民の狡猾虚語、悪《にく》むべし悪むべし。さこそいへ、食塩の乏しきを憂る婦女子の情態もあはれなれば、先々御退陣しかるべきよし、上之地(上野地)御陣まで言上す。(同)

上平主税ら十津川郷士が、正義の勤王論について論ずるのではなく、村民の生活を問題にしたことを、議論のすり替えだとして、伴林光平は「山民狡猾虚語」と非難した。それでも、物資不足を憂うる村民の状態を無視は出来ず、話し合いの結果退陣は致し方ないとし、本陣へ伝えた。伝えたのは乾と野崎である。伴林自身は、本陣から来た平岡鳩平と西田仁兵衛に誘われ「退路探索」として一足先に戦列を離れた。十津川郷士深瀬繁理を道案内に、郷外へ脱出するため風屋村から瀧川村をへて嫁越峠《よめこし》(13)へと向かった。

風屋着陣

乾と野崎は上野地村へ戻って話し合いの結果と伴林らの行動を報告、天誅組は再度退去やむなしとの結論に至った。どこへ討って出るにせよ、追討軍は後続隊のすぐ後ろまで迫っており、一刻の猶予もなかった。中山忠光らは上野地村を退いて風屋村へ移ることにし、この十六日夕刻、撤退準備にかかった。ちょうどその最中に、吉村ら後続隊がようやく本隊に追いついた。彼らはここで初めて、解散から十津川郷退去という一連の出来事について知ったのである。休む間もなく、一同は本隊と共に風屋村へ移動した。既に吉村は、高取夜襲の際の傷が破傷風になり歩行困難な状態であった。

四　十津川郷撤退

竹志田熊雄の死

十六日のうちに風屋村へ着いた一行だが、ここで隊士のひとり竹志田熊雄が息を引き取った。肥後国玉名郡(熊本県玉名市)住吉神社の神官で、文久二年の島津久光の上京に合わせた倒幕計画を聞いて脱藩した。しかしこの時から病を発しており、大坂薩摩藩邸で臥せっていたため寺田屋へ行くことが出来なかった。一旦帰国したのち再度脱藩して今回の挙に参加したが、五條代官所討ち入り直後に倒れたとされる。以後、本隊の後を駕籠に乗って付き従い、乾十郎の妻亥生《いわお》の看病を受けていた。病名は腸チフスだったといわれている。二十一歳であった。時間のない天誅組に代わって、前田雅楽が遺体を引き受け、埋葬し墓を建立した。これは明治二十二年(一八八九)の水害で流され、同三十四年四月、村人によって風屋共同墓地に建て直され、現在も風屋地区の人々と共にある。

十津川郷士と談判した風屋村はダムの湖底に沈んでいる。

竹志田の看病と隊士の世話をしていた亥生は、天ノ川辻で次男を出産し、その子は陣中で生まれたことから「軍太郎」と名付けられた。亥生は連れていた長男寿太郎と軍太郎とともに風屋に残り、十津川郷士の家

竹志田熊雄墓（十津川村風屋・風屋共同墓地内）。

に匿われた。亥生と子供たちはのち紀州藩に捕えられ、大坂へ送られた。軍太郎は翌年亡くなっている。

十七日朝、一同は風屋村を発って小原村まで南下し、翌十八日は更に南の下葛川《しもくずかわ》村まで来た。ここで熊野・新宮への脱出経路を探ったが、やはり既に国境を紀州藩が固めており、どの道も通行不可能となっていた。

追討軍南下

上野地村から南下してきたものの、天ノ川辻から運んできた相当量の物資が村々に残されたままであった。追って進軍してきた津藩が九月二十一日に京都守護職へ報告した内容によると、十八日に長殿村で、十九日に上野地村で以下の品物を分捕ったとある。

長殿村	米五斗俵	拾四俵半	
	同かます入	弐拾七	
	塩	六俵	
	木砲	弐挺	
上野地村	長持	一棹	（蒲団弐拾弐入り）
	葛籠	壹	（刀剣類その他雑物入り）
	鉄砲箱	壹	（鉄砲拾壹挺　玉薬入り共）

乗馬　四疋（皆具共）
大砲　壹挺
木砲　弐挺
陣太鼓　壹面
玄米　拾弐石
塩　五拾俵(14)

これによると長殿村には、約一・五トンもの兵糧米が残されていることになる。この時点で後続隊はまだ解散・郷外退去を知らず、十津川郷籠城の軍議に従っていたはずである。米や塩の取れない十津川郷での長期戦で重要物資となる兵糧米を残してきたことは、退却の慌ただしさ以外に、敵の追撃を阻むために砦を築きながらの退却だったため、物資を運ぶ人手が足りず思うように輸送にまで手が回らなかったこと、道のりの険しさなどが挙げられよう。

こういった天誅組の出立の慌ただしさを余所に、津藩の動きは不思議なほど緩慢であった。十四日夕方に天ノ川辻へ入った津藩兵は、天誅組が残していった物資を調べ、京都へ向けて報告書を出すなどに日数が取られたにせよ三日間もここで留まり、長殿村へ入ったのは十八日であった。その日は宇宮原《うぐはら》村（吉野郡十津川村宇宮原）まで進出し、ここでも天誅組が残していった物資の取調べを行っている。その内容は、米三十五表、鉄砲百五十挺、乗馬四疋であった。

笠捨山越え

追討軍の情報を集めると、天誅組には、北山郷へ出る山越えの道しか残されていなかった。十九日、一行は下葛川村（吉野郡十津川村神下《こうか》）から進路を北東方向へ変更した。上葛川村（吉

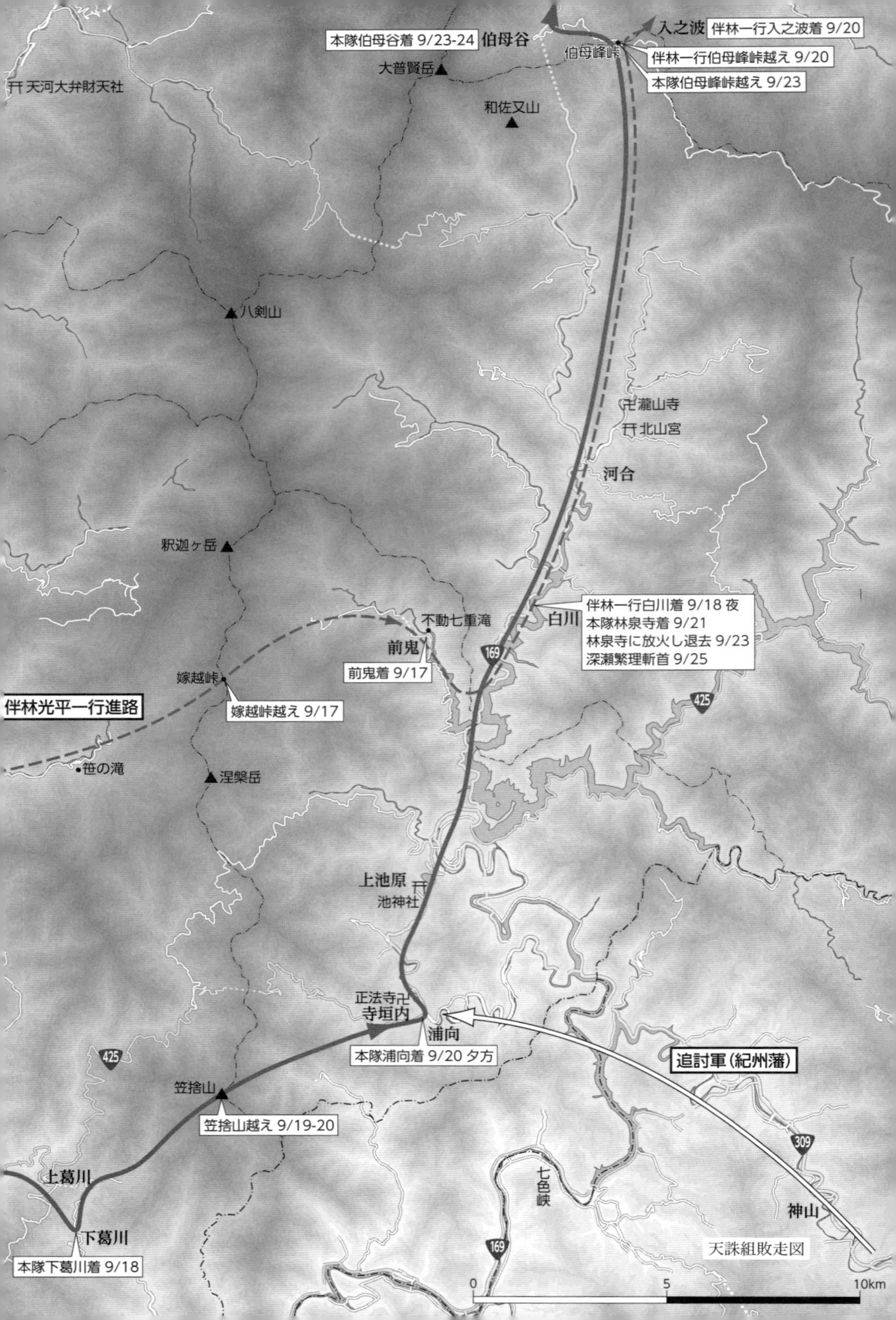

本隊伯母谷着 9/23-24
伯母谷
入之波
伴林一行入之波着 9/20
伯母峰峠
伴林一行伯母峰峠越え 9/20
本隊伯母峰峠越え 9/23
大普賢岳
天河大弁財天社
和佐又山
八剣山
瀧山寺
北山宮
河合
釈迦ヶ岳
伴林一行白川着 9/18 夜
本隊林泉寺着 9/21
林泉寺に放火し退去 9/23
深瀬繁理斬首 9/25
白川
不動七重滝
前鬼
前鬼着 9/17
169
嫁越峠
嫁越峠越え 9/17
伴林光平一行進路
425
笹の滝
涅槃岳
上池原
池神社
正法寺
寺垣内
浦向
本隊浦向着 9/20 夕方
追討軍(紀州藩)
425
笠捨山
笠捨山越え 9/19-20
309
上葛川
七色峡
下葛川
神山
本隊下葛川着 9/18
169
天誅組敗走図
0
5
10km

天辻
天ノ川辻本陣放棄 9/12　陥落 9/14
高野山
金剛峯寺
阪本
追討軍（津藩・彦根藩・郡山藩）
小代
本隊小代着 9/12
辻堂
本隊進路
立里荒神
長殿
野迫川
宇宮原
谷瀬
上野地
本隊上野地着 9/1
解散宣言 9/15
退去 9/16
伯母子岳
福寿院の談判 9/16
→伴林ら離脱
追討軍（紀州藩）
護摩壇山
川津
山天
野崎主計自害 9/24
風屋
野尻
本隊風屋着
9/16
168
河内勢進路
重里
本隊小原着 9/17
小原
西川
天上山
425
紀州藩陣屋自首 9/22
天誅倉
小又川
龍神温泉
田中主馬蔵宅着 9/16
爆殺未遂 9/20
上湯川

正法寺(下北山村寺垣内)。山門に天誅組が残していったと伝わる槍の痕がある。

笠捨山頂上。世界文化遺産に登録されている大峯奥駈道が通っている。

野郡十津川村上葛川)を経て、標高一三五二メートルの笠捨山《かさすてやま》(15)を越えるルートである。下葛川村から葛川辻、佐田辻を経て北山郷浦向《うらむかい》村(吉野郡下北山村浦向)までの行程は約二十四キロ。これを行く人数は、隊士約八十人に人足約百人である。傷病者も多く一人で歩けない者は十人を越え、未だ多くの荷駄を抱えての行軍は思うように進まなかった。しかも登るにつれて天候が悪くなり、霧が視界を遮ったという。

> 此日登り三里下り三里の山路、昼夜兼行により大峰山上へしばらく野宿す。全体十津川山中の嶮岨《けんそ》は世上に見ざる所なり。空幽《かくれ》たる深谷には競々として目眩しく、高屏と聳《そびえ》たる絶頂には戦々として足進まず。見もなれぬ大木茂々として影闇く、霧深くして露を含み、白雲半腹を廻りて遠見する事あたはず。あるいは倒れたる大木道に横たわり、尖れる巖石路にそびえ、実に人跡絶たる所、鳥獣の及ばざる處を漸々《ようよう》にして麓より左へ下るものから惣勢大いに労《つか》れ空腹を凌ぎて、翌二十日夕刻、北山郷中浦向村にぞ着にける。(半田門吉『大和日記』)

北山郷入り

山中野宿を余儀なくされ、翌二十日の夕方に北山郷浦向村にたどり着いた隊士たちは、悉く疲れ果て、精神的にも体力的にも限界に達していた。北山郷の村民は、疲労困憊の隊士たちを丁寧に迎えた。一行は浦向村の上平家と寺垣内村の正法寺《しょうほうじ》[16]に分宿した。

翌二十一日、十津川郷から同行してきた郷士や人足たちは帰村した。彼らについて『十津川記事』には「時に我が郷人、自らの心情の忍びがたき所あり、窃に北山の近境まで従行し別れを告げて帰りし者もありしと云ふ」と伝えており、志を同じくして戦ってきた十津川郷士にとっては、郷のためとはいえ彼らを滅亡へと追いやることに黙しがたい感情があったようだ。

追討軍、十津川進駐

郷士幹部たちは、天誅組の郷外退去決定に安堵する間もなく、郷内へ進軍してくる追討軍への対処に追われた。上平主税らは長殿村の津藩陣営へ駆けつけ、自分たちも浪士追討の命令を受けていること、昨今浪士たちは郷を退去したため進軍を中止するよう、申し入れた。しかし、津藩側は自分たちも天誅組追討命令を受けているので勝手に中止するわけにはいかないと返答、そうこうしているうちに他の追討各藩も、続々十津川郷へ近づきつつあった。郡山勢は藤堂勢の後を追うように、天ノ川辻の南約五キロの小代村まで出陣しており、紀州勢は、郷の南方と西方の国境を固めていた。

郷士たちは、戦争によって郷内民家が被害を受けることを一番懸念し、天誅組に郷外退去を願ったわけであるが、既に天誅組が退去したところへ追討軍に進軍されては堪らなかった。そのうちに紀州藩兵数千人が神納川《かんのがわ》口から入ってきた。その進軍中の振舞乱暴ぶりは、特に紀州藩兵において目に余るものがあったという。九月二十八日、津藩が郷からの引き揚げを開始すると、それにならって各藩もようやく順次引き上げていったが、その時の状況は『十津川記事』によると「恰も雷雨の晴れしが如く」であったという。同記録は、追討軍の狼藉ぶりを細かに述べている。

浪士輩に於いても、形勢の止むを得さるを察し快く我郷土を退去せり。然るに寄手四藩の内、紀彦二藩はすでに藤郡二隊の引払ひたるにも拘はらず、乱妨狼藉の振舞あり。即ち紀兵は山天村泉谷某の家屋に放火し、及び丸田兵部、丸谷志津馬、田中主馬蔵、原田左馬之助、青木良平、森林平、吉村元右衛門、野崎佐吉、野崎寛蔵、原田良蔵、中井幸之助、其の他数名を捕へ、あまつさえ卒伍(軍隊)の中には妄《みだ》りに民家の器物を掠奪し農作を踏荒する者あり。また彦勢は野崎利七郎、植田利祐を縛し皆各地に護送せり。尚この上如何なる暴行をなすやも知るべからず(17)。

天誅組の浪士たちは郷の状況を鑑みて快く退去したのに比べて、追討軍四藩のうち紀州藩と彦根藩は、各地で郷民を捕え、掠奪暴行を働いた。

池原陣屋

十津川郷士たちが帰った後、北山郷上池原《かみいけはら》村(吉野郡下北山村上池原)から人足が提供された。天誅組は朝九時頃に寺垣内《てらがいと》村(吉野郡下北山村寺垣内)を出発し東熊野街道を北上、昼頃に上池原村に着いて北山川の河原で昼食をとった。そして舟で北山川を渡ると池原陣屋へ入った。北山郷も五條代官の支配地で、池原陣屋はいわば出張所であった。毎年五月末から八月中旬の間だけ代官所役人が来て、年貢として納められた材木を村役とともに検査し収納の手続きをする。この時期、幕府役人はおらず村役人の管理にあった。天誅組の当初の勢いなら陣屋を焼き払うなどの処置を取りそうなものであるが、中山忠光ら主だった者は陣屋で休息し、他の者は庄屋仁平、蔵屋新十郎、宇城嘉兵衛、南定右衛門の四軒に分かれて休んだ。地元に残る話では、蔵屋新十郎宅で休息した隊士は十一人で、一人は陣羽織、後の者は皆鎧兜姿であった。家人が奥座敷へあがるように勧めると、隊士たちは土足だから縁でよいと言って上がらなかったという。

白川村へ

池原陣屋で尾呂志《おろし》(三重県南牟婁郡御浜町《みなみむろぐんみはまちょう》)へ出る道を尋ねると、駕籠は勿論、荷物も通らない程の道であるということで、一行は是非なく北へ向かうことに決めた。

同二十一日
追々討出づるべきとて紀州路探索に及びし處、木之本、尾鷲、その他いずれも道筋の難所大なる。松柏を伐倒し通路差塞ぎ、兵卒をもって守り居ける趣にて、小勢にては更に討ち出づるべき所もなく、敵軍四方を遠巻にして籠鳥の有様なり。しかれども精兵猶いまだ四十余人。間道を微行し、敵支へなば討ち破り通らんに、何の難きことかあらん。橋本若狭は大和の産にて案内をよく知りたる者故、同人の導引に任せ、吉野の北をはるかに廻り、それより河内へ出て薩州へ至る策に決して同夜、白川村へ御宿陣。(『大和日記』)

二十一日、休息した家に酒代茶代を支払うと、一行は村々から調達した人足とともに総勢百二十人ばかりで上池原村を出立し、橋本若狭の案内のもとに東熊野街道を北へ向かい、夜に白川村の林泉寺[18]へ到着した。付き従った人足たちには褒美が渡されたという。

五　二人の十津川郷士

嫁越峠越え

白川村には、十津川郷士深瀬繁理がいた。深瀬は、十六日の風屋福寿院での談判の後、退路探索として一足先に隊を離れた伴林光平、平岡鳩平、西田仁兵衛の道案内として同行していた。こちらの一行は、風屋村から花瀬村を通り、笹の滝から嫁越峠を越えて前鬼《ぜんき》[19]村を経て東熊野街道に出た。ここで伴林らは中山忠光宛の手紙を深瀬に託して一足先に北へと向かい、手紙を預かった深瀬は白川村で中

前鬼不動七重滝（左）と笹の滝。伴林光平は笹の滝で「世にしらぬあわれをこめてしぐるらん小笹の瀧の在明の月」と詠んだ。（写真撮影：矢野建彦／一般財団法人奈良県ビジターズビューロー提供）

山忠光一行を待っていたのであった。村内の福田友之助宅は深瀬の妻の実家であり、そこに滞在していたのである。

伴林からの手紙は、北山郷からの献米を一部売り払ってお金に替え、路銀にもらうこと、残りは深瀬繁理に託すこと、自分たちは伊勢から船で長州へ向かうことなどが書かれていたようである。深瀬の更なる報告によると、献米数石が前鬼村に置いてあるという。中山忠光は、人足に取りに行かせるよう命じ、皆の疲労が甚だしいこともあって翌朝出立の予定を延期し二十二日はこのまま白川村に滞陣となった。

村人逃亡

二十三日の朝は四時出発の予定にし、人足を村役人に手配させ準備を整えたが、翌朝隊士が起きてみると思わぬ事態になっていた。白川村にいた村人たちが一人残らず消えていたのである。方々を捜索してようやく七、八人を見つけ事情を問い質したところ、前鬼村へ米を取りに行くと津藩兵が来て、天誅組の人夫に出る者は首を刎ねる、それよりは当方の人夫をせよと厳命されたという。人々は恐ろしさに逃げ出し、それを聞いた村人たちも皆、夜中のうちに逃げて付近の山に隠れたのであった。

ここまで村全体が恐怖し、ひとり残らず逃げ去ったのは、藤堂藩兵が脅し文句だけではなく、見せしめとしてひとりの首を斬ってみせたからであった。その人物は元次郎といい、五條村出身の若者である。村人、人足を引き連れて米を取りに行ったのであろう。前鬼村で斬首され、のち首は白川村へ運ばれた。林泉寺の境内には、天誅組隊士のための炊き出しの用意だけが残されていたらしい。

先頃より病人すこぶる多く、毎日駕籠十挺余りに及び、甚だもって難儀に付、甲冑鉄砲そのほか荷物大概捨て置き、家来の者へ駕籠を搔かせ、漸く五ツ時頃出陣せり。（『大和日記』）

病人怪我人が多く、駕籠で移動する者は十人余りだったという。人足たちがいなければこれらの駕籠を担ぎ、さらに荷駄を運ぶことは到底出来なかった。一行は、甲冑や鉄砲などの武器類、荷物をここで捨てていくことにした。

右様、人夫を始め村役人に至るまで逃去りたる儀、いかにも不届きに付、兵器荷物を本陣の守に取り集め火を掛け守兵に焼き捨てしめたり。（同）

中山忠光は、荷駄や甲冑・鉄砲などの武器防具を林泉寺本堂に積み上げさせ、放火を命じた。ここに至って寺に放火したのは、中山忠光の短気性だけでなく、解散後の行動規律に緩みが生じたこと、先の見えない難所続きの行軍に暗鬱として止める者がほぼいなかったのであろう。ここから先の道は伯母峰《おばみね》峠(20)である。東熊野街道最大の難所を前に、二十三日午前四時出立の予定が大幅に遅れ、八時に漸く白川村を後にした。

野崎主計墓(十津川村川津・川津共同墓地内)。

深瀬繁理碑(十津川村重里・深瀬家墓所内)。

深瀬繁理の最期

深瀬繁理は中山忠光らの出立を見送り、十津川郷へ帰るつもりであったが、一行が出立した直後、前鬼村にいた藤堂勢が進軍してきた。深瀬は妻の実家福田家に潜伏したが、それを村人が探知し、藤堂勢に知らせた。これまでの物資や人足の挑発に加えて寺への放火である。村人の怒りは、一人残った深瀬に向けられたようだ。深瀬は捕えられ、村役人宅で三日間晒された後、二十五日に北山川の河原に引きだされて斬首された。その態度は平時と少しも変わらず、堂々としたものがあったという。天誅組の敗走を助け面倒を見た最後の十津川郷士であった。享年三十七。彼の首級は、のちに十津川郷士によって郷里へ運ばれ、父の墓に葬られている。深瀬の首とともに元次郎の首もならべて晒されたようで、津藩士川尻彦之丞(政由)の手記『天誅組合戦記』によると、深瀬と五條村元次郎の両人物の首を見たとある。

野崎主計の最期

深瀬繁理の死と相前後して、野崎主計が命を絶った。彼は、最初の十津川郷士募兵の時から郷全体を率いて協力してきた人物である。天誅組の掲げる勅命が偽りであると知っても猶、政局の再度の転覆を信じて事情を隠し、その理念に同感して共に戦ってきた。しかし、京都から同志らが帰郷し、天誅組に協力した事によって十津川郷が朝敵にされ、滅亡の危機にある事を知ると、野崎は自分の責任を痛感した。天誅組が十津川郷撤退を決め、風屋村を引き払ったことを見届けると自宅に戻り、遺書を認めた。その内容は、全て自分がやったことであるので、死をもってお詫びする。ついては郷の御由緒、つまり今賜っている禁裏御守衛は引き続き勤めさせていただきたい、ということであった。

野崎は、天誅組加担の全責任を負って二十四日午後、狸尾山《たのおやま》の山小屋で自刃した。享年三十九。

(1) 水郡庸皓《にごりつねあき》著『天誅組河内勢の研究』(天誅組河内勢顕彰会)所収。水郡長雄は水郡善之祐のこと。この書は天誅組に参加して明治まで生きのびた善之祐の長男英太郎こと水郡長義が後に回想した記録である。

(2) 『会津藩庁記録』二、一七九頁。

(3) 『会津藩庁記録』二、二一〇頁。

(4) 『会津藩庁記録』二、二〇一頁。

(5) 『会津藩庁記録』二、二〇四頁。

(6) 『会津藩庁記録』二、二三七頁。

(7) 『会津藩庁記録』二、二五三頁。

(8) 『孝明天皇紀』巻百六十九、八三三頁。

(9) 『孝明天皇紀』巻百六十九、八三六頁。

(10) 上平主税(一八二四〜九一)は十津川郷野尻出身の志士。紀州で医術を学び、京都で国学を修め国事に奔走した。梅田雲浜に私淑し諸国の志士と交わる。建白書を中川宮に提出し十津川郷士が御所の警衛をすることを許された。天誅組の変では京都から急ぎ帰郷し、郷中総代として収拾に努めた。明治二年(一八六九)、横井小楠の暗殺に連座したとされ伊豆新島へ流罪となる。配流先では医術をもって島民の治療を行い、明治十二年の特赦で

(11)『十津川記事』より。

(12)風屋村にあった松花山福寿院は曹洞宗の寺院で、天誅組が風屋村逗留中に本陣を置いており、十津川郷士との会談場所ともなった。明治の神仏分離令のときに廃寺となり、建物は小学校として転用されていたが、風屋ダムの建設により水没している。勤王の志士で坂本龍馬らとも交流のあった十津川郷士中井庄五郎が通って勉学したのも福寿院であった。

(13)嫁越峠は、世界遺産にも指定された大峯七十五靡《なびき》の奥駈道の途中にあたる。大峯奥駈道は吉野山と熊野本宮へ至るまでの、一五〇〇メートル級の山々の尾根筋を行く道で、全長約一七〇キロにも及ぶ。昔、大峯山全体が女人禁制であった頃、十津川村から北山村へと嫁ぐ花嫁のために、人の通れる幅三尺だけが女人の通行を許されていたことからこの名前が付いたという。前鬼から花瀬へ越える峠で、十津川郷から釈迦ヶ岳へ登る山岳信仰の道として利用されてきた。標高一三四一メートル。

(14)『会津藩庁記録』二、二六七頁。

(15)笠捨山は標高一三五二メートル。修験道の開祖役行者によって開かれた大峯七十五靡の第十八宿で、山頂に金剛童子が祀られている。

(16)華清山正法寺は下北山村寺垣内にある曹洞宗の寺院。大塔宮護良親王のために尽力したという戸野兵衛ゆかりの寺である。本尊十一面観音と釈迦十六善神絵像はともに室町時代の作風とされる。天明二年(一七八二)に竣工された山門には、天誅組によるものと伝えられる槍傷が残る。

(17)『十津川記事』より。

(18)林泉寺は上北山村白川にある曹洞宗の寺院。現在の林泉寺は北山ダムの建設によって移転しており、天誅組の変当時の寺院境内は水没している。

(19)前鬼村は、嫁越峠を越えて北山郷へ下りていく途中にある。ここは明治五年(一八七二)までどの領地支配にも属しない独立した一村であった。釈迦ヶ岳の東南、標高八〇〇メートルに位置した山伏《やまぶし》の村で大峰七十五靡《なびき》の二十九番宿である。修験道の祖役行者《えんのぎょうじゃ》が従えていた前鬼《ぜんき》・後鬼《ごき》の子孫、五鬼継・五鬼助・五鬼上・五鬼童・五鬼熊の五家がそれぞれ森本坊・小仲坊《おなかぼう》・中の坊・不動坊・行者坊の宿坊を開き、代々修験者たちと大峰奥駈道を支え続けてきた。明治九年の調べでは家と田畑、社一戸・寺五戸以外に釈迦堂・本堂・灌頂《かんじょう》堂・祖師堂・籠《こもり》堂が計十八戸もあり、住人三十一人、牛四頭がいたとある。明治末頃から家が絶えたり転出したりしてしまい、現在ある宿坊は、小仲坊一軒のみになっている。伴林らは五軒の宿坊のいずれかで休息し、翌日出立していった。

(20) 東熊野街道最大の難所である辻堂山(通称堂ノ森、標高一三〇八メートル)の北にあるのが伯母峰峠で、標高九九一メートル。吉野川と北山川の分水嶺。「果ての二十日」、すなわち十二月二十日は猪笹王(一本足《いっぽんだたら》)という妖怪が出るといわれ、伯母峰峠の厄日として警戒されている。

第九章●一党壊滅

一　北山郷から川上郷へ

伯母峰峠越え

二十三日、中山忠光の一行は東熊野街道最大の難所である伯母峰峠越えの道に差し掛かったが、峠を越える頃には日が暮れはじめた。この日は夜通し雨だったこと、人足がいないことなどで、病人怪我人の乗る十挺以上の駕籠を担ぎながらの行軍は一向に進まなかった。

現在の伯母峰峠(上北山村西原)。

かつて堂ノ辻にあった伯母峰峠地蔵堂。伴林らはこの堂の中で休息をとった。

道は河合村から辻堂山(標高一三〇八メートル)山頂やや東寄りの尾根道である。この山頂付近の「堂ノ辻」は東熊野街道と天ヶ瀬《あまがせ》村(三重県多気郡大台町天ヶ瀬)へ下る道との分岐点で、旅の安全を守る地蔵堂があった(この地蔵堂は現在、新伯母峯トンネル南出口に移されている)。辻堂山を越えると現在の大台ヶ原ドライブウェイをまたいで伯母ヶ峰(標高一二六二メートル)を越え伯母峰峠へ至る。辻堂山の尾根道から峠を越えて川上郷伯母谷《おばたに》村まで、途中一軒の民家もない深山幽谷であった。

伴林光平一行の脱出

本隊が通過する数日前、十九日から二十日にかけて、伴林光平、平岡鳩平、西田仁兵衛の一行もこの峠道を夜通し歩いて通過した。

姥峠にて、地蔵堂の内にしばしやすらいて
山風にたぐふ真神《まがみ》の声ききて寝られんものか谷の萱原　(伴林光平『南山踏雲録』)

山風になぞらえるかのように真神(狼)の遠吠えが聞こえてきて休めたものではない、という。伴林らは峠から伯母谷村へ出ず、東へ道をとり、黒石谷へ下ると入之波《しおのは》村(1)(吉野郡川上村入之波)へ入った。伊勢方面への道が通行可能かどうかを尋ねたが、村人たちの答えはとても通行出来るような道ではないとのことであった。これは「カコウキ越え」といって入之波村から北股川を遡り伊勢大杉村(三重県多気郡大台町大杉)までの行程八里の道で、嘉永年間の『大和国細見図』にも載っているが、土地の者でもこの頃にはすでに通行するものはなかったらしい。弥次平峰《やじだいらみね》(標高一一七四メートル)辺りを越える難路だったようだ。

伊勢へ出ることを諦め北へ向かった伴林らは、追討軍の包囲を恐れてひたすら急ぎ、二十一日夜には小川郷鷲家口村(吉野郡東吉野村小川)を、二十二日には長谷寺(桜井市初瀬)付近を通過した。そしてその日のうちに伴林は、安堵村を経て東福寺村駒塚(生駒郡斑鳩町東福寺)の自宅へ無事に戻ったのである。

追討軍、北山郷へ

このような状況の中、津藩藤堂勢は、天誅組を追って進軍していた十九日、詳しい情報を入手していた。天誅組の中で仲間割れが起こり、三、四十人(本隊)は小原村方

阿紀神社
宇太水分神社
談山神社
伴林一行宇陀松山通過 9/22
大宇陀
多武峰
370
竜門岳
166
鷲家
高見山
伊勢街道
伊豆尾
鷲家口
本隊鷲家口突入 9/24 夜
伴林一行鷲家口着 9/21
丹生川上神社中社
169
吉野
宮滝
金峯山寺
東の川越
吉野山
足之郷越
169
丹生川上神社上社
百貝岳
福源寺
武木
本隊武木着 最後の会食 9/24
弥次平峰
北和田
柏木
金剛寺
本隊伯母谷着 9/23-24
大峰山
入之波
洞川
伯母谷
伴林一行入之波着 9/20
山上ヶ岳
大峰山寺
本隊進路
黒石谷
伴林光平一行進路
伴林一行伯母峰峠越え 9/20
伯母峰峠
大普賢岳
天河大弁財天社
天誅組敗走図
0
5
10km

面へ、十三、四人（河内勢）は西川口へ向かったこと、小原村方面へ向かった一隊が紀州方面へ出られず北山郷へ向かったこと、数名（伴林光平一行）は内原《ないばら》村宝蔵寺で休息のち嫁越峠へ向かったことなどである。(2)

追討部隊を幾手にも分けざるを得ない状況に、二十一日には一隊がまず北山郷へ向かったが、撤兵《さんぺい》七十九名のうち三十九名が病気で動けず、進軍出来たのは四十名だけであった。追討軍側も慣れない行軍と山中の険しさにかなり難儀していたようだ。この四十名が二十二日に前鬼村へ来て、五條村出身の元次郎を斬首し、白川村の人々を震え上がらせたわけである。

二十三日になると、天誅組が出て行った後の北山郷へ続々と追討軍が入ってきた。紀州藩兵約三百五十名は神ノ上《こうのうえ》（三重県熊野市神川《かみかわ》町神上《こうのうえ》）方面から不動峠越えで北山郷へ入り正法寺で休息。翌日池原村へ入り陣屋で宿泊している。

藤堂新七郎隊約三百五十名は、二十四日に天誅組と同じ道を通り、下葛川から笠捨山越えで北山郷へ入った。同じく正法寺宿泊後、こちらは驚くほどの急進ぶりを見せた。二十五日に出立すると近道をとり、池原村の北辺りで紀州藩兵を追い越し、白川村を通ると伯母峰峠への山道を登り、山中で野陣を張った。先にも紹介した津藩士川尻彦之丞の『天誅組合戦記』によると、二十五日の伯母峰峠付近は雪であった。「着替えとてはなし、具足下襦袢一つにて誠に寒気凌ぎかね迷惑いたし候」とある。藤堂新七郎隊のこの日の行程は約二十七キロで、しかも山中野宿覚悟の伯母峰峠越えの強行軍に兵たちは難儀したらしい。この急ぎようは、九月十四日に紀州勢を出し抜いて天ノ川辻攻撃をした状況と同じとみていいだろう。しかし追討各藩は、東熊野街道を北上する天誅組を追撃する一方、やがては街道をそれて鷲家口村方面へ出るという予測をたて、別働隊を急ぎ小川郷へ派遣し始めていたのである。

伯母谷村を通る東熊野街道。

法昌寺(川上村伯母谷)。

伯母谷着

天誅組隊士約三十人が伯母谷村[3](吉野郡川上村伯母谷)へ先着し、隊の到来を村に告げたのは二十三日夕方であった。伯母谷村の水本家に残る口碑《こうひ》や文書によると、この時、同村の庄屋上田伊左衛門、水本茂十郎、石窪新七郎、泉谷庄三郎らが上谷《こうだに》村・大迫《おおさこ》村に呼び掛け、庄屋たちで対応を協議したという。その状況は「当大和国において勤王の義旗を挙げられたる元の侍従中山忠光公を始め吉村寅太郎氏等天忠組と称する方々、当伯母谷村御通過の際、当地において村民一同、其の方々を保護仕りたる次第を先輩の口碑及び遺物等により左に上申仕り候」とある、当時の庄屋が生存していたうちに聞き取りまとめられた文書に詳しい。

素より天忠組とは勤王家の義団にして各藩に就いて尊王の趣意を説くものなれば我村また南朝勤王の遺民、宜しく此の時に当たり鞠窮《きっきゅう》力を致し微力ながらも我ら先祖の意思を継ぎ聊か天忠組その人々の便を図らんは、亦以てこの先祖の名に恥ちざるなりと、ここに協議一決して負傷者の介抱は勿論、糧食の用意、武器の運送等、万事慎重に取り扱い。

後南朝《ごなんちょう》[4]の遺民として同じ勤王の義士である天誅組を支援するのが、先祖に対して恥じない行為であるとの結論に達し、三村を挙げて彼らの面倒を見たのであった。夜遅く、村人たちは松明《たいまつ》をもって出迎え法昌寺[5]に案内した。駕籠に乗る傷病者は迎えに来た村人に助けられて追々到着したが、二十四日の朝になっても全員が到着していなかった。

こういった状況の中、大迫村の村役人が彦根藩の情勢を伝えてきた。既に四キロ先の和田村(吉野郡川上村北和田)まで来ているという。中山忠光らは傷病の隊士の世話を村に頼むと、午前九時頃、慌ただしく進発していった。

伯母谷村へ最後に到着したのは吉村虎太郎と小川佐吉、そして軍医乾十郎で、二十四日昼頃だったという。まさに惨憺《さんたん》たる状態で、行軍と呼べるようなものではなかった。本隊を追っていけない状態の傷病者は十二人いた。庄屋らは彼らの世話をするにあたり伯母谷村が九人、上谷《こうだに》村が三人を引き受けたが、追討軍の探索から匿うのに随分苦労をしたらしい。始めは各庄屋の家に分宿させていたが、津藩などの追及が厳しくなり、猪山平という山中の山小屋に彼らを移した。村の庄屋、年寄役が交代でつききりの世話をし、上谷村に身を寄せていた乾十郎は夜ごと出かけて診療にあたった。

小川佐吉と乾十郎

その甲斐あって隊士たちは回復し、それぞれ本隊の後を追っていったが、小川佐吉だけは高熱の為に動く事すら出来なかった。そのうち探索の手は家宅だけに留まらず山林や山小屋に及んできた。伯母谷村の水本家の伝承によると、小川と乾を地元の人々が大塔様《オトサン》とよぶ大岩の岩窟へ移した。炊飯などの煙を出さないよう気を使い、食事その他を村から運ぶ手の尽くしようであったという。

水本家に残る文書のひとつ「中山様御家来病気ニ付逗留中入用覚帳」に、逗留中にかかった費用について事細かく記されている。ほとんどは奈良奉行所役人に庄屋たちが呼び出され、取り調べを受けた時の道中費用であるが、その中に、

小川佐吉と乾十郎が約60日を隠れ過ごした窟(川上村伯母谷)。天誅窟とも呼ばれる。左が内部で、横穴の奥には立つこともできる空間が広がっている。

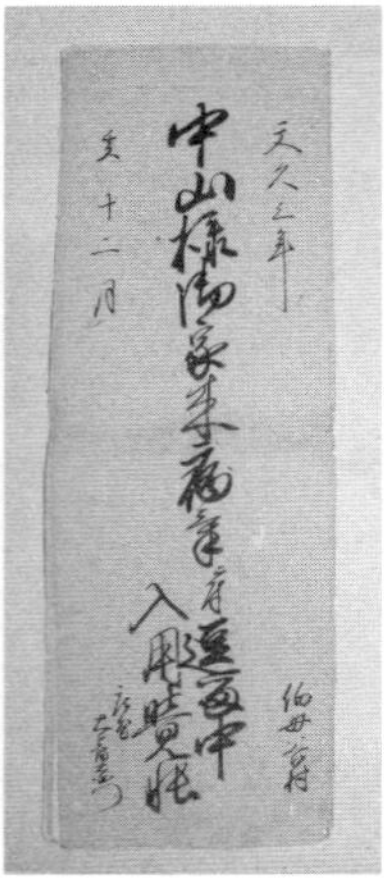

中山様御家来病気ニ付逗留中入用覚帳(水本家所蔵)。

弐匁　右は中山様御家来逗留中ふとん壱つ損料
三匁　右同断の節勘定の時　魚代
四匁　右勘定の節紙筆代

などとあり、岩窟の中に布団や紙筆など持ち込み、不自由ないよう世話をしていたことが窺える。小川が回復して村を離れたのは翌年の正月上旬で、村に来てから三ヶ月余り、岩窟で生活してから二ヶ月余りが経っていた。

小川は村を離れる時、世話になった礼として大刀一振り、小隊の旗一流、冠物金具一個、鉄扇一本をおいていった。しかし天誅組隊士を匿ったことが奈良奉行所に知られ、役人が柏木《かしわぎ》村(吉野郡川上村柏木)まで来て、同村松雲寺へ上田伊左衛門、水本茂十郎、石窪新七郎と上谷村庄屋中谷吉左衛門の四人を呼び出した。厳しく詰問されたが皆一切口を割らず難を逃れた。

この時に小川が残していった大刀は奉行所に取り上げられたが、ほかのものは水本茂十郎が秘蔵していたところ、明治二十六年(一八九三)、経緯を知った小川佐吉の実子小川師行《もろゆき》から水本家へ「我が家には父の遺品がないため、これらの品々をお譲り願いたい」と申し入れがあった。小川佐吉の世話に尽力した水本茂十郎の息子勘次郎が、先述の三品を贈ると、お礼として小川佐吉の履歴と「定國」の銘の短刀が届けられた。

小川佐吉良久は、久留米藩なり。柔和丁寧にして大義を存ず。去る六月或夜、脱藩の時、一世の別れなればとて、三才になれる男児の何心なげに母の乳房を含みて眠れるを、やをら抱上げて愛見《めでみ》しを、今はとなりて放せども放れず。此ものありては大事ぞと思ひて、妻なる者の膝の上へ投付けて立去りしよし、潜に己にかたりぬ。義気の堅実なること仰ぐべし。(伴林光平『南山踏雲録』)

ある時、小川佐吉が密かに自分に語った話として伴林光平が書いたものである。脱藩の夜、今生の別れと三歳の師行を抱上げたところ、子供なりにただならぬ様子を感じたのか、しがみついたまま離れなかった。離そうとしても離れず、意を決して子供を妻の膝に投げつけてきたというのであった。こういった話をすることからみても伴林と小川は随分気が合ったに違いない。

二 鷲家口の戦い

死地に入る

二十四日、本隊は和田村に向かったが彦根勢の姿はなく、そのまま武木《たきぎ》村(吉野郡川上村武木)まで進んだ。和田村・武木村ともに、伯母谷村から知らせが入っていたため、武木村庄屋をはじめ村役人と多くの人足が揃って迎えに出てきた。大西吉右衛門らは一行を大西家と大辻勘助方等で休ま

川上村と東吉野村をつなぐ足ノ郷道の最高所、足ノ郷峠。

武木村の大西家。建物は当時のものではない。

せ、鰹節に勝栗を食卓に供し中山忠光を大いに喜ばせたと伝えられる。しかし、この食事は彼らにとって最後の会食となった。この先の小川郷鷲家口《わしかぐち》村(6)(吉野郡東吉野村小川)には、この日追討各藩が到着し、ほぼ布陣を終えていたのである。彦根藩は、伴林光平らが通過した二日後の二十三日に先発隊を鷲家口村に派遣、二十四日には追加派遣して警戒に当たらせていた。紀州藩は、数百名の兵を率いて二十四日午後、鷲家口村後方約四キロの鷲家村(7)(吉野郡東吉野村鷲家)に布陣した。

食事後、武木村を後にした天誅組は足ノ郷《あしのこ》道を登っていったが、ひどくまとまりを欠いたものだった。中山忠光ら本隊二十数名が先に発ち、松本と吉村がそれぞれ乗る駕籠には藤本津之助、橋本若狭などが付き添い、かなり遅れて出発した。武木村から小川郷鷲家口村までのこの道は、東熊野街道本道ではなく支線になる。距離は約十四キロ。本隊が足ノ郷峠(標高約一〇〇〇メートル)を越える頃には二十四日夕方五時を過ぎており、辺りは既に暗かった。武木村から約十キロの地点に「五本桜」という場所がある。現在、キリヤクボヘリポートがある場所で、その名の通りかつては桜の名所であった。『東吉野の旧街道』(東吉野村教育委員会)によると、ここの桜は本州で最も開花が遅いことで有名であるらしい。二十五日の伯母峰峠は雪が降っていたから、記録によると雨であったこの晩も、特にこの辺りは非常に寒かったに違いない。

この五本桜で、見張りに立っていた農夫を捕えた中山忠光らは、この先の鷲家口村に彦根藩兵の陣があることを聞き知った。すぐに軍議が開かれたが、この時に至って成すべき事は、まず主将中山忠光を無事に逃げ延びさせる事であった。敵陣突破の作戦は、決死隊が彦根藩の陣に斬り込みをかけ、その隙をついて本隊が遮二無二脱出するということに決まった。決死隊に志願したのは、那須信吾、鍋島米之助、宍戸弥四郎、林豹吉郎、植村定七の五名と側役の者一名であった。その側役の者の姓名は分かっていない[8]。白川村出立の時に武具も焼き捨ててしまったため、白刃で斬り込むしかない、まさに最期の決戦であった。

彦根藩が詰めていた鷲家口の宝泉寺(東吉野村小川)。

鷲家口斬り込み

四キロばかり行くと道は高見川に行き当たり、出合《であい》橋に差し掛かる。彦根藩は左岸の福屋治助方に本陣を、右岸の碇屋《いかり》喜助方に脇本陣を置き、脇本陣東の高台にある宝泉寺[9]に地元の農兵を詰めさせ、さかんに篝火を焚いていた。那須信吾らは、出合橋へ下りずに敵陣の篝火を頼りに途中で道を逸れた。そして宝泉寺の正面辺りから一気に山を駆け下りて高見川を渡り、篝火目掛けて斬り込んだ。決死隊の突然の襲撃に、農兵は蜘蛛の子を散らすように逃げ、藩兵もその凄まじさに発砲すら出来なかったという。

決死隊はその勢いのまま宝泉寺を通過し、脇本陣へ続く出店坂に向かった。この細い坂道を百五十メートルも下れば脇本陣碇屋である。彦根藩の狙撃兵が動けないのを見た同藩歩兵頭伊藤弥左衛門が一人で飛び出してきて、先頭を走る植村定七の行く手を阻んだ。植

那須信吾戦死の地。那須は吉田東洋暗殺などの経歴を持つ元土佐藩士。享年35歳。

決死隊の駆け下りた出店坂。坂の下に彦根藩が脇本陣として詰めていた碇屋がある。

植村定七戦死の地。上村貞心の変名もある植村定七は出身も経歴も不明の志士。

村は伊藤を斬り倒したが、狙撃兵に撃たれて戦死した。出店坂は篝火に照らされ、彦根藩の狙撃兵は下から次々と狙い始め、更に騒ぎを聞きつけて本陣の兵が駆けつけてきた。

一手の敵勢、山の下より頻りに砲発し、既に四方を取巻き味方死地に落入りたるに、尚静まりて声も立てず敵の様子を見るに、暗さは暗し、敵の多少も知れされとも眼下に見下す。（半田門吉『大和日記』）

彦根藩士伊藤弥左衛門(左)と大館孫左衛門の墓(宝泉寺墓地内)。彦根藩の総大将、貫名筑後亮寿によって建てられた。

中山忠光らの本隊は、決死隊が死地に陥った様子を山の中から窺い、それでも敵の様子を見ながら声一つ立てなかった。

碇屋前で那須信吾は彦根藩分隊長大館孫左衛門を槍で突き倒し、碇屋内部へ突撃しようとしたが銃弾を浴び、戦死した。

鍋島米之助戦死の地。鍋島は元土佐藩士。斬り込みの翌日に射殺された。享年24歳。

林豹吉郎戦死の地。林は大和国宇陀松山出身の志士。享年47歳。

宍戸弥四郎戦死の地。宍戸は総裁松本謙三郎と同じ三河刈谷藩の出身。享年31歳。

前北橋（現在の千代橋）まで進んだ宍戸弥四郎は橋の上で包囲され、戦う内に鷲家川に転落し、そこで銃撃された。宍戸の懐には「埋葬費」と書かれた袋があり、十両が入っていたという。宍戸の首級をあげた彦根藩士天方道為は心打たれ、帰国後、彦根の長松院に宍戸の墓碑を建てて冥福を祈った。しかし百五十年が経過した今、その墓碑の所在は不明になっている。

包囲された宍戸を助けようとした林豹吉郎は、橋近くの路上で撃たれて戦死した。

出店坂で重傷を負った鍋島米之助は、碇屋前を突破し北へ二キロばかり進んだ。そして一ノ谷の辰巳家の蔵に潜んでいたが、翌二十五日発見され射殺された。

> 早と覚しき所、敵の陣所と見え篝火所々に見えければ、今は突戦にしく事なしと、俄かに山より駈下し鬨を作りて町中へ走り入り、見れば井伊家先勢の陣所にて諸方へ繰り出したる跡なれば、其の勢い少しといえども、六、七十人鉄砲を構えて控えたり。（同）

現在の出合橋。当時の出合橋はもう少し下流にあった。

彦根藩舟橋七郎右衛門の陣所となった福屋跡。現在は東吉野村役場がある。

様子を見て今こそと、本隊は彦根藩本陣福屋へ向かって突撃した。決死隊が先に脇本陣に突入していたおかげで、本陣の兵のほとんどは脇本陣へ応援に出向いており、比較的突破しやすいように思われたが、それでもまだ六、七十人の兵がいた。

> 無二無三に突入りたれば敵ども散々に逃去るを追払ひ、向ふへ通れば、また井伊の陣所一ツこれ有り。此所も敵勢砲を備へバラバラと打出すに、味方一両人打斃さるるも顧みず、我一にと突き破る。(同)

遮二無二突撃し、出合橋を渡って進むと脇本陣碇屋前を通過した。彦根藩の陣営では決死隊を討ち取って一息いれた頃合いで、またもや不意をつかれた格好になった。銃を打ちかけてきたが、一人か二人が撃たれて倒れたの[10]を顧みることもせず、とにかく夢中で敵陣を走り抜けたのである。しかしここから北方四キロ程の鷲家村には紀州藩兵が陣を構えていることが分かった。最早敵陣突破は無理と判断し、ここから小名峠を越える山道をとった。

この時中山忠光と共にいた隊士は『大和日記』によれば、上

天保高殿・西田仁兵衛戦死の地。この碑のあたりに当時は出合橋がかかっていた。

田宗児、島浪間、伊吹周吉、池内蔵太、森下儀之助、楠目清馬、島村省吾、沢村幸吉、酒井傳次郎、半田門吉、山口松蔵(半田門吉家来)、荒巻羊三郎《ようざぶろう》、萬吉(安積五郎家来)など、僅か十七人であったという。中山忠光に従う六名以外に数隊に分かれて大坂長州藩邸を目指すことになった。

三　三総裁の最期

隊士潜伏

武木村を遅れて出発した松本謙三郎、藤本津之助、そして吉村虎太郎らは、鷲家口村で戦闘が行われている時、まだ足ノ郷道の途中にいた。三総裁にそれぞれ付き添っていた隊士に誰がいたのかはっきりしない。橋本若狭はこの辺りの地理に詳しく、松本の駕籠に、橋本、藤本ら数名がついていたようだ。本隊の後を追って進んでいた藤本、松本らの一行は、鷲家口村方面から突如響いてきた銃声に、まっすぐ進むのは危ないと判断し、橋本の案内で道を右にとり、鷲家口村から東南約四キロの蟻通《ありとおし》神社(現在の丹生川上神社中社)[11]の対岸へ出たとされる。そこから高見川を遡り、伊豆尾《いずお》村の庄屋松本清兵衛宅に潜伏した。しかし翌二十五日には早くも紀州藩に探知された。決死隊の突撃と本隊の彦根藩本陣突破の状況から、追討軍は、天誅組がもはや軍として機能しておらず、個々に鷲家口村周辺から宇陀方面へ散らばったことを察知していた。

津藩と紀州藩は鷲家口村に兵力を置き、鷲家口村に陣取る彦根藩と手分けして周辺の街道筋や山々の捜索を

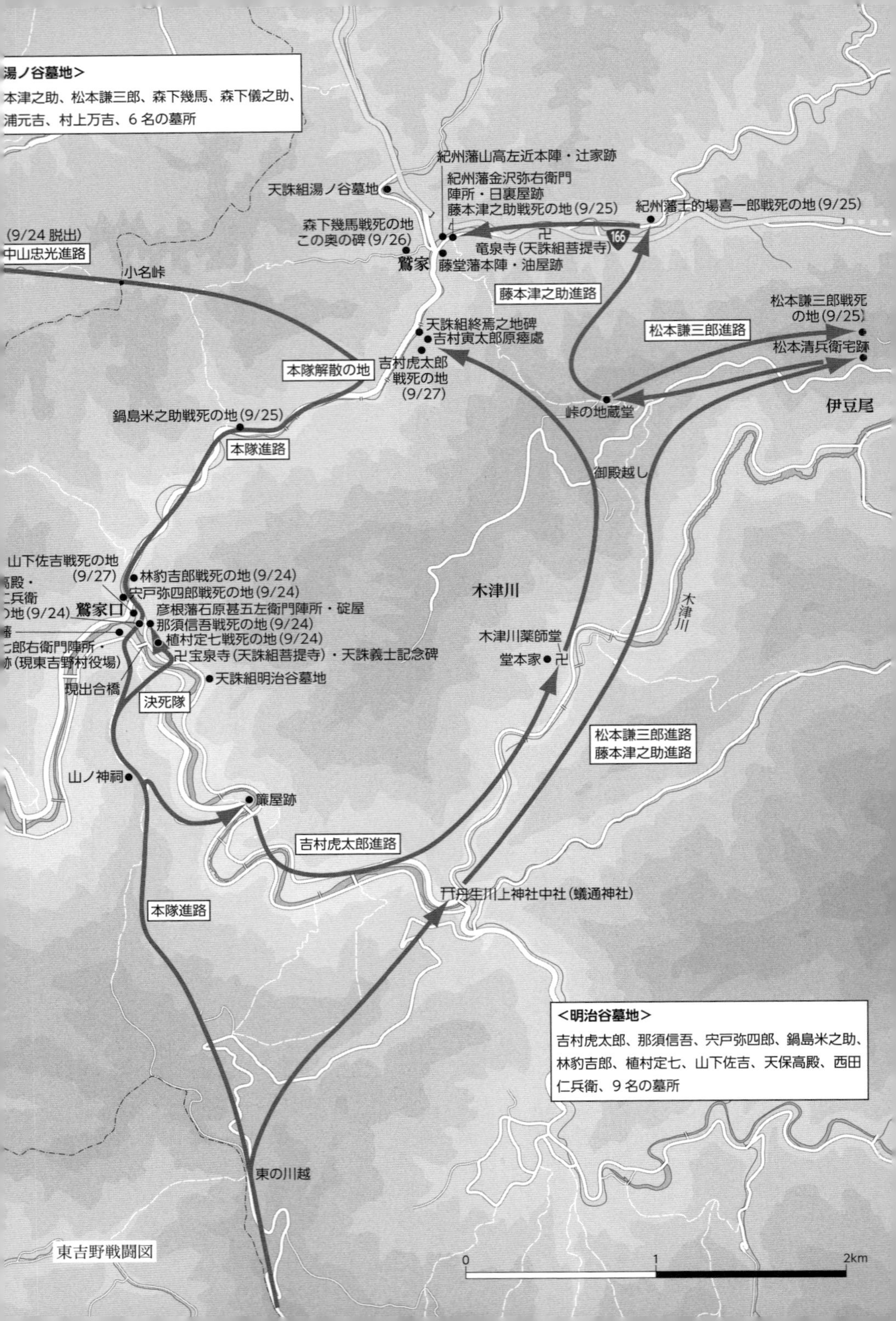

湯ノ谷墓地>
本津之助、松本謙三郎、森下幾馬、森下儀之助、
浦元吉、村上万吉、6名の墓所
紀州藩山高左近本陣・辻家跡
紀州藩金沢弥右衛門
陣所・日裏屋跡
藤本津之助戦死の地(9/25)
紀州藩士的場喜一郎戦死の地(9/25)
天誅組湯ノ谷墓地
森下幾馬戦死の地
この奥の碑(9/26)
(9/24 脱出)
中山忠光進路
小名峠
竜泉寺(天誅組菩提寺)
166
鷲家
藤堂藩本陣・油屋跡
藤本津之助進路
松本謙三郎戦死
の地(9/25)
松本謙三郎進路
松本清兵衛宅跡
天誅組終焉之地碑
吉村寅太郎原瘞處
吉村虎太郎
戦死の地
(9/27)
本隊解散の地
峠の地蔵堂
伊豆尾
鍋島米之助戦死の地(9/25)
本隊進路
御殿越し
山下佐吉戦死の地
(9/27)
林豹吉郎戦死の地(9/24)
宍戸弥四郎戦死の地(9/24)
木津川
鷲家口
彦根藩石原甚五左衛門陣所・碇屋
那須信吾戦死の地(9/24)
植村定七戦死の地(9/24)
宝泉寺(天誅組菩提寺)・天誅義士記念碑
木津川
木津川薬師堂
堂本家
天誅組明治谷墓地
現出合橋
決死隊
松本謙三郎進路
藤本津之助進路
山ノ神祠
簾屋跡
吉村虎太郎進路
丹生川上神社中社(蟻通神社)
本隊進路
<明治谷墓地>
吉村虎太郎、那須信吾、宍戸弥四郎、鍋島米之助、
林豹吉郎、植村定七、山下佐吉、天保高殿、西田
仁兵衛、9名の墓所
東の川越
0
1
2km

東吉野戦闘図

津藩藤堂家本陣跡。津藩は鷲家の油屋を陣所とした。

紀州藩が本陣を敷いた辻家の跡。山高左近が陣した。

開始した。紀州藩領鷲家村は伊勢南街道と、佐倉峠を通って宇陀へ出る道の交差点にあたり、交通の要所として宿屋や店がいくつか軒を並べ、伊勢参りの旅人などで賑わう場所であった。紀州藩家老山高左近を大将として庄屋辻四郎三郎の家を本陣に、金沢弥右衛門が軍役方頭取として旅館日裏《ひうら》屋を脇本陣にして構えていた。

朝から隊士の捜索、捕縛へと作戦を変更し、広範囲の捜索を行い始めていた中、紀州藩兵が伊豆尾村付近で人足二人を捕えた。詰問すると、天誅組の荷物を運び帰る途中であるという。人足の話から、藤本、松本などの潜伏場所が知られたのであった。

右浪士等は、伊豆尾村庄屋方にこれある趣、白状候に付、右庄屋居宅一丁程手前より、鬨を揚げ連発、すでに近寄り槍を入れるべき時、主《あるじ》の庄屋なるもの飛出し候。[12]

庄屋松本清兵衛宅へ紀州藩兵が鉄砲を撃ち込み突撃しようとしたところ、松本清兵衛が慌てて飛び出してきた。そして天誅組隊士は既に出て行っていないこと、宇陀方面へ行くと言っていたこと、その道中追討軍に見咎められてはいけないので武具を置いていったことなどを白状した。このまま庄屋宅にいることに危険を感じていた藤本、松本などは、早々に出発していたのであった。二人は、橋本若狭ら護衛の隊士たちを先

松本清兵衛宅跡(東吉野村伊豆尾)。藤本津之助、松本謙三郎らが匿われた。

松本謙三郎が置き去りにされた峠の子安地蔵堂(東吉野村萩原)。

に脱出させた。二人が残って敵を引きつけ、その隙に隊士たちを逃げ延びさせようという算段であったという。橋本若狭らが向かった先は、平野川に沿って北上し、滝村(吉野郡東吉野村滝野)を経て、西杉峠か山粕《やまがす》(宇陀郡曽爾村山粕)へ出る道のどちらかを通り、伊勢本街道(現在の国道三六九号)を横断し亀山峠を越える道だったといわれる。鷲家村方面に敵がいるなら、東へ抜けるこの道はまだ安全と思われた。しかし橋本を先頭にこの時ともにいた隊士全員がその道を通って逃れたわけではないようだ。小川郷を抜ける辺りで、こちらも目立たないよう少人数に別れたのではないかと思われる。橋本ら数名は伊勢方面へ逃れたようだがその人数、姓名ははっきりしない。

松本謙三郎最期

橋本若狭らを先に出発させると、松本、藤本はそれぞれ従者を連れ、人夫に駕籠を担がせて西へ向かい、萩原《はぎわら》村から鷲家村へ通じる「御殿越《ごてんご》し」と呼ばれる道を通った。鷲家村方面に向かって山道を登るうちに駕籠の松本は藤本から遥かに遅れ、峠に差し掛かった頃には既に藤本は鷲家村へ続く道を下っていた。松本が峠の子安地蔵堂の前に来た時、松本清兵衛宅に紀州藩兵が踏み込み発砲した。通説によると、突如響いてきた銃声に人夫たちは担いでいた駕籠を置いて逃げたといわれる。この時、村上万吉という従者がいたとされ、両目を失明していた松本はその介添えで藤本らが行った道と反対方向へ向かったという。藤本を無事逃がすために、死を決してわざと違う道をとったとも思われる。紀州藩兵はすぐさま御殿越しの道を追ってきた。
　のちに軍役方金沢弥右衛門から京都守護職へ出した報告書によると、午後二時頃、草むらの中に具足一領が脱捨てられているのを発見、付近には用を足した様子が認められたという。そう遠くまで逃げてはいないだろうと付近を探索すると、垂れの付いた駕籠を発見した。鉄砲を撃ち込み槍で突いたところ、駕籠は空であった。

　垂駕一挺見出し、その内に籠りこれ有るべきやと頻りに打立て槍を突込み、駕の垂を揚げ候処、蒲団のみにて只今乗捨て候ものと相見え候に付、いよいよ近辺生茂り等へ打込み候処、孰《いず》れの鉄砲とも相分かり難く候へども、浪士体の者一人相籠り居り候を打留め、即死に付、そのまま駕に乗せ本陣へ引揚げ、首を討ち若府(和歌山)へ下し評定所にて召捕人へ見紀させ候処、松本謙三郎に相違いなき趣、申立て候事⒀。

松本謙三郎戦死の地(東吉野村伊豆尾)。隻眼であった松本は、過酷な逃避行の間に両目とも視力を失っていた。

付近の繁みに発砲しながら探索しているうちに、偶然発砲した弾が隠れていた者に当たったという。場所は同報告書によると岩本谷というところで、御殿越しの子安地蔵堂から東へ約一・五キロを尾根沿いに進んだあたりであった。この「浪士体の者」の首を和歌山に送り、首実検を行ったところ松本謙三郎であることが分かった。松本の首に間違いがないかどうか検分させられた「召捕人」とは、九月十一日に本隊から離れた水郡善之祐らであった。なお、通説によると従者の村上万吉も松本と一緒にその場で討たれたとされるが、京都守護職へ寄せられた報告などには出ていない。

藤本津之助最期

先に行った藤本津之助とその従者福浦元吉は、鷲家村へ降りずに途中で道を逸れ、鷲家村から東へ約一キロの上鷲家村へと出た。伊勢南街道（現在の国道一六六号）には大勢の紀州藩兵が街道、間道を見張っており、二人は林の中に身を隠して移動したが姿を見られた。たちまち大捜索が始まり、付近に具足一領、荷物一つが置き捨てられているのが見つかったと、同報告書にある。その後、同藩的場《まとば》喜一郎《きいちろう》が藤本と福浦を発見、突撃してくる二人に向けて発砲したが当たらず、的場は瞬く間に斬り伏せられた。藤本主従は鷲家村方面へと駆けた。そして二十五日夕暮れ時、藤本、福浦の二人は、兵のひしめく脇本陣日裏屋へ斬り込んだ。付近を警戒していた兵が、天誅組の残党二人が村内へ向かって走ってくると叫ぶと、日裏屋にいた藩士たちは皆慌てて戦闘態勢をとった。

的場喜一郎戦死の地（東吉野村鷲家）。的場はここで藤本と遭遇し斬り殺された。享年18歳。

一揆方下人と見え候者、両刀を車輪の如く振廻し、先に立つ主人津之助もろとも嗔《いか》り切て駈来るを、弥右衛門家来坂部甚蔵、四五間ばかり進みて鉄砲打掛け候處、人家の軒下へ一旦抜《ひら》き、直に甚蔵目掛け討て掛るを、同人鉄砲を投捨て、傍に居り候仁の槍を取り、立合い、一ト手突込候へ共、最早迫られ、向うより討つ太刀に浅手負ひ候程に付、槍を取落とし少し跡へ抜き候節、右下人体の者、自分の

藤本津之助戦死の地（東吉野村鷲家）。従者福浦元吉もともに日裏屋で斬り死した。

日裏屋の古写真。建物は宇陀市菟田野町の三薮家に移築され現存し、当時の弾痕が残っている。

脇差を投捨て槍を片手にて拾ひ取る處を、立花隆斎出合ひ、浅手負ひ、これまた少し傍へ披く折節、弥右衛門家来高田熊助、鉄砲打掛け候へ共、一揆主従両人稲妻の如く駈廻り、打留め兼ね候内、両人共旅宿へ駈込み、津之助は旅宿に所持の長押《なげし》に掛たる槍を手早く取り、主従必死に相働き、弥右衛門見掛け、討て掛るべきを、一同一時に突立て、下人は刀を真向にかざし、聲を掛け、すでに二階へ上らんとする時、奥村立蔵上より槍を突掛け、下よりも支へ候筋これ有り、段梯子上り兼ね、両人またまた奥庭へ駈け廻る。下人の真向を梶川三十郎、槍にて一突に当て、主人津之助は以前の槍にて林楠之丞見掛け突掛り候処、楠之丞浅手負候まま、槍を引たくる。二階の屋根より寺社方陸尺《ろくしやく》利右衛門、瓦を投掛る。津之助座敷へ飛上り、尚駈廻る処を、川上七郎家来花光伊右衛門、駈け来り槍を合す。続いて甚蔵左へ廻り飛掛り、刀をもって左の腮より肩へ七八寸切下げ、津之助は溜り得

鷲家八幡神社(東吉野村鷲家)。紀州藩の金沢弥右衛門は日裏屋の裏から川を越えて、この神社に隠れていたという。

　ず、そのまま座敷へ倒る。下人は外へ駈出んとする時、瀬戸八十輔組付き、浅手負ひ、尚挑み合候処へ、川上七郎駈付け、大身槍にて突留める。敵はわずか二人に候へども、不意に駈込候事に付、其場に居合せ、且つ聞付け駈付け候面々、いづれも槍太刀を合せ、鉄砲打立候(14)。

　藤本津之助は、従者福浦元吉とともに壮絶な最期を遂げた。藤本津之助の懐中にはいくつかの書類があり、先に挙げた軍令書もあった。

　福浦元吉は、淡路国三原郡福良浦《ふくらうら》(兵庫県南あわじ市福良)の出身。津井《つい》村の古東領左衛門の男衆となって働く傍ら、古東が招いた阿波の剣客梶浦四方助《かじうらよもすけ》に就いて剣術を学んだ。その腕前を見込まれ、古東の命により藤本の従者となり生死をともにした。

　ところで、この藤本、福浦主従が脇本陣へ突入し、紀州藩士たちが必死の奮戦をしている最中、紀州藩の軍役方頭取金沢弥右衛門が行方不明になっていたことが同記録にある。

　津之助儀、弥右衛門旅宿へ切込み候節、弥右衛門は何れへ罷り越し候や相見ず、その後津之助主従討取、弥右衛門を相尋ね候處、同人旅宿の後ろに宮これ有り、右ほこらの内に隠れ居り、真青に成り出て来り候由(15)

恐ろしさのあまり脇本陣裏手の川を越えて八幡神社の祠の中に隠れており、騒動が静まってから真青な顔で出てきたのであった。

吉村虎太郎最期

吉村虎太郎は二十四日の武木村出発時は松本、藤本らと共にいたが、自分の乗る駕籠を担ぐ人夫を叱咤して急がせ、中山忠光ら本隊の後を追って松本、藤本らよりも先に行っていたとされる。この時乗っていたものは駕籠と呼べるようなものではなく、莚《むしろ》で作ったいわゆる畚《もっこ》だったらしい。道を急ぐ途中、突如鷲家口村方面から響いてきた銃声に、人夫は驚いて駕籠を放り出して逃げ去った。

『いはゆる天誅組の大和義挙の研究』（久保田辰彦・昭和六年）では、武木村から人夫に駆り出され吉村の駕籠を担いだという井筒庄七の証言を載せている。取材当時八十八歳であったというから、文久三年は二十歳前後であった。これによると、吉村は「辛棒（辛抱）せよ、辛棒せよ。辛棒を押したら世は代る、それを楽しめ」と語ったという。そして鳥原近くまで来たところで鷲家口村方面の篝火が見え、銃声がこだました。恐怖に足がすくんでいると、吉村に「空砲だ、行け」と叱咤されて僅かばかり進んだが、周りに他の隊士がいないのを幸い、三畝の山ノ神の祠まで来ると駕籠を放り出して逃げた、とある。

吉村虎太郎らが一時入った簾屋・大西家のあったところ。

吉村には、山下佐吉、山崎吉之助らがついていたらしいが、はっきりしない。山下らは吉村を支えながら四つ辻で道を右へとり、三《み》畝《うね》越えを通って小村《おむら》の石船垣内に出た。屋号を「簾屋」という大西家で小憩し、新たな人夫を雇うと、高見川を遡って木津川《こつがわ》村まで進み、堂本孫兵衛宅に身を寄せた。堂本家の伝承によると一行を同家

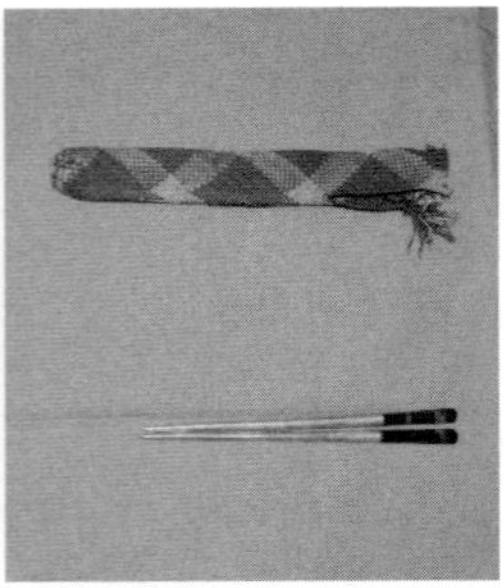

吉村虎太郎所用の銀製陣中箸（堂本家所蔵）。

木津川薬師堂（東吉野村木津川）。この御堂の天井裏に吉村虎太郎が潜伏した。

の蔵に匿ったが、翌朝から追討軍の詮索が厳しくなってきたため、二十五日深夜、隣の薬師堂天井裏に潜ませたという。

しかし、ここにも危険が迫り、堂本家に難が及ぶ事を懸念した吉村は、山下佐吉、山崎吉之助らと共に、二十六日深夜に薬師堂を出ると同家を辞した。その時、世話になった礼として銀製の陣中箸を置いていったと伝えられる。そして「御殿越し」を通り鷲家村方面へ向かったが、二十七日未明頃に鷲家と鷲家口の村境辺りの柿平という小字へ下ってきた。そして小屋で休んでいたところ、小屋の持ち主で鷲家口村に住む籠屋清太郎によって津藩へ注進された。

> 同村籠屋清太郎と申す者の前に壱間四方位の家これあり。右に吉村寅太郎と申す者隠れ居る由、同人より宿陣方へ申し参り候に付、金谷様、小頭共始め組子残らず打ち連れ出陣いたし討取候事。(16)

駆けつけてきた小頭木村閑介ら五人及び五番隊隊長金谷健吉らによって、吉村虎太郎は討たれた。岡藩士小河一敏《おごうかずとし》は、明治十九年（一八八六）に書いた『王政復古義挙録』の中で吉村について次のように評している。

> 年若しと雖も膽気《たんき》盛んにして志操正しく、遂に産を棄て勤王に身を盡したり。その母また貞烈の女と

吉村寅太郎原瘞處（東吉野村鷲家）。この大岩の近くの小屋に潜伏していたところを発見された。

山下佐吉戦死の地。途中まで吉村虎太郎に付き添っていた山下は鷲家口碇屋近くで射殺された。

天誅組終焉之地碑。吉村虎太郎が討たれて三総裁はことごとく戦死し、天誅組は事実上壊滅した。

聞きぬ。この母ありてこの子ありと謂ふべしとなん。寅太郎は一手の偏将《へんしょう》に充つべき人にぞ有りける。
謀士将師の器にはあらざるなり。(17)

全体の長ではなく一部隊の大将の器であると評しているのは、言い得て妙であろう。吉村は庄屋という経験からか、常に現場重視で後続隊の指揮を執り、高取攻め敗走後の夜襲や、天ノ川辻本陣引き揚げなど、隊の後始末をしてきた。

尚、吉村に付き添っていた者たちも逃げ切ることは出来ず、同日、山崎吉之助は鷲家村付近で捕縛され、山下佐吉は鷲家口村碇屋付近で彦根藩兵に射殺された。尚、山崎吉之助は本名山崎吉三郎といい、元々彦根の相撲取りで、下市の彦根藩陣営焼き討ちで大功をたてたといわれる。山下佐吉は本名安田鉄造、別の変名を岡見鉄蔵という高取藩士であった。同日、森下幾馬も鷲家村赤谷山中で討たれたとされる。

四　残党狩り

河内勢のその後

一方、九月十一日に中山忠光と訣別して十津川郷へ逃れていった水郡善之祐《にごりぜんのすけ》ら十三名もまた、無事ではいられなかった。彼らは十津川郷士田中主馬蔵《しゅめぞう》を頼るため、上湯川村《かみゆかわ》(吉野郡十津川村上湯川)を目指していた。

津藩士川尻彦之丞『天誅組合戦記』によると、津藩兵は、二十一日にはその情報を得て一隊を上湯川村へ進発させていた。そして小森村《こもり》(吉野郡十津川村小森)近くの一軒家に吉田重蔵、原田亀太郎など三名が潜伏していると聞いて急いで駆け付け捜索をしている。しかし吉田ら三名は二十日朝、上湯川村方面に向かって出発しており、彼らは間一髪で免れたのであった。津藩兵は小森村まで一旦引き返したが、同記録によると「道筋誠に難所と無灯なりにて、殊に大雨に付、大迷惑いたし候」とあり、水郡らも追尾する津藩兵も、なかなか険しい山路を通っていったようだ。水郡英太郎の『水郡長義自叙伝』によると、水郡ら一行は十六日には田中主馬蔵宅に来たとあるので、吉田ら三名は一行から逸れたか怪我の為遅れたものであろう。

招かれざる客

十六日に水郡らは田中主馬蔵宅に着いたが、主馬蔵本人は天誅組本隊とともにあり、家にいたのは弟の勇三郎《ゆうざぶろう》であった。勇三郎は主馬蔵ほど天誅組に協力的でなかった上、郷の方針として天誅組を退去させよという回状が廻ってきていたので、水郡らの来村は迷惑なものでしかなかったのである。村役人と勇三郎は、水郡ら一行に新宮方面へ出ることを勧め、翌日一行を国境まで案内していった。紀州藩領近露《ちかつゆ》村（和歌山県田辺市中辺路《なかへち》町近露）へ入った水郡らは、突如兵の銃撃を受け、慌てて道を駆け戻った。勇三郎や村役人たちは、国境を固める紀州藩兵に引き渡すつもりで、水郡らを案内したとされる。突然の銃撃と混乱に、中村徳次郎、東条昇之助が行方不明になった。一行は山中を彷徨い、十九日に再び田中家に戻ることができた。

田中主馬蔵宅跡（十津川村上湯川）。天誅組の変の2年後、慶応元年に田中光顕が十津川に亡命し主馬蔵宅に匿われたことから、田中光顕の歌碑がある。

爆殺未遂

翌二十日、勇三郎や村役人は、水郡らを酒食でもてなし、その隙に討ち取る計画をたてた。彼らは国境の砲台小屋に水郡らを案内し、猪鍋でもてなした。『上湯川郷土史（上湯川小学校長柳瀬正弘氏編纂・昭和十二年発行)』によると、この砲台小屋は「天誅小屋」と呼ばれ、旧引牛越の「蟻の越」という峠に、当時僅かに旧跡を留めていたとある。この時、遅れていた吉田重蔵、原田亀太郎らが合流したものと思われる。勇三郎らは小屋の中に火薬を投げ込み、水郡らを爆殺しようとした。この状況について『上湯川郷土史』は岡本勝平氏の談話を紹介している。それによると、途中から雨が降り出した為、中村松之助という者が屋根洩れを修繕すると言って屋根に上り、そこから火薬袋を囲炉裏に投げ込んだ。しかし一人が火傷をしたのみで致命傷の者はおらず、同時に小屋を目掛けて発砲したが弾はいずれも小屋を飛び越えてしまった、という。

奈良奉行山岡備後守のもとに届いた風聞書[18]は、この一計は、郷士たちと諮って津藩兵一人が天誅組の味方と偽って入り込み、水郡らとともに猪鍋を囲んだことが伝えられている。そして紙袋に入れた焔硝(火薬)を山小屋へ吊り下げ、火の手が上がったのを合図に手勢が捕縛に押し寄せる手筈になっていた。しかし屋根の上から紙袋を吊り下げたところ紐が切れたため、間者として入っていた津藩兵がふところへ隠し、頃合いをみて囲炉裏に投げ込んだところ、一人が即死、八人が逃げたとしている。しかし実際には致命傷にならず、硝煙と灰が充満する小屋から脱出した水郡らに、郷士たちは鉄砲を打ちかけてきた。爆発と発砲の混乱の中、鳴川清三郎、浦田弁蔵が行方不明になった。この時水郡善之祐は、鉄砲隊の先頭にいる田中勇三郎に大声で呼びかけたという。

汝ら、義に逆らひ情に悖《もと》り、我党を欺きて死に致さんと謀る、何ぞその所為《しょい》の怯《きょう》なるや。汝、敢えて我党の生命を欲せば、我党快然《かいぜん》首を授けん、と。勇之進(勇三郎)顧みて曰く、勅命なり、勅命なりと連呼して去る。(水郡長義「水郡長雄の履歴」[19])

取り敢えず山中に身を隠したが、勇三郎始め十津川郷士たちが敵と分かった以上、進むことも引くことも適わなかった。

今、紀藩の警戒此の如く厳重なれば、行けば敵刃に死せん、留まれば餓死せん。均《ひと》しくこれ死するものなれば、雑兵の手に斃れ狼猪の腹中に葬られんよりは、寧《むし》ろ従容紀藩に首出し、幕府の刑場に死して、もって天下後世の人をして我輩が大義名分のために一身を犠牲にし、終に刑場の露としたる事をしらしめん。（同）

もはやこうなった以上、紀州藩へ自首し、処刑の場で自分たちの大義名分を明らかにしようという思いであった。

紀州藩陣屋へ自首

一行は小又川村《こまたがわ》（田辺市龍神村小又川）へ出、二十二日、同村の紀州藩陣屋へ自首した。この時、人数は十三名から八名になっていた。水郡善之祐、水郡英太郎、吉田重蔵、保母健、辻幾之助、原田亀太郎、田中楠之助、石川一である。様々な記録には、この中に船田彦次郎なる人物の名前があり、石川一の変名と思われるが、詳細は不明である。

小又川村に駐屯していた紀州藩応接方吉本伍助は、水郡の話に深く心打たれ、一行を農家の米倉に収容したものの、医者と酒肴を用意して手厚くもてなした。水郡らは二日間をここで過ごした後、二十四日に和歌山へ送られ、ついで京都六角獄舎へ入れられた。和歌山へ送られる前、水郡善之祐は米倉の柱に己が血で辞世を書き残した。

水郡善之祐ら天誅組河内勢をはじめとした一隊が収容された米倉（田辺市龍神村小又川）。天誅倉と呼ばれ、現在資料館となっている。

皇国のためにぞつくすまごころは神や知るらん知るひとぞ知る

残党狩り

各所から京都守護職への報告書（『会津藩庁記録』）を見ていくと、行方知れずになった隊士たちの行動が僅かながら見えてくる。まず九月二十七日付の津藩の報告書に次のものがある。

去る二十一日、大和出張人数の内、上湯川郷大井谷村へ差向い、十津川帰順の郷士相加わり進撃致し候処、浪士和田佐市の首級打取り、猶又、同二十三日葛川村北入手において郷士張番申付け置き候処、浪士尾仲要蔵、兜を背負い抜身の槍を提げ罷り越し候処を、打取り候旨申越し候。(20)

河内勢の一人、和田佐市は『水郡長義自叙伝』によると足が腫れ膿瘍《のうよう》になっており、田中邸に残ったとある。二十一日に津藩兵と十津川郷士に討たれた。また、二十三日には葛川村で尾仲要蔵なる人物が討たれた。葛川村にいたということは、本隊と行動を共にしていたが笠捨山越えの山中で逸れ、十津川郷へ戻ってしまったものと思われる。討ち取るのに津藩の兵以外に十五名もの十津川郷士が加わったと津藩の報告書にあるから、相当な使い手だったのであろう。しかし、この人物の詳細は分かっていない。

河内勢の一人三浦主馬は、十津川郷士中丈之助と従者一人の計三人で、九月十四日に大峯村（五條市西吉野町大峯）にいたことが分かっている。[21] 同村の善七という人物の土蔵に止宿していたが、彦根藩の松明《たいまつ》をみて驚き、家人に土蔵を明けないように言い置いて逃げ去ったといい、以後の行方は不明である。また、木村楠馬は九月九日に大坂で捕えられたとある。[22]

この他、吉野郡内の村々で天誅組に協力したとして鉄砲鍛冶屋や村人が捕えられたり、吟味されている。

欣求寺了厳の最期

橋本若狭とともに参戦した下市勢のひとり欣求寺了厳《ごんぐうじりょうげん》は、汗入村（五條市西吉野町十日市）の性竜寺に生まれた人物で、欣求寺[23]（五條市西吉野町十日市）に住んでいたため人々は欣求寺了厳と呼んでいた。西本願寺から京都町奉行所へ訴え出てきた内容を、九月二十二日に町奉行から京都守護職へ報告したものによると、

欣求寺了厳法師之碑（五條市西吉野町十日市・欣求寺跡）。

和州吉野郡汗入村欣求寺了厳義、浪士組へ加入の儀、承伏致さず候はば天誅を加え候と申し候故、余儀なく相伴われ罷り在り候處、透を見合い逃げ去り、上京訴出で候に付、差出申すべき哉の段、本願寺門跡家来申立て候間、主水正御役所へ差出し候様、相違し申し候。猶、差出し候はば吟味の上、やむを得ず事随従いたし候までにて外に子細も相聞かず候はば、素ゝ自訴の儀にもこれ有り候間、吟味中、右家来へ預け遣わし、差し返し候様、仕るべきと存じ奉り候。これにより此段申上げ候、以上

亥九月

永井主水正
瀧川播磨守㉔

町奉行所のこの文書によると、九月二十二日には既に了厳は京都西本願寺へ来ており、自分は天誅組へ加入したくはなかったが、承知しなかったら天誅を加えると言われたため仕方なく入り隙をみて逃げてきた、というのであるが、そのまま言葉通りに取れない節がある。町奉行は了厳を捕えることはせず西本願寺預けとした。

何らかの理由で欣求寺の本山である西本願寺を頼ってきたところ、西本願寺の僧侶たちは末寺がいわば賊軍に加担していることに怖れおののき、自分たちにも罪が及ばないよう、奉行所へ上手く言い繕って届けたと見ていいだろう。天誅組に参加していた末寺は何も欣求寺だけではなく、尼ヶ生《あまがしょう》村一行寺(五條市西吉野町尼ヶ生)、平原《へいばら》村瑞輪寺(吉野郡下市町平原)、南山《みなみやま》村光専寺(五條市西吉野町南山)、沢原村光遍寺(吉野郡天川村沢原)などがあり、本山では思わぬ事態に何とか事態の収拾を図ろうとしたようだ。幾つかの文献によると、了厳は天誅組に参加したことを僧侶たちに叱責され、太鼓楼へ幽閉されたとある。了厳は翌年四月三日、絶食でもって命を絶ったという。

欣求寺跡には、地元有志の手によって桜の木と了厳法師の碑が建立され、今でも毎年四月三日に宴を開いて慰霊をしている。

伴林光平の捕縛

さて、十六日の風屋福寿院での十津川郷士との談判の後、伴林光平、平岡鳩平、西田仁兵衛が嫁越峠を越えて前鬼村を経て、東熊野街道を北上して伯母峰峠を越え、入之波《しおのは》か

伴林光平辞世句碑(斑鳩町東福寺)。聖徳太子の愛馬黒駒を葬ったと伝わる駒塚古墳の上に建つ。

鷲家口の伴林光平脱出の地。伴林や平岡が鷲家口に辿りついたときはまだ彦根藩が出役する前で、ここから峠を越えて虎口を脱した。

ら鷲家口を抜けて南大和を脱出したことはすでに述べた。伴林は下痢や脚気に悩まされ、平岡や人夫の肩を借りてやっと歩行出来るような有様であった。追討軍が進出する直前の鷲家口村を通過し、二十二日には額田部村の額安寺[25](大和郡山市額田部寺町)に辿りついた。住僧は伴林の弟子であり、一夜の宿を乞うたのであったが、住僧は連座の罪を恐れてこれを拒んだ。夕食のみ与えられ夜更けに額安寺を出立した伴林は、安堵村を経て、東福寺村駒塚の自宅に帰り着いた。しかし妻は、子供二人を置き去りにして家を出奔していた上、奈良奉行所の警戒が厳しいこともあって平岡と連絡がとれなくなった。伴林は二十四日の夕刻、東福寺村を出て京へ向かったが、翌二十五日に一軒屋(生駒市北田原町)にて奈良奉行所の役人に捕われた。

本隊のその後

九月二十四日、天誅組にとっては運悪く、追加で出動命令を受けた津藩砲術師範兼撒兵分隊長町井治《まちいおさむ》(台水《たいすい》)が[26]、三十名の精鋭鉄砲隊を率いて津藩領丹波市《たんばいち》村(天理市丹波市町)へ出陣してきた。この隊は、丹波市村で昼食後、鷲家口村へ向かおうとしていた。

この津藩の町井は後に、天誅組の一件を『南討紀略』という書物にまとめた。それによれば、小川郷鷲家口村を突破した天誅組本隊は、先鋒・本隊・殿《しんがり》の三隊に分かれたと、後日、町井率いる撒隊《さんたい》に捕われた多吉(前田繁馬の従僕)が詰問に答えている。先鋒は、敵陣の様子を探り、出来ればこれを排除する役目を負っていたようだ。そして中山忠光の本隊がこれに続き、殿部隊が後方を守ることになっていた。しかし、夜道を行く内に三隊とも互いの所在が摑めなくなっていた。

本隊先鋒隊の最期

先鋒隊には岡見留次郎、常助(岡見留次郎下僕で富貴村出身)、安積五郎、田所騰次郎、磯崎寛(本名・尾崎孝基)、沢村幸吉、長野一郎、森本伝兵衛、酒井傳次郎、鶴田陶司らがいた。彼らは小名峠、宇陀をへて現在の桜井市あたりへ出たが、追討軍の目を本隊に向けさせないためか街道を通行しており、ために次々と捕われた。

まず二十五日昼過ぎ、福知堂《ふくちどう》村(天理市福知堂町)で岡見留次郎、下僕常助、安積五郎、田所騰次郎、磯崎寛の五名が町井隊に捕縛された。町井台水の『南討紀略』によると、五名のうち下僕常助以外の風貌は、大刀を差して白鉢巻きに髻をほどいて髪をなびかせた姿で、岡見留次郎と安積五郎は片目に傷を負い、磯崎寛は頭部を怪我し駕籠に乗っていたという。

沢村幸吉、長野一郎、森本伝兵衛、酒井傳次郎、鶴田陶司は一旦は芝村藩の警戒網をすり抜けた。芝村藩は現在の桜井市芝に陣屋をおく織田氏一万石の小藩で、自藩領とその周辺幕府領で警戒に当たっていた。天誅組の残党を逃したと気付いた芝村藩兵は五名の後を追い、このうち沢村幸吉、長野一郎、森本伝兵衛を二十五日に捕縛し、町井隊が鶴田陶司、酒井傳次郎の二人を二十六日に捕縛した。芝村藩はその後さらに、荒巻羊三郎、中垣健太郎を捕縛している。

島村省吾はどの隊に属していたか定かではないが、怪我のため脱落し小名峠の途中の柴小屋で一人潜んでいるところを、二十七日津藩兵に捕縛された。

楠目清馬墓（桜井市下居）。

前田繁馬・関為之進墓（桜井市慈恩寺・慈恩寺共同墓地内）。

慈恩寺共同墓地入口にある天誅組烈士之墓の碑。

本隊殿部隊の最期

殿部隊を務めたのは、前田繁馬、関為之進、従僕多吉（大和国宇智郡野原村の人）、秦将蔵（本名・北辻良蔵）、江頭種八らであった。

二十六日、前田繁馬、関為之進は慈恩寺村《じおんじ》（桜井市慈恩寺）の樫木屋という店で休憩中のところを町井隊に踏み込まれて射殺され、多吉は捕縛された（多くの文献はこれを湯豆腐屋であるとしている）。『南討紀略』によると前田らを発見した時、三人は新しい衣服で綺麗な身なりをしていたというから、どこかで着替えて観音詣でを装ったのかもしれない。近くに西国三十三所の札所である長谷寺[27]があり、この辺りを通る初瀬街道は観音巡礼の道でもあった。秦将蔵は長谷寺滝蔵三社権現の裏辺りで二十七日、彦根藩兵に射殺され、江頭種八は芹井村《せりい》（桜井市芹井）まで逃げたが二十八日、同村阿弥陀寺で津藩兵に捕縛された。

森下儀之助、土居佐之助、安岡斧太郎、楠目清馬は二十八日、多武峰《とうのみね》付近で津藩兵に発見され、津藩領下居村《おりい》で森下、土居、安岡は捕縛、楠目は討たれた。安岡嘉助、内田耕平も同じ多武峰ルートを通ったらしく、安岡は市尾村《いちお》（高市郡高取町市尾）で、内田は多武峰で捕縛されたといわれる。津藩川尻彦之丞の書き残した『天誅組合戦記』によると、他に竹林八郎、尾崎鋳五郎も津藩兵に捕縛されている。

中山忠光の脱出

先鋒隊、殿隊が次々と捕縛されていく中、中山忠光、上田宗児、伊吹周吉、島浪間、半田門吉、山口松蔵、萬吉(安積五郎家来)の本隊七名は、小名峠から闇雲に山中を突き進み、二十四日夜は疲れきって野宿をした。翌朝二十五日、夜明け前に目を覚ますと麓に人家があって敵勢が行き来し、残党狩りをしているのか時々山中へ発砲しているのが見えたという。一行は身を隠しながら、いくつかの谷を越え山を越えて宇陀郡岩清水村(宇陀市大宇陀岩清水)へ出た。百姓家で聞くと松山町に彦根藩兵がいるというので、遠回りして半坂村(宇陀市大宇陀半阪)の小峠《こ》を越え粟原村《おおばら》(桜井市粟原)を通過し、二十六日には忍坂村《おつさか》(桜井市忍阪)、三輪村(桜井市三輪)まで来た。その様子たるや、

雨に浴し風にくしけづり、昼は寝ず夜は歩み、或時は飢え労《つか》れて足も進み得ず。その千辛万苦、実に筆紙に尽くし難く、大将中山卿何とも口には宣《のたま》はされども、いか計り苦しく思召すらんと押計られて、故大塔宮の熊野へ落とさせ給ひし時も斯くや思ひ遣られて哀なり。(『大和日記』)

そして三輪山南麓慈恩寺村で油屋を商っていた今西新右衛門の農事小屋に立ち寄り雨具を買い求めて道を聞いたところ、小屋の者が飯を炊いて茶などを出してくれたという。つまり、前田繁馬、関為之進が射殺された同じ日、すぐ近くに潜んでいたのである。その小屋の者は松之助(明治以後は森岡勘治郎)といい、今西新右衛門に雇われて働いていた若者であった。当時のことを、明治二十八年十一月、当時の奈良県知事へ出した「口述書」によると、天誅組の一行が来て食物がないかどうか尋ねたので飯を炊き塩鰯などを焼いて差しあげたところ、夜になって雨が降ってきたので雨具を買ってきてくれと頼まれて買いに出かけることまでし

長州萩藩蔵屋敷跡碑（左）と長州大師三蔵院高野寺（大阪市西区土佐堀）。蔵屋敷は残っていないが、長州藩ゆかりの寺がその名残を留めている。

たという。一行を小屋で一泊させ、間道を案内せよといわれて竹内峠までの道案内をしたが、その道筋は初瀬川を渡って南堤を進み、三輪村出口橋、極楽寺横を通って川合村、戒重村を経て西方寺裏に出、耳成山北から葛本村、新賀村、曽我村北から曲川村へ出、そこから本街道を通行したという。つまり初瀬街道のやや北寄りを通り、現在の大和高田市に入った辺りでようやく街道へ出たのである。およそ十二キロの行程であった。ここから竹内峠までは約五キロである。

口述書は約三十年前の記憶なので、曖昧な部分も幾つかあるようだが、松之助の先導によって中山忠光の本隊七名は、二十七日朝には竹内峠[28]まで来たのである。既にこの辺りは追討軍の警戒網の外で、一行はようやく一息ついて峠の茶屋に入り堂々と休憩をとることが出来た。そこへいずれかの藩士が一人通りかかった。その者を呼びとめて姓名を聞くと、高取藩士であると答えたという。「この方共は天誅組、只今京師へ引取る也。」（『大和日記』）彼らはこんな言葉を残して茶屋を去ると、河内国を経て昼過ぎには大坂長州藩邸へ入った。

約四十日間にわたった天誅組の攻防、敗走は終わった。個々に逃れた者たちと、この忠光ら七名は、大和国を脱出し大坂長州藩邸になんとか無事逃れたのである。明治二十八年(一八九五)十一月、松之助こと森岡勘治郎は、当時の奈良県知事古沢滋から「文久三年九月、大和義挙諸士難ヲ救タルノ労ヲ謝ス」として金三円を下賜された。

討たれて京都へ首を運ばれた隊士たちは十月、獄門にかけられ、次の罪状とともに粟田口に晒された。

この者ども、徒党を結ひ重き偽名を称し人民を惑し逆威を振ひ、近畿を憚らず大和国において乱暴いたし不届き至極に付、討手のもの差し向され所、討留めの賊徒斯くの如く行ふもの也(29)

晒されたのは藤本津之助、松本謙三郎、吉村虎太郎、楠目清馬、森下幾馬、前田繁馬、鍋島米之助、那須信吾、林豹吉郎、宍戸弥四郎、安田鉄蔵、秦将蔵、福浦元吉の十三名の首であった。

五　六角獄舎の処刑

生野の変

八月十九日の時点で、天誅組に呼応して挙兵することを約し五條を離れた平野国臣は長州へ行き、三田尻《みたじり》で奇兵隊総督河上弥一らと但馬での挙兵を画策していた。そして、鷲家口での天誅組壊滅の翌月、十月十二日に七卿のひとり沢宣嘉《さわのぶよし》を主将に迎えて、但馬生野《いくの》(兵庫県朝来《あさご》市生野町)で挙兵した(生野の変)。銀山を有する生野は、五條と同様に幕府領であり、代官が置かれていた。生野代官所は無抵抗で代官所を明け渡し、近在の農兵が参集して、生野の制圧は成った。しかし、幕府側は天誅組追討後間もなくのことでもあり、素早い対応を見せて翌日には出石藩、姫路藩の手勢が出動した。主将沢宣嘉は逃亡

生野の変十三士自刃の地（兵庫県朝来市生野町）。

し、河上弥一は農兵に責められて自刃。平野国臣は豊岡藩によって捕えられた。生野の変は敢え無く三日で鎮圧されたのである。

六角獄舎・第一回処刑

紀州藩に捕われた水郡善之祐以下十名（水郡英太郎・辻幾之助・吉田重蔵・田中楠之助・原田亀太郎・石川一・保母健・中村徳次郎・東条昇之助）が、十月十日、京都町奉行滝川播磨守へ引き渡され、その後吟味を受け六角獄舎へ収容された。鳴川清三郎と浦田弁蔵は、強制参加であったと言い張ったことと、重要人物ではないと判断されたことにより、奉行所から放免の沙汰が出された。大和国内で捕縛された隊士たちは津藩古市陣屋（奈良市古市町）へ送られ、十月十四日、いよいよ京都へ送られるために陣屋を出立した。その様子は川尻彦之丞『天誅組合戦記』によると藤堂新七郎付の者三千人が火事装束、士分の者は手槍をもって警護し、夜は町井台水の撤兵が警護したとある。中山忠光ら七名が大坂長州藩邸へ逃げ込んだことが分かっていた津藩では、長州藩士たちが、大挙して道中隊士たちを奪い返しに来ることを恐れたのかもしれない。

今日、渋谷伊与作も大河原より参り都合天誅組唐丸駕籠十三挺、家来のあし乗物五挺。都合十八挺に相成り候事。（『天誅組合戦記』）

六角獄舎跡に建つ殉難勤王志士忠霊塔（京都市中京区）。六角獄舎は安政の大獄以降、主に政治犯が収監されるようになった。

平野国臣外数十名終焉之趾碑。天誅組の変、生野の変関係者以外にも、池田屋事件で捕えられた古高俊太郎らが処刑された。

この日、大河原村（京都府南山城村大河原）に抑留せられていた渋谷伊與作も連れてこられて、天誅組隊士とその家来の駕籠計十八挺を警護したことが書かれている。

この天誅組隊士十三名は、磯崎寛、岡見留次郎、安積五郎、鶴田陶司、武林八郎、尾崎鋳五郎、江頭種八、森下儀之助、土居佐之助、安岡斧太郎、酒井傳次郎、田所騰次郎、そして渋谷伊與作。翌十五日は伏見で泊り、十六日午後三時頃、十七名が西町奉行滝川播磨守具挙《たきがわはりまのかみともあき》に、渋谷伊與作は東町奉行永井主水正尚志《ながいもんどのしょうなおゆき》にそれぞれ引き渡された。隊士たちはいずれも京都六角獄舎へ入れられ、ほどなく生野の変で敗れた平野国臣らも収容された。

翌文久四年（元治元年・一八六四）二月十六日に、まず十九名が引き出されて処刑が行われた。この時、御所の蔵人所《くろうどどころ》衆の村井政礼《まさのり》（30）が獄舎におり、『縲史《るいし》』という獄中記を残している。

咄嗟にその本獄に送り、刑壇に就いて斬る。一人了すれば一人を断じ、人々互いに相知らず。暫時十九人。予、時に上舎にあり刑壇を相去ること数弓、人ごとに刑に臨み高声、喚きて予に訣別す。且つ罵り、且つ斬る者あり。まさに刑始まらんとする、天色俄かに黒色、雨、雷鳴る。忽ちにしてこの刑終る頃に至り、即ちまた霽《はれ》る。

村井は刑に臨んで自分に別れを告げる声や処刑人の罵る声をすぐ近くの牢で聞いていた。処刑が始まったまさにその時、空が掻き曇り、雷が激しく鳴り豪雨となったという。処刑された十九名は、安積五郎・安岡斧太郎・磯崎寛・安岡嘉助・尾崎鋳五郎・岡見留次郎・渋谷伊與作・酒井傳次郎・鶴田陶司・江頭種八・田所騰次郎・土居佐之助・長野一郎・伴林光平・沢村幸吉・中垣健太郎・荒巻羊三郎・森下儀之助・島村省吾であった。

六角獄舎・第二回処刑

第一回処刑の後、乾十郎が大坂で捕縛され六角獄舎に収容された。乾は正月まで伯母谷村の岩窟に病の小川佐吉とともに潜伏していたが、病癒えた小川は長州へ走り、乾は大坂へ出て町医者をしながら再び活動していたところを大坂町奉行所に捕えられたのである。

七月、長州藩が七卿及び藩主父子の免罪と入京の許可を求めて、大挙上京してきた。八月十八日の政変で京都から追放された長州藩は、薩摩・会津藩を武力追放し、朝廷の政治を元の尊王攘夷へと戻すつもりであった。いわゆる禁門の変(蛤御門の変)である。七月十九日、御所の蛤御門で長州藩は薩摩・会津・桑名藩と戦い、洛中に戦火が広がった。火は市内ほぼ全域を焼きつくす勢いで、翌日には六角獄舎に迫った。当時の牢の月当番は京都西町奉行滝川播磨守であった。村井政礼は、外で獄吏たちが、戦火が堀川を越えそうだ、囚人を他の場所に移すのは今しかない、と騒ぎ始めたこと

平野国臣以下三十七士の墓(京都市上京区・竹林寺)。明治10年(1877)に刑場跡から姓名を朱書した瓦片と白骨が発見され、竹林寺へ移葬された。

故郷五條にある乾十郎墓（五條市岡口・井上院）。

を聞いている。もし牢に火が及び、国事犯の暴動や脱走が起こると大変なことになる。午後になって平野国臣はじめ生野で挙兵した人々、天誅組隊士たちが次々と牢から引き出されていった。その人数は三十二人であった。

そのうち、刑場でただならぬ声や物音がし、突然平野の絶命歌が聞こえてきたことで村井は処刑を悟った。そしてそのうち自分の番が来るだろうと、ひたすら心を静めて処刑されていく人数を指折り数えたのであった。薄暮になるまでこの処刑は続いたが、戦火は結局、牢まで届かずに鎮火した。「権奸者の暴怒に生ず」と村井が書いているように滝川播磨守の独断であった。この時に処刑された天誅組隊士は、水郡善之祐・吉田重蔵・石川一・保母健・原田亀太郎・辻幾之助・田中楠之助・森本伝兵衛・乾十郎・古東領左衛門・中倉才次郎・木村楠馬・大工鶴松（古東領左衛門下僕）・百姓常助（同）の十四名であった。

余談だが、後の慶応四年（明治元年・一八六八）一月、鳥羽伏見の戦いが勃発した際、淀川畔の高浜砲台（大阪府三島郡島本町水無瀬《みなせ》）に滞陣中の津藩は、立場を俄かに変化させていち早く新政府軍側に寝返った。その理由のひとつとして、参戦を求める幕府軍の使者が滝川播磨守だったことが、家老藤堂采女《うねめ》と副長吉村長兵衛の心情を非常に不快にさせた、という話がある。津藩は、捕縛した安積五郎ら十一人を厚遇し、幕府へ引き渡す際に藤堂新七郎が寛刑を依頼していたのであった。

橋本若狭墓（下市町長谷・中井家墓所内）。

井澤宜庵とその妻岡田禮以の墓（五條市本町・常楽院）。

十津川郷士に対しては、京都町奉行は天誅組隊士と同じ扱いを主張したが、十月に入ってから朝廷より格別の御沙汰があった。斬首や生捕になった郷士は郷の頭分に引き渡すこと、という内容である。これをうけて、彦根藩に捕えられていた野崎主計の父利七郎は、十月十日、禁裏御守衛の御役目で京都に逗留していた十津川郷士へ引き渡されている。

橋本若狭の処刑

その後も、大坂などで潜伏していた隊士が捕えられ、六角獄舎で処刑されている。橋本若狭は、東吉野小川郷から伊勢方面へ脱出し、松本謙三郎の朋友で国学者の村上忠順《ただまさ》・忠明父子を頼って刈谷藩に潜伏した。元治元年三月、大坂へ出て日本橋黒門に家を構え、大坂屋豊次郎と称して材木商をし、先妻に世話になりながら時勢を窺っていたところ、その先妻の口から天誅組のことが洩れ、十一月二十九日に大坂町奉行所に捕縛され、慶応元年六月に処刑された。

井澤宜庵の毒殺

行軍中の伯母峰峠越え辺りで本隊とはぐれたといわれる井澤宜庵は、約二十日後の十月九日、五條へ戻ってきて津藩陣屋へ自首した。その後、古市陣屋へ送られ入牢処置をとられていたが、二ヶ月で釈放されて帰郷した。井澤が軍医という役割だったこと、井澤の蘭学の師である広瀬元恭から釈放嘆願がされたことから、津藩は幕府にお伺いをたてずに独断で釈放したのであった。しかし、その処置を不服とした幕府は京都東町奉行所の役人を派遣して再逮捕し、六角獄舎へ収容した。井澤は八ヶ月の獄中生活ののち、慶応元年七月二十八日、毒殺された。

六　中山忠光の最期

俗論党の台頭

主将中山忠光は長州藩の支藩である長府藩に匿われた。しかし八月十八日の政変以後、長州本藩は幕府への恭順姿勢を取り藩の安泰と旧体制の維持を図る俗論党《ぞくろんとう》が多数を占めていたのである。尊攘派たちは中山忠光を俗論党から隠匿するために、隠れ家を次々と変えた。忠光は、そういう隠遁生活を嫌がり、一日も早く自分も国事に奔走せんと隠れ家から脱走することが何度かあったという。彼らは忠光を落ち着かせるために、下関赤間の宿の娘、恩地登美《おんちとみ》を側に置く計らいまでした。

そういう状況の中、元治元年七月、長州軍が大挙上京し禁門の変で敗れた。藩政を握った俗論党は幕府へ全面恭順する一方、藩内の尊攘派粛清に乗り出したのである。長州藩の全面恭順を武備恭順に変えようと尽力した井上聞多《もんた》(のちの馨《かおる》)は、九月二十五日に俗論党に襲われて瀕死の重傷を負い、藩政を尊王攘夷へ導いた周布政之助《すふまさのすけ》は自刃して果てた。尊攘派の藩士たちは次々と謹慎、投獄処分となり、高杉晋作は十一月二日に九州へ亡命した。この時期藩内で、尊攘派やそれにかかわる人物が安全にいられる場所はまったくなかったといえよう。

中山忠光朝臣遭難之處碑（山口県下関市豊北町・本宮中山神社境内）。

忠光の死

八月下旬頃から、忠光は田耕《たすき》村白滝山麓（山口県下関市豊北町《ほうほくちょう》田耕）の大田新右衛門宅に滞在していた。『中山忠光暗殺始末』（西嶋量三郎著・新人物往来社）によると、十月末、幕府と長府藩、長州本藩は忠光暗殺を密議した、としている。幕府は長州征伐の軍を率いて既に広島まで来ており、長州藩は、禁門の変の責任者の処分・匿い続けている五卿の移転・藩主と世子の謝罪をしなければならなかった。その中には忠光暗殺も含まれていたとされる。つまり長府藩の独断ではなく、幕府から忠光処分の強い命令があったという。

十一月八日朝、忠光の護衛を務めてきた国司直記《くにしなおき》が急に解任され、代わって三浦市太郎という人物が送り込まれた。この三浦が刺客の一人であった。夜、別途田耕村に長府藩士五人が刺客として入り込んだ。村の庄屋たちはいずれも暗殺に協力させられ、特に庄屋山田幸八は、忠光を騙して大田家から連れ出す役目を負わされた。安全のため四恩寺へ移ると言いくるめられた忠光は、幸八と三浦市太郎の三人で大田新右衛門宅を出た。白滝山へ向かう渓谷を進むうち、先導していた幸八が逃げ、忠光は三浦と待ち構えていた刺客に襲われ絞殺された。享年二十。

刺客たちは、遺体を長櫃に納めて下関を目指して運んだ。そこから、長州征伐幕府本拠地の広島へ送るはずだったという。しかし綾羅木《あやらぎ》まで来たところで夜が明けたため、人目につくのを恐れて浜の松並木の間に埋めた。のちにこれを奇兵隊が探知して木の墓碑を建て、慶応元年、豊浦藩（長府藩）は墳墓の上に社殿を造

中山神社（下関市綾羅木本町）。

中山忠光墓（下関市綾羅木本町・中山神社）。

営し、忠光を祀った。今の中山神社である。また忠光が殺害された場所は「中山忠光朝臣遭難之處」の石碑が建てられ、昭和三十八年、天誅組百年を記念して本宮中山神社が建立された。

真相究明

恩地登美は尊攘派や奇兵隊によって保護され、下関の実家に戻った。慶応元年春、登美が実家にいることを聞きつけた元天誅組隊士小川佐吉・池内蔵太・上田宗児・伊吹周吉が忠光の近況を聞こうと恩地家へ出向いたところ、忠光が長府藩士に暗殺されたことを聞いた。驚いた彼らは、真相の究明を決意した。特に伊吹周吉は、田耕村関係者の糾弾に乗り出した。既に田耕村村民すべてに、中山忠光については喋ってはならぬと厳命していた長府藩は、伊吹らの動きを警戒してさらに厳しい箝口令《かんこうれい》をしいた。元天誅組隊士たちと奇兵隊士たちは長府藩に掛け合ったが、藩の返答は病死の一点張りを押し通し、一方で忠光暗殺の全てを知っている田耕村の庄屋幸八を一ヶ月半もの間城下に匿い秘匿し続けるまでした。その幸八は帰村してからも、負わされた真実の余りの重さに苦悶し、明治三年十月、ついに病床に臥してしまった。半年間寝込んでいたが、最期は十八日もの間吐血し、明治四年四月十九日、ついに息を引き取った。三十八歳であった。

中山忠光の子孫

以下は後日談であるが、登美は忠光の遺児を生んだ。仲子と名付けられ、中山家に引き取られて後に嵯峨公勝《さがきんとう》へ嫁いだ。長男実勝《さねとう》が生まれ、実勝夫妻に浩《ひろ》という女児が生まれた。昭和十二年(一九三七)、嵯峨浩は日満親善のため満州国皇帝溥儀《ふぎ》の弟、愛新覚羅溥傑《あいしんかくらふけつ》と結婚、満州へ渡った。昭和二十年、終戦を迎え日本へ帰国する際、八路軍公安局や国民党軍に拘束されて中国大陸を放浪し、帰国できたのは昭和二十二年であった。浩は「流転の王妃」とよばれ、中国に戻ってからも文化大革命に巻き込まれるなど波乱万丈の生涯を送り、その長女慧生《えいせい》は、学習院大学二年生であった昭和三十二年十二月、交際相手と天城山でピストル心中をはかり、「天城山心中事件」として当時大きく報道されるまでになった。

忠光が最期を遂げた地に建立された本宮中山神社は、愛新覚羅夫妻や嵯峨公元《きんもと》(浩の弟)夫妻、近年では三笠宮殿下・妃殿下が参拝されており、小さいながらも中山忠光の事跡を今に伝えている。

(1) 入之波には、奥吉野の湯治場として知られた入之波温泉がある。また、後南朝の悲話の里である。

(2) 『会津藩庁記録』二、三一〇頁参照。

(3) 伯母谷村は東熊野街道沿いの村で、ここも南朝ゆかりの里である。南朝忠臣 橘 将監《たちばなしょうげん》の墓がある。

(4) 明徳三年(一三九二)に南北朝合一が成り、五十年以上続いた南北朝分立の時代は終わったが、その後和議の条件であった両統迭立(皇位を南朝系と北朝系が交互に継ぐこと)は反故にされ、これに反発した南朝の皇子の一部は再び大和の奥地に籠って反抗を続けた。これを後南朝と呼ぶ。嘉吉三年(一四四三)には後南朝の一党が宮中に乱入して三種の神器のうち神璽と宝剣を奪取する事件(禁闕《きんけつ》の変)が起き、一時神璽は川上郷の後南朝の皇子のもとにあった。長禄元年(一四五七)、赤松氏の遺臣が神璽の奪回を策し、それによって後南朝の皇胤自天王、忠義王が討たれ、後南朝は絶えた(長禄の変)。伯母谷にいた橘将監は病床から川上郷中に檄を飛ばし、弓の名手大西助五郎らの働きで神璽および自天王・忠義王の首級を奪還したと川上村に伝わっている。そのゆかりの史蹟が吉野郡川上村一帯に多くある。

(5) 法昌寺は、吉野郡川上村伯母谷にある曹洞宗の寺院。橘将監ゆかりの寺。

(6)鷲家口村は、中世は小川荘と呼ばれ、興福寺大乗院領で代官小川氏が支配していた。江戸時代には伊勢南街道(和歌山街道)が和歌山から紀ノ川、吉野川沿いに伊勢方面へと進み、鷲家口村もその経路上にあった。元禄十四年(一七〇一)に大坂を経由するルートに変更されるまで、紀州藩主の参勤交代路でもあった。また、川上街道が合流し、吉野杉を筏に組んで川下へ運ぶ高見川水運の要衝としても重要な場所であった。

(7)鷲家村は、伊勢南街道と一六六号線の合流する地点で、かつては交通の要衝であった。江戸時代初期は幕府領であったが、伊勢南街道が紀州藩主の参勤交代路として使用されるようになって紀州藩領となり、宿場町として賑わうようになった。文政十一年(一八二八)建立の道標には「右いせ江戸」とあり、これは「江戸」が表記された最西端の道標である。

(8)彦根藩の記録には、名所繁馬なる側役の者がいたとある(『官武通紀』第二[國書刊行会・一九一三年]巻九、一〇四頁)が、隊士中にその名の者は見えず、また各追討軍の討ち取り、捕縛隊士報告にも見えない。

(9)来迎山宝泉寺は、吉野郡東吉野村小川にある曹洞宗の寺院。彦根勢が篝火代わりに寺を焼こうとしたのを当時の住職が阻んだという逸話がある。那須信吾に討たれた大館孫左衛門と植村定七に討たれた伊藤弥左衛門の墓(196頁写真参照)、また天誅組隊士十四名の位牌がある。天誅組の変の翌年に戦死者の一周忌法要が行われ、現在も十一月五日に天誅義士祭として法要が執り行われている。境内に大正九年(一九二〇)建立になる土方久元が揮毫した天誅義士記念碑(6頁口絵写真参照)がある。

(10)『大和日記』には「味方一両人打斃さるる」とあるのみで、それが誰かについては言及されていないが、東吉野村では天保高殿と西田仁兵衛の二人であると伝わっている。しかし、天保高殿という人物は出身も経歴も不明で詳しいことは分からない。西田仁兵衛は四日前に伴林光平らと共に鷲家口を脱出しているので、この時ここで死亡したとは考えにくい。また、明治二十八年(一八九五)に東吉野で行われた天誅組三十三回忌法要の席で読み上げられた北畠治房の「祭文」に、当時生存している隊士五人のうちの一人として東京府在住の「野村稲夫」が挙げられており、この人物が西田仁兵衛(西田稲夫)のことであろうと思われる。

(11) 丹生川上神社中社は、吉野郡東吉野村小《おむら》にある神社。高見川、四郷川、日裏川の合流点に鎮座する。当時は蟻通神社と呼ばれており、現在でも小川郷八ヶ村の鎮守として「蟻通さん」と親しまれている。丹生川上神社については100頁の注(7)を参照。
(12) 堀内信編『南紀徳川史』第三巻、巻之二十八、五六五頁。
(13) 堀内信編『南紀徳川史』第三巻、巻之二十八、五五〇頁。
(14) 堀内信編『南紀徳川史』第三巻、巻之二十八、五四九頁。
(15) 堀内信編『南紀徳川史』第三巻、巻之二十八、五五〇頁。
(16) 小頭川合久治「京都御警衛御所詰之事　附於大和浪士追討之事」(『伊賀郷土史研究』所収)より。
(17) 小河一敏著『王政復古義挙録』(丸善商社書店、一八八六年)より。
(18) 『会津藩庁記録』二、四六七頁参照。
(19) 水郡《にごり》庸皓《つねあき》著『天誅組河内勢の研究』(天誅組河内勢顕彰会)所収。
(20) 『会津藩庁記録』二、三五八頁。
(21) 『会津藩庁記録』二、二九二頁参照。
(22) 『会津藩庁記録』二、四〇一頁参照。
(23) 欣求寺は、五條市西吉野町十日市にある浄土真宗本願寺派の寺院。かつては十日市から銀峰山に登る途中の山中にあったが、現在は麓に移転している。旧境内に欣求寺了厳を供養する碑がある。
(24) 『会津藩庁記録』二、二七一頁。
(25) 熊凝山額安寺は、大和郡山市額田部寺町にある真言律宗の寺院。聖徳太子が釈尊の祇園精舎に倣って創建した「熊凝《くまごり》精舎《しょうじゃ》」の後身と伝える古寺。明応八年(一四九九)に赤沢朝経(沢蔵軒宗益)の大和侵入の際に焼かれ、幕末の頃には荒廃していた。近年、復興されて寺観も一新した。
(26) 町井治(一八三七〜一九〇六)こと町井台水は、津藩藤堂家の砲術師範役。若い頃、火薬の爆発によって顔面が爛れたという。天誅組の変では追討軍として出陣し手柄を上げた。一方、鳥羽伏見の戦いでは藩主藤堂高猷《たかゆき》に新政府軍につくべきであることを進言し、結果、幕府軍総崩れのきっかけを作った。町井の遺した『南討紀略』は天誅組の変の追討側の記録を伝え貴重である。

(27) 豊山長谷寺は、桜井市初瀬にある真言宗豊山派総本山の寺院。西国三十三観音霊場第八番札所として、昔も今も参拝者が絶えない。

(28) 竹内峠は、大阪府南河内郡太子町と奈良県葛城市の府県境にある峠で、北に二上山をのぞみ、竹内街道(現在の国道一六六号)が通る。大和側からこの峠を越えれば河内である。

(29) 『会津藩庁記録』三、三一頁。

(30) 村井政礼(一八三五〜六七)は、尾張出身の勤王家。京都に出て蔵人所衆村井家の養子となった。国事に加わり、文久三年に幕吏の手で捕えられ、六角獄舎の獄中で見た処刑の有様を記した手記『縲史』を遺した。慶応三年(一八六七)に本人も処刑される。

第十章●維新の魁

一　維新成る

長州藩の動き

さて、天誅組が孤軍奮闘している頃、尊攘派志士が拠り所としていた長州藩は身動きが取れないでいた。京都を追われた長州藩は文久三年(一八六三)九月十六日、幕府からこれまでの行動について十三ヶ条もの「罪科」があると糾弾された。その中には「十八日、一挙堂上七人連行候事」「藩屛の任として幕府を捨て、強いて御親征を勧め奉り候事」などとあるが、興味深いのは、「召捕の浪士伊與作、長州家一揆と内応の趣、白状に及び候事」とあり、また次々と京都守護職へ届けられる書面や風聞書の中に「今月十五、六日の頃、長州人高野山へ参詣と申し高野へ赴きたる由。和泉の海岸へ長州船追々渡来いたすよし風聞」などあり、幕府は長州藩が天誅組に加勢することを恐れて岸和田藩や尼崎藩などを動員して金剛山一帯を、固めさせたほどであった。渋谷の証言や、先に吉村らが長州藩主と約束したように、いくらかの長州藩士は天誅組に加勢する予定であったが、政変と京都守護職の厳重な警戒ぶりに果たせなかった節が窺える。

代官所討ち入りの先例

天誅組の挙兵は、政変とそれに伴う大規模な幕府の追討軍によって潰えてしまったが、すでに触れたように、壊滅の翌月には平野国臣が七卿の一人沢宣嘉を擁立し生野代官所に討ち入った(生野の変)。ちなみに幕末、代官所を標的にした決起が二回起きている。慶応二年(一八六六)四月、第二奇兵隊が立石孫一郎を中心に立ち上がり倉敷代官所に討ち入った倉敷浅尾騒動と、慶応四年一月に公家花山院家理《かさんのいんいえのり》を主将として諸藩脱藩浪士たちが豊前日田代官所管轄の四日市陣屋に討ち入った御許山《おもとさん》騒動である。いずれも短期間で鎮圧されているが、時勢は天誅組の変以前とは違い、武力で幕府に対抗していく流れへと確実に変わってきたのである。

続く内戦

八月十八日の政変で、土佐藩も公武一和派が主導権を握り、尊攘派の土佐勤王党は弾圧される。元治元年(一八六四)三月、水戸藩の尊攘派である天狗党が、幕府に攘夷の実行を迫るとして常陸国筑波山に挙兵し京都へ迫ったが、十二月には加賀藩に降伏した。長州藩も七月に禁門の変で敗れ、八月には四ヶ国連合艦隊に敗れ、保守派の俗論党が藩政を掌握し、長州征伐を目前にしてついに恭順。禁門の変の責任者として三家老が切腹、奇兵隊も解散させられた。そんな中、十一月八日の中山忠光の暗殺が実行される。

しかし十二月十六日、高杉晋作が馬関(山口県下関市)に戻って挙兵し、長州の藩論は一気に倒幕へと進む。慶応二年、坂本龍馬らの斡旋で薩長同盟がなり、六月に幕府は再び長州征伐の軍を興し戦闘が開始されたが、長州を屈服させることはできなかった。一方、各藩では長州征伐に備えて米の備蓄を始め、流通が悪くなっていたところに戦争が始まったために、一気に米価が高騰した。打ち壊しや一揆が全国で爆発的に起こったこともあり、幕閣からも長州征伐の中止が提言された。七月二十日には将軍家茂が病死する事態になる。さらに浜田や小倉での敗戦報告が入ってくると、幕府はやむなく戦争を中止した。

幕府が長州征伐を中止したことで、長州・薩摩・土佐といった藩は勢いづき、さらに孝明天皇の崩御で一気に倒幕へと突き進む。慶応三年十月、将軍徳川慶喜は大政を奉還、十二月には王政復古が宣言される。慶応四年正月三日、鳥羽伏見の戦いが起こり、戊辰戦争が始まった。四月十一日に江戸城は無血開城され、徳川慶喜は水戸へ退去した。天誅組の挙兵より五年足らずで倒幕は成ったのである。旧幕府軍の抵抗は翌明治二年(一八六九)五月十八日に五稜郭で榎本武揚が降伏するまで続く。幕末維新の一連の武力闘争を顧みれば、その端緒は天誅組の変であり、それ以後打ち続く戦闘とそれに伴う犠牲の結果、二百六十年続いた徳川幕府は滅び、新しい時代の扉が開かれたのである。

二　最後の天誅組隊士

半田門吉自筆『大和日記』(半田門吾氏所蔵)。

終わらない倒幕戦争

中山忠光とともに長州へ逃れた元隊士は、天誅組で成し得なかった倒幕を果たすために二度三度に渡る幕府相手の戦争に参加し、ほとんどが命を落とした。

『大和日記』を残した半田門吉は長州の忠勇隊(長州藩で結成された浪士部隊)に属して、元治元年の禁門の変に参加し、戦死した。上善寺(京都市北区上善寺門前町)にある長州人首塚に、半田の首級も埋葬されている。

四ツ塚様(岡山県美作市土居)。土居宿で盗賊と誤認され村人によって自害に追い込まれた勤王の志士4人を祀る。右端が島浪間墓。

長州人首塚(京都市北区・上善寺内)。半田門吉の首級も埋葬されている。

島浪間は元治二年、再び決起するために元備前岡山藩の岡元太郎と土佐の同志である井原応輔、千屋金策の四人で岡山に遊説していたが、はからずも盗賊と誤解され、土居《どい》宿(岡山県美作市土居)の関門で井原と刺し違えて果てた。

池内蔵太は長州の忠勇隊に属して戦った後、坂本龍馬の亀山社中(のちの海援隊)に入り、ともに海軍創設に尽力したが、慶応二年四月、ワイル・ウェフ号で長崎から鹿児島へ航行中に台風で船が難破、五島列島沖で溺死した。

伯母谷村の岩窟で文久四年一月まで潜伏療養していた小川佐吉は、長州藩へ行き宮田半四郎と変名して忠勇隊に属して禁門の変を戦い、慶応二年には遊撃隊参謀並びに司令官として幕長戦争を戦った。慶応四年一月には鳥羽伏見の戦いに参加したが銃弾を受けて負傷、周防三田尻の病院で三月十一日、死去した。遺骸は、小川が遊撃隊参謀だった時の下宿先の薬屋熊野天真堂の主人によって、周防国高森円月寺墓地(山口県岩国市周東町)に埋葬された。現在、円月寺は廃寺となり遊撃隊士たちの墓地などが残されている。

上田宗児も、後藤深蔵と変名して忠勇隊に属し、禁門の変、幕長戦争を戦ったが、鳥羽伏見の戦いで戦死した。

縄手通のパークス暗殺未遂事件の現場(京都市東山区)。

小川佐吉墓(山口県岩国市周東町・円月寺墓地内)。宮田半四郎の名が刻まれている。

池田謙次郎は、中村小次郎と変名して戊辰戦争に参加し奥羽へ出陣したが、鎮撫総督府参謀世良《せら》修蔵《しゅうぞう》(1)の麾下にあったために世良暗殺の余波を受け、二本松領(福島県二本松市)で暗殺された。

パークス暗殺未遂事件

市川精一郎は、椎木村(奈良県大和郡山市椎木町)浄蓮寺の住職で、今村文吾の晩翠堂で学んでおり、伴林光平の弟子であった。『大和日記』によると、彼は平岡鳩平とともに五條へ駆けつけたものの、高取攻撃の敗退後、早くも天誅組から離脱している。離脱後、三枝《さいぐさ》蓊《しげる》と名を変えて鳥取藩内に潜伏していたが、慶応三年十二月、鷲尾《わしお》隆聚《たかつむ》の高野山挙兵(2)に参加した。明けて慶応四年一月、鳥羽伏見の戦いに勝利した新政府は外国との和親方針を国内に布告、各国公使が御所に参内し天皇に謁見することになった。根っからの尊王攘夷の志士である三枝は、攘夷を捨てた新政府に失望した。

二月三十日、英国公使パークスは、宿舎にしていた知恩院を出発し、参内のため四条通を西へ向かった。行列の先頭には薩摩藩士中井弘蔵、パークスの傍に土佐藩士後藤象二郎が付き添い、英国騎兵四十八騎・歩兵七十名と肥後藩士三百名が前後を

処刑直前の三枝蓊。

警備する物々しさであった。一行が縄手通を北上しはじめた時、三枝は、朱雀操《すざくみさお》(林田衛太郎)と二人で、その行列へ斬り込んだのである。外国人が天皇に拝謁するなどもってのほかだという尊王攘夷思想そのままに公使パークスの暗殺をはかったのであった。二人は英国兵を次々と斬り捨てながら行列の中心へ迫った。しかし朱雀操は後藤象二郎に斬られ、三枝は英国外交官アーネスト・サトウの馬を斬り付けるところまで迫ったが力尽き、英国兵に銃で顎を撃たれた。アーネスト・サトウが書いた『一外交官の見た明治維新』によると、行列の前後を警備していた三百名の肥後藩士は、これほど緊迫した状況が起こっているにもかかわらず、公使の護衛に駆けつける素振りもなかったという。

英国側の要求もあって、三枝は犯罪人として扱われ、三月四日、粟田口で斬首刑に処された。

天誅組の生き残り

明治の世になって、薩長中心の新政府の中でかろうじて官職を得て余生を全うした隊士は四名でしかない。水郡英太郎、伊藤三弥、そして伊吹周吉、平岡鳩平である。そのうち男爵まで栄達した隊士は伊吹と平岡の僅か二名だけである。

水郡長義

水郡英太郎こと水郡長義は、父善之祐らとともに捕えられたが、十三歳という年齢のため京都町奉行によって釈放された。その後、再び河内勢を糾合して鷲尾隆聚の高野山挙兵に参加し、戊辰戦争では長岡、新潟に転戦した。明治維新後は警視庁に出仕したが、一旦渡米し、帰国後は宮内庁に出仕した。その後は検事となり各地の裁判所を渡り歩き、明治十五年に検事補となって以後二十二年間務めあげた。明治四十三年、五十九歳で没している。彼が残した回想録である『水郡長雄の履歴』や『水郡長義自伝』、画家に描かせた「天誅組出発の図」(77頁写真)などは、天誅組河内勢の行動を知ることができる貴重な史料である。

伊藤謙吉

天誅組を早期に離脱した刈谷藩出身の伊藤三弥は、伊藤謙吉と名乗り、かねてより懇意だった岩倉具視の推挙を受けて司法省に出仕した。明治十六年、内務省に転じて書記官を拝命。三重県大書記官、三重県令を務め、日本最初の衆議院議員に当選している。板垣退助とともに四国の寒川鉱山を経営、また東京株式取引所や歌舞伎座を設立。晩年は長岡で石油事業をも行うなど、実業家として名を馳せた。大正六年、八十二歳で没す。

石田英吉

鷲家口を脱出した土佐藩出身の伊吹周吉は、石田英吉と名を変えて禁門の変に参加し、のち奇兵隊に属し、その後、池内蔵太とともに海援隊に入った。坂本龍馬の死後、海援隊から分離して振遠隊を結成。船で戊辰戦争の奥羽戦線へ向かい、奥羽鎮撫総督府参謀として東北各地を転戦した。維新後は長崎県少参事、秋田県権令、千葉県知事を経て、明治二十三年、陸奥宗光農商務大臣の次官を務めた。以後、高知県知事、貴族院議員などを歴任し、同二十九年、男爵を授けられた。同三十四年、東京において六十三歳で没した。

石田英吉墓（京都市左京区・真如堂墓地）。

北畠治房

伴林光平とともに追討軍の包囲網を脱した平岡鳩平は、刈谷藩の村上忠順、忠明父子のもとに数ヶ月潜伏し、翌年、水戸天狗党に合流したが早い時期に離脱した。戊辰戦争では有栖《ありす》川宮《がわのみや》熾仁《たるひと》親王の護衛を務めたという。明治維新後、北畠治房《きたばたけはるふさ》と名を改めた。

北畠は、江藤新平率いる司法省で大抜擢され、明治五年に京都裁判所長となり、翌年いわゆる小野組事件で長州派閥を打破すべく手腕を振るった。その後、東京裁判所長、横浜裁判所長、大審院判事、東京控訴院検事長をへて明治二十四年、五十九歳で大阪控訴院長に栄進。同二十九年に特旨をもって華族に列し男爵を授けられた。

天誅組の過去

天誅組の生き残りの中で最も栄達した北畠であったが、その天誅組の過去が生涯に光と影を与えた。明治政府の長州派閥に立ち向かう北畠の気骨に派閥外の者たちは喝采を送ったが、明治二十七年に伴林光平の獄中記『南山踏雲録』が刊行されると北畠は一転して非難される立場となる。というのもその獄中記の中で伴林は、平岡鳩平こと北畠治房が自分を見捨てて一人先に京へ行ってしまったと書いているのであった。

おのれ潜に知る所がりゆきて、世の分野《ありさま》をきき定めてやがて告おこせてん。道塞かりてゆきさきなくば、ともに駒塚にこもり居て時を待ん。道あらば、相ともに京にいでてん、わするなよ、なよなよ。

（伴林光平『南山踏雲録』）

額田部村（大和郡山市額田部寺町）の額安寺に辿りついたときのことである。平岡は知人のところを訪ねて様子を調べて連絡する、道が塞がっているようなら一緒に駒塚の家に籠って時を待ち、行けるようならば共に京都へ脱出しようと約束して伴林と別れたとある。

伴林は、自分の弟子でもある額安寺の住僧に一夜の宿を乞うたが断られ、夕食を与えられたのみで夜更けに寺を出て、駒塚の自宅に帰り着いた。妻が子供を置いて出奔していたことは先にも述べた。平岡が来るのを頼みに自宅に二夜隠れたが音沙汰なく、中宮寺内の堤衛守《つつみえもり》宅に行って聞けば、平岡は二日前に京へ出立したと知らされたという。

北畠治房が建立した石碑。左より福浦元吉旌忠之碑(徳島市眉山町大滝山・明治31年建立)、橋本若狭旌忠之碑(奈良県吉野郡下市町・丹生川上神社下社内・明治32年4月)、贈正五位林豹吉郎君之碑(奈良県宇陀市大宇陀春日・慶恩寺内・明治41年11月)。いずれも大きく、林豹吉郎碑は約3.5メートルある。

はやくおのれがもとに告おこすべかりしを、行先に心や引かれけむ、はた契りや忘れけん。其夜、もし諸共にいでたらば、われも南都獄吏の手には渡らで、快く京にて死なんものをなど、かへらぬことのくりかへしいはるゝも、をぢなき老の心まどひなりや。(同)

伴林はこの獄中記を残して、六角獄舎で処刑された。一方、平岡は生き延び、司法省を代表する北畠治房となった。北畠は自分が生き延びるために伴林を見捨てたと世間から非難を浴びたのである。

『古蹟辨妄』

北畠は明治二十九年、特旨をもって従二位、男爵を授けられ、明治三十一年に官を辞して法隆寺村に隠居した。その後、後述する小川村(吉野郡東吉野村小川)における天誅組墓碑建立運動を支援するほか、後世に残る隊士顕彰碑の建立など、天誅組の顕彰を熱心に行った。

大正四年、北畠は『古蹟辨妄《こせきべんもう》』と題する本を出版した。その緒言では、世間で信じられている歴史、物語など憶測が多いとし、史実とは違う部分を正しく改める必要があると述べ、主に南朝史蹟について一章ごとに細かく書かれている。その中に「伴林光平誤想辨」と題する章があり、「光平常識喪失ノ原因」、「余光平ニ交ルノ始」、「光平嫡子光雄余ニ随従ノ事状」という三項目がある。『南山踏雲録』中の賀名生皇居たる堀家のくだりから始まって内容を痛烈に批判し、結論として次のように書いている。

詮じ来ればそれ斯くの如くにして本気の筆に成りし書にあらず。もって事実の証句証歌と為すを得ず。蓋し斯く言へば実地を知らざる人々は或いは怪疑心を起こす輩もこれあらん。故に光平、この踏雲録を書せる頃は精神既に異常を生じて後に成れるもの。（北畠治房『古蹟辨妄』）

伴林は『南山踏雲録』を書いた時には精神に異常を生じていた、というのである。その原因として、安堵村で自分の妻が男と駆け落ちし二児の所在が知れなくなったと聞かされた頃から「心狂いせしと見え」たとし、それを承知の上で駒塚の自宅へ帰って嘆き悲しむなど「当時既に精神粗喪の微候顕著ならずや」としている。最後には「斯く常識を失ひて後、獄中に書狂となりし踏雲録を書証と為す、その人もまた書証狂者と言ふべからん」と書いている。「精神粗喪」の伴林が書いた『南山踏雲録』を証とする人も「狂者」である、とまで言っているのである。これによって長年自分が晒されてきた、自分が生き延びるために同志を見捨てたという世間の非難をかわそうとしたのであろう。北畠がこの著書で言いたかったことは、つまりこれであった。

真実がどうであったかは分からない。伴林光平の研究で知られる堀井寿郎氏の『今村歌合集と伴林光平』によれば、北畠は伴林と別れた後、中宮寺の上島掃部《かもん》と堤衛守宅へ行き、一旦自宅へ戻ってから法隆寺裏山の洞窟へ身を潜めた。そして人をやって自分の居場所を堤衛守に知らせ、ついで伴林に連絡をとってくれるよう頼んだらしい。堤は下男を額安寺へ行かせたが既に伴林はそこにおらず、伝言が伴林に伝わることはなかった。奈良奉行の役人は二人の立ち寄りそうな中宮寺や額安寺といった場所を監視し、警戒網を張り巡らせていたことから、北畠自身も思うように身動きが取れず、二人の間で行き違いがあったのであろう。

北畠が『古蹟辨妄』を書き始めたのは明治四十四年で、四年後の大正四年に刊行された。天誅組の変から約五十年という歳月が流れており、北畠は八十三歳になっていた。当時すでに文学的にも評価されていた『南山踏雲録』を狂人の書とするのは無理があるようで、むしろ弁解の書と受け取られても仕方のない内容であった。しかし北畠としては、自分も後世に残るものを書いておかなければ気が済まなかったのかもしれない。隊士の顕彰も含め、若い頃の天誅組での出来事が後半生に影響を及ぼし続けた一生であった。

『古蹟辨妄』の結論で、北畠は次のように締めくくっている。

この書、去る四十四年晩春、一旦草し了り公刊して是非を天下に訴へんとせしが、更に思ふ所ありて止みたりしに、今や隠忍に堪へざるものあり、即ち更に前草を再訂したりき。

こころなきその人心をたのみつゝいつまて斯くて忍ふへきかは　（同）

最後の歌が彼の尋常ではない苦悩を表しているようである。北畠は大正十年に死去したが、八十九歳まで長生した最後の天誅組隊士であった。

二人の田中楠之助

余談として、ひとつの記事を紹介したい。明治三十五年十一月二十二日付の大阪朝日新聞に「贈従五位田中楠之助の事　当人は存命すという奇談」という記事が掲載された。維新勤王の諸士に対し贈位の御沙汰があったと前置きし、その中に元治元年七月二十日に京都の獄中で斬られた田中楠之助が実は存命していたことが書かれているのである。その人物は大阪府泉北郡上條村大字助松(泉大津市助松町)の田中矩方、通称楠之助という。土地の庄屋を務めており、紀州藩主が通行する際の本陣に充てられる豪農の家であった。記事によればその田中楠之助は当時、大坂生國魂神社で剣術を教えていた島男也や岸和田藩の儒学者相馬一郎のもとで学んでおり、尊王攘夷思想に次第に傾倒していったという。文久三年、吉村虎太郎が勧化僧を装って来て数日、田中家に滞在し、その後楠之助は吉村とともに京へ上り、伏見宮家諸大夫の家に身を寄せ、志士たちと交流したという。天誅組決起の際は自宅に居たが、一行が堺に着岸する前日に吉村から決起の知らせがあり、急ぎ堺へ出て同志の到着を待ちうけ、これに投じた。吉村の手に属して会計を担当していたが、天ノ川辻、十津川と転戦する中で資金調達の必要に迫られ村へ戻ったところ、父にその行動を戒められ、心ならずも自宅に隠れているうちに天誅組没落の報を聞いたというのである。仕方なく名前を多井二郎と改め、長らく潜匿蟄居し、明治維新を迎えたという。記事中、楠之助は談話の最後で次のように述べている。

> 余が天ノ川辻より帰村し、そのまま潜伏して外に出でざりしは父師の厳命なるものから、同志に対しては脱盟にほかならず、脱盟は士気を沮喪せしむればとて、権宜のため吉村らは余を戦死と言い做したるが、そのまま伝へられて今日に及びたるならん

新聞記者は、「本人直話のままを、ものするのみ」としながらも、河内勢の田中楠之助の出自にまで調査が及ばなかったのか、「今回贈位の御沙汰ありしは、或いは天誅組以外の田中楠之助にもや疑わし」として

いる。この田中楠之助こと多井二郎が天誅組に参加したことは疑いないようであるが早期離脱し、たまたま河内勢の田中楠之助と同姓同名であったばかりに、贈位について肩すかしをくらった格好になった。

こちらの田中楠之助は、新聞取材当時は六十四歳。明治三十八年十月十四日に没している。牛滝塚(泉大津市助松町三)に高さ二メートル弱の墓があり「田中矩方之墓」とのみ刻まれている。天誅組隊士名簿に「砲一番組　田中弥三郎」とあるのが、この人物かもしれない。

三　慰霊と顕彰

吉村大神儀と天誅踊り

討たれた隊士の首は京都へ送られ、遺骸は捨て置かれた。小川郷の人々は、その遺体を埋葬したが、村内有志が石碑建設を計画した。鷲家口村内の有志で、山本又助、杉本宇吉、西林善助、植平辨蔵、辰巳弥八、西林幸助、籠屋清太郎の七名であった。この籠屋清太郎は、自分の小屋に吉村虎太郎が潜んでいるのを藤堂藩兵へ注進した人物である。

各石碑は文久三年冬、村民中、左の人名其周旋の労を執り建設す。其費用は衆人墓参して供するところの賽銭を以って充つ。周旋人、大字鷲家口山本又助、杉本宇吉、西林善助、植平辨蔵、辰巳弥八、西林幸助、籠屋清太郎。

これは地元東吉野村の「各石碑建設セシ事由」と題された明治二十四年頃の文書で、村内各地の石碑建設

の発端について記されたものである。（『天誅組終焉の地展』東吉野村教育委員会）

その中で鷲家谷石ノ本に建立された吉村虎太郎の墓は、「天誅吉村大神儀」などとよばれはじめ、参詣人が続々と集まる騒ぎになった。事の発端は、鷲家村に住むおかつという女性が、産後に足が立たなくなり、夢のお告げで吉村の墓に参った所、足が元に戻ったという、不思議な出来事であった。その噂が近隣諸国を駆けめぐり、参詣人が行列をなす騒ぎになった。

また、天誅組が本陣をおいていた天ノ川辻の集落では歌となり、天誅踊りが創作された。

人は一代名は末代と　其名残るは若侍よ　土州吉村寅太郎様よ　ここに不思議は鷲家村で　住尾兵吉娘のおかつ産の悩みでいざりとなりて　難儀至極の其折からに　夢の告げにて二三度詣り　元の如くに足立ちければ　家内中よしおろかにあらず　宇陀の町では目くらもあきし夫れを聞きつけ老若男女　大和国中申すも愚か　京や大阪和泉や河内　紀州熊野地伊賀伊勢志摩よ　近江殿にも忍びにしのび　道も狭しと歩みを運び　花や線香を供えて拝む　其名流すは吉野の川よ　またも参りに紀の川づたい　千本桜の花うばとても又咲く春をばいそ待ちまする

変の翌年に再建された五條代官所長屋門（五條市新町）。最後の五條代官中村勘兵衛が赴任した。慶応元年、高野山に挙兵した鷲尾隆聚によって接収される。

そのせいもあってか、当初石碑建立の中心となった山本又助ら七名は、元治元年秋、五條代官に咎められて代官所へ拘引され三十五日余間、獄舎に繋がれた。しかし幕府の処分を余所に鷲家口村では同年九月二十四日に宝泉寺で一周忌法要が営まれた。
村の姿勢と参詣人で賑わう状況に五條代官中村勘兵衛は、いわば罪人である吉村虎太郎の墓への参詣を禁止し、同年十二月二十八日、墓石を鷲家川に投げ落とし隊士たちを葬り祀った村人たちを投獄したようである。地元東吉野村の伝承では、まもなく高木左京という浪士が現れて、墓のあった場所に木標を建て直したとされている。

吉村虎太郎の旧墓（東吉野村小・明治谷墓地内）。左の石には「天仲吉村市之神」と彫られている。

藤本津之助の旧墓（東吉野村鷲家・湯ノ谷墓地内）。明治12年建立。「藤本眞金君墓」と彫られている。

こうした村での法要は明治十二年まで毎年行われたが、次第に墓も荒れ果てるようになり、吉村虎太郎の墓碑は「吉村虎太郎墓　西国の浪士高木左京」と記された朽ちかけた木標があるだけとなり、ほかには湯ノ谷墓地に、藤本津之助と親交が深かった越後国の村井半牧の弟善次郎と甥恒二郎によって建立された「藤本真金之墓」があるのみという状況になってしまった。

墓碑建立

明治期の前半、小川郷のこうした慰霊に政界が見向きもせず、天誅組のことを評価しなかったその理由として、明治政府は内政、外交の基盤を固めるのに必死だったこともあるが、もうひとつの理由は、一説によると長府藩による中山忠光暗殺にあるともいわれる。支藩長府藩が、天皇と姻戚関係にある中山忠光を暗殺したことは、長州藩にとって隠

湯ノ谷墓地（東吉野村鷲家）。松本謙三郎、藤本津之助ら、鷲家方面で戦死した隊士が葬られている。

明治谷墓地（東吉野村小）。吉村虎太郎のほか、那須信吾ら鷲家口で戦死した決死隊の隊士らが葬られている。

したい事件であり、天誅組の変についてふれたくなかったであろうことは想像できる。

明治二十二年、当時小川村鷲家に住む梶谷留吉が、円福寺（愛知県岡崎市岩津町）の住職をしていた兄中西慈芳の助言を容れて、墓所の整備と墓建立を発起した。

中西慈芳は、鷲家に来て、殺伐たる天誅組隊士の墓標を見て、襟を正して留吉にこう言ったという。

> 天誅組は幕末勤王の志士にして明治維新の魁となって茲に斃れたるものである。然るにこの墓、このままに捨て置くは実に悲痛の限りと云はん。よろしく有志協議して墓碑を建設すべし。志士は何れ位階階級の恩典にも与らんと思ふ。
>
> （梶谷信平「天誅組墳墓の由来と本書編纂する迄」）

留吉はその言葉を容れ、村の有志を募り自宅を「殉難志士建碑事務所」にして、私財を擲ってこれに取り組んだ。そして手を尽くして奈良県知事古沢滋と面会をし、土方直行、田中光顕、土方久元、北畠治房といった土佐藩出身者や元天誅組隊士たちの協力を得、明治二十七年、明治《みょうじ》谷《だに》墓地、湯ノ谷墓地に十七基もの墓碑を建立するに至った。

天誅組五十回忌大法要の古写真。

吉村寅太郎原瘞處碑(東吉野村鷲家)。土方直行の揮毫。

この時、鷲家谷石ノ本の大岩の麓と明治谷墓地と両方に吉村虎太郎の墓があるのは具合が悪いということになった。そこで岩井友治郎村長や工事監督、そして留吉らが墓を掘り起こしたところ、遺骨が出てきた。一同は古沢滋知事、橿原神宮神官をしていた土方直行、さらに田中光顕と相談し、元の墓に戻してそこを「原瘞處《げんえいしょ》」(もともと骨が埋められていた場所の意味)として碑を建てることになり、土方直行が「吉村虎太郎原瘞處」と揮毫した。

天誅組三十三回忌

明治二十八年、宝泉寺において三十三回忌大法要が営まれた。田中光顕や北畠治房、山県有朋、岡鹿門、土方久元、土方直行といった名士たちをはじめ、隊士たちの親類家族が来訪すると、地元の人々もようやく天誅組に関心を寄せ始め、有志が墓地の橋や石柵をつくり、小学校では先生が引率してこどもたちが境内の清掃活動を行うようになった。そして九月二十五日を命日として定め、毎年供養することになったのである(現在は十一月五日に行われる)。

梶谷親子の尽力

明治二十九年、大和で起こった大洪水でほとんどの墓碑が破壊されてしまった。留吉は自費でこれらの修復を行ったが、ここまでの七年以上にわたる石碑建立事業のために財産のほとんどをつぎ込んだことから、梶谷家の養子だった留吉は親戚とうまくいかなくなってきた。仕方なく和歌山県の郷里へ戻ったが、のちも鷲家へ来ては墓所の掃除や祭祀を行い続けた。大正元年、五十回忌大法要が営まれたが、三年後の大正四年、留吉は、長男信平《のぶへい》に天誅組隊士の弔いを遺言し、五十八歳で死去した。

子の梶谷信平は、父の遺志を継いで翌年上京し、土方久元、土方直行に面会、ついで田中光顕と北畠治房を訪問して、天誅組義士の弔い、墓碑保全、父の功績を残すことの三つを陳情した。そして北畠治房の趣意書をもって各地を廻り、賛同者を得ようとしたが、当時まだ天誅組のことを知る者は殆どいなかった。

信平はまず天誅組の事跡を明らかにすることを第一とし、関連の史蹟を訪ね歩き、四年かけて『天誅組烈士戦誌』(清水一心堂・大正九年)と題する一冊の本を出版した。当時信平は東京に在住していたが、関東大震災(大正十二年)で書籍紙型に至るまで被害に遭い、さらに養子の病没と不幸が続き、昭和二十年には経営していた工場、住宅も戦火で焼失した。生まれ故郷の鷲家へ帰ってきた信平は天誅組隊士の弔いをしつつ、『天誅組烈士戦誌』の改訂版を執筆した。しかし、いよいよ村内で印刷という昭和三十四年、伊勢湾台風で村内は甚大な被害を受け出版どころではなくなってしまった。この信平の窮地に手を差し伸べたのが土佐志士出身地である高知県梼原《ゆすはら》町で、天誅組百年祭にあたって出版を引き受けた。これが『天誅組義挙録』(高知県梼原町教育委員会・昭和三十七年)である。

実に梶谷留吉・信平父子、二代にわたる尽力がなければ、現在の天誅組の顕彰活動はなかったかもしれない。

(1) 世良修蔵(一八三五〜六八)は、周防大島出身の長州藩士。幕府との戦いで功績があり、戊辰戦争にも奥羽鎮撫総督府下参謀として出征したが、福島城下で仙台藩士によって殺害された。これを機に新政府と奥羽越列藩同盟との戦争が始まった。

（2）　高野山挙兵とは、慶応三年に公家の鷲尾隆聚が高野山に倒幕の兵を挙げたもので、尊攘派志士が集まった。翌年には錦旗も賜ったが、小規模であったため、大坂へ出張ったところで新政府軍に合流した。「高野山出張」などとも呼ばれる。

主な天誅組隊士一覧

凡例　天誅組の志士の中には変名・偽名で参加した者も多く、原則として参加したときに名乗っていた名前で取り上げているが、それが本名という訳ではない。死亡年月日、享年、靖国合祀年月、贈位年月などは『官修墳墓録』『贈位諸賢伝』に、辞世は『殉難草』に取材した。表記順は五條決起時の役割分担の順を優先し、それ以降に参加した隊士は概ね出身順に配置した。また一部、行軍を共にしていないが協力した人物も含めた。

名前(別名・変名) 出身 〈役目〉	享年 死亡年月日	死亡場所	墓所(慰霊碑を含む)	靖国合祀年月 贈位（年月）	辞世
中山忠光(森俊斎) 京都 〈主将〉	20 元治元年11月8日	山口県下関市豊北町田耕で暗殺	中山神社(山口県下関市綾羅木本町)	明治21年4月 従四位(明治3年10月) 正四位(明治31年11月)	夷狄らとともに東夷もうたずしていかで皇国のけがれすすがん
藤本津之助(藤本鉄石) 岡山藩 〈総裁〉	48 文久3年9月25日	奈良県東吉野村鷲家日裏屋で戦死	湯ノ谷墓地(奈良県東吉野村鷲家) 霊山護国神社(京都市東山区) 如意輪寺(奈良県吉野町吉野山)	明治24年9月 従四位(明治24年12月)	雲を踏み巌さくみしもののふの鎧の袖にもみぢかつ散る
松本謙三郎(松本奎堂) 刈谷藩 〈総裁〉	34 文久3年9月25日	東吉野村笠松山中で戦死	湯ノ谷墓地 十念寺(愛知県刈谷市広小路) 霊山護国神社	明治24年9月 従四位(明治24年12月)	君がため身まかりにきと世の人に語りつぎてよ峯の松風
吉村虎太郎 土佐藩 〈総裁〉	27 文久3年9月27日	東吉野村鷲家谷で戦死	奈良県東吉野村鷲家 明治谷墓地(奈良県東吉野村小川) 高知県梼原町梼原 高知県津野町力石 霊山護国神社	明治16年5月 正四位(明治24年4月)	秋なれば濃き紅葉をも散らすなり我が打つ太刀の血煙とみよ
池内蔵太(細川左馬之助) 土佐藩 〈側用人〉	26 慶応2年5月2日	海援隊に所属するも海難事故により五島列島沖で溺死	長崎県新上五島町江ノ浜郷 霊山護国神社	明治16年5月 従四位(明治31年7月)	

吉田重蔵 福岡藩 〈監察〉	34	元治元年7月20日	京都六角獄舎で刑死	竹林寺（京都市上京区行衛町） 霊山護国神社	明治24年9月 従五位（明治35年11月）	八幡神皇国あはれとおぼしなばうちとのえみし攘ひたまへや
那須信吾（石原幾之進） 土佐藩 〈監察〉	35	文久3年9月24日	東吉野村鷲家口碇屋前で戦死	明治谷墓地 高知県梼原町梼原 高知県梼原町太郎川 霊山護国神社	明治16年5月 従四位（明治24年12月）	君ゆえにをしからぬ身をながらへていまこの時にあふぞうれしき
酒井傳次郎 久留米藩 〈監察〉	27	元治元年2月16日	京都六角獄舎で刑死	霊山護国神社 山川招魂社（福岡県久留米市山川町）	明治21年1月 従五位（明治35年11月）	
磯崎寛（尾崎孝基） 鳥取藩 〈銀奉行〉	24	元治元年2月16日	京都六角獄舎で刑死	霊山護国神社 天徳寺（鳥取市湯所町）	明治24年9月 正五位（明治31年7月）	うき雲のかからばかかれ久方の空にさやけき秋の夜の月
水郡善之祐（水郡小隼人・水郡長雄） 河内国錦部郡向田村 〈小荷駄奉行〉	39	元治元年7月20日	京都六角獄舎で刑死	竹林寺 養楽寺（大阪府富田林市甲田） 霊山護国神社	明治24年9月 正五位（明治31年7月）	皇国のためにとつくすまごころは神や知るらん知るひとぞ知る
安岡嘉助 土佐藩 〈武器取調方〉	29	元治元年2月16日	京都六角獄舎で刑死	高知県香南市香我美町山北 霊山護国神社	明治16年5月 従四位（明治24年12月）	今更に何か命の惜しからむもと大君に捧ぐ身なれば
伊藤三弥（伊藤謙吉） 刈谷藩 〈武器取調方〉	82	大正6年2月24日	長生し、東京代々木で腸の病で死亡	実相寺（愛知県刈谷市元町）		
宍戸弥四郎 刈谷藩 〈合図掛〉	31	文久3年9月24日	東吉野村鷲家口前北橋で戦死	明治谷墓地 松秀寺（刈谷市銀座） 霊山護国神社	明治24年9月 従四位（明治31年7月）	今はただ何かおもはむ敵あまたうちて死にきと人のかたらば
森下儀之助 土佐藩 〈合図掛〉	34	元治元年2月16日	京都六角獄舎で刑死	湯ノ谷墓地 霊山護国神社	明治16年5月 正五位（明治31年7月）	天の川波ことなるとしらずして流す浮名のあはれなりけり

林豹吉郎 大和国 〈兵糧方〉	47	文久3年9月24日	東吉野村鷲家口で戦死	明治谷墓地 霊山護国神社	明治24年11月 正五位(明治41年11月)	
鳴川清三郎 河内国錦部郡新家村 〈兵糧方〉	63	明治20年7月23日	紀州藩に捕えられるが釈放され長生	廿山墓地(大阪府富田林市廿山)		皇国の曇りをはらす大丈夫が時ならずしてまたの世にいる
平岡鳩平(北畠治房) 大和国 〈勘定方〉	89	大正10年5月4日	長生し、法隆寺門前で晩年を過ごす	中宮寺墓地(奈良県斑鳩町)		
小川佐吉(宮田半四郎) 久留米藩 〈勘定方〉	38	慶応4年3月11日	鳥羽伏見の戦いで負傷し、三田尻の病院で死亡	東福寺長州墓地(京都市東山区本町) 山川招魂社 桑山招魂社(山口県防府市桑山) 旧円月寺墓地(山口県岩国市周東町下久原)	明治2年6月 正五位(明治35年11月)	敷島のわが秋津州のもののふは死すとも朽ちじ大和魂
伴林光平 河内国 〈記録方〉	52	元治元年2月16日	京都六角獄舎で刑死	霊山護国神社 玉祖神社(大阪府八尾市神立)	明治24年9月 従四位(明治24年11月)	大君の醜の御楯と身をなさば水漬く屍もなにかいとはむ
辻幾之助 河内国石川郡富田林村 〈執筆方〉	27	元治元年7月20日	京都六角獄舎で刑死	竹林寺 西方寺(大阪府富田林市富田林町) 霊山護国神社	明治24年9月 正五位(明治35年11月)	あづさ弓いるも引をもおのづからたつその道にあたらざりせば
渋谷伊與作(渋谷伊豫作) 下館藩 〈小姓頭〉	23	元治元年2月16日	京都六角獄舎で刑死	霊山護国神社	明治24年9月 従四位(明治24年12月)	桜花夜半の嵐もあるものをいさぎよく散れやまとだましひ
尾崎鋳五郎 島原藩 〈小姓頭〉	23	元治元年2月16日	京都六角獄舎で刑死	霊山護国神社	明治24年9月 従五位(明治35年11月)	武士のあかき心はもみじ葉の散りての後の錦なりけり

石川一（船田彦次郎） 鳥取藩 〈小姓頭〉	22 元治元年7月20日	京都六角獄舎で刑死	竹林寺 霊山護国神社	明治24年9月 正五位（明治31年7月）	大君の御こころ休めまつらむと露のいのちもながらへにけり
前田繁馬 土佐藩 〈小荷駄方〉	26 文久3年9月26日	桜井市慈恩寺で射殺	慈恩寺共同墓地（奈良県桜井市慈恩寺） 高知県梼原町梼原 霊山護国神社	明治16年5月 正五位（明治31年7月）	
森本伝兵衛（森本勝定） 河内国錦部郡宮甲田村 〈小荷駄方〉	30 元治元年7月20日	京都六角獄舎で刑死	竹林寺 養楽寺 霊山護国神社	明治24年11月 従五位（明治35年11月）	
木村楠馬 土佐藩 〈小荷駄方下役〉	24 元治元年7月20日	京都六角獄舎で刑死	竹林寺		
山口松蔵 久留米藩・小川佐吉家来 〈小荷駄方下役〉	不明 不明	不明	不明		
福浦元吉（津村元吉） 淡路国福良浦 〈兵糧方下役〉	35 文久3年9月25日	東吉野村鷲家日裏屋で戦死	湯ノ谷墓地 福良護国神社（兵庫県南あわじ市福良甲・福良八幡神社境内） 霊山護国神社	明治24年9月 従五位（明治40年5月）	誰がため我が身捨つるかますらをのゆく道遠し秋の暮かも
上田宗児（後藤深蔵） 土佐藩 〈槍一番組長〉	27 慶応4年1月3日	鳥羽伏見の戦いで戦死	東福寺長州墓地	明治2年6月 正五位（明治35年11月）	
土居佐之助 土佐藩 〈槍一番組〉	24 元治元年2月16日	京都六角獄舎で刑死	霊山護国神社	明治16年5月 正五位（明治31年7月）	君がため武士の道たどりつつ死出の山路を越えんとぞ思ふ

荒巻羊三郎 久留米藩 〈槍一番組〉	24	元治元年2月16日	京都六角獄舎で刑死	霊山護国神社 山川招魂社	明治21年11月 従五位(明治35年11月)	もろともに君の御為といさみ立つ心の駒をとどめかねつつ
中垣健太郎 久留米藩 〈伍長〉	24	元治元年2月16日	京都六角獄舎で刑死	霊山護国神社 山川招魂社	明治22年11月 従五位(明治35年11月)	
原田亀太郎(原田一作) 備中松山藩 〈伍長〉	27	元治元年7月20日	京都六角獄舎で刑死	竹林寺 道源寺(岡山県高梁市和田)	明治24年9月 従五位(明治36年11月)	梅の花としのはつひに匂はずばうれしき春に何をかざらん
和田佐市 河内国錦部郡向田村 〈伍長〉	36	文久3年9月21日	十津川村上湯川で戦死	錦織神社(大阪府富田林市宮甲田町) 霊山護国神社	明治24年11月 正五位(大正3年11月)	
鶴田陶司 久留米藩 〈伍長〉	25	元治元年2月16日	京都六角獄舎で刑死	霊山護国神社 山川招魂社	明治21年11月 従五位(明治35年11月)	たたかひの花を散らして今よりはよみじの月を見るべかりけり
江頭種八 久留米藩 〈伍長〉	25	元治元年2月16日	京都六角獄舎で刑死	霊山護国神社 山川招魂社	明治21年11月 従五位(明治35年11月)	数ならぬ賎が此の身を捨てし世は君と民とを思ふばかりに
森下幾馬 土佐藩 〈伍長〉	30	文久3年9月28日	東吉野村鷲家で戦死	湯ノ谷墓地 霊山護国神社	明治16年5月 正五位(明治31年7月)	魁の身をば露ともいとわねど赤き心は御代にとどめん
市川精一郎(三枝蓊) 大和国 〈伍長〉	29	慶応4年3月4日	英国公使パークスの襲撃に失敗し、京都粟田口で斬首	霊山護国神社		今はただ何を惜しまん国のため君のめぐみを身のあだにして
長野一郎(吉井儀三) 河内国 〈伍長〉	28	元治元年2月16日 一説に 元治元年7月20日	京都六角獄舎で刑死	竹林寺 大阪府河南町大ヶ塚 河合寺(大阪府河内長野市河合寺) 霊山護国神社	明治14年9月 正五位(明治35年11月)	

保母健 島原藩 〈伍長〉	23	元治元年7月20日	京都六角獄舎で刑死	竹林寺 霊山護国神社	明治24年9月 従五位(明治35年11月)	事しあらば我名に負へることの如建りて討たん醜の奸猾等
伊吹周吉(石田英吉) 土佐藩 〈伍長〉	63	明治34年4月8日	長生し、京都で死亡	真如堂吉祥院(京都市左京区浄土寺真如町)		
竹志田熊雄 熊本藩 〈伍長〉	21	文久3年9月16日	十津川村風屋で病死	奈良県十津川村風屋 霊山護国神社 桜山神社(熊本市黒髪)	明治24年9月 従五位(明治35年11月)	玉きはる命は死して大君の御代を護りの神とならなむ
水郡英太郎(水郡長義) 河内国錦部郡向田村 〈伍長〉	59	明治43年7月18日	長生し、堺市初芝で癌のため死亡	養楽寺		現身の此世の旅も今日限り神の御そばに帰り侍べらん
島村省吾 土佐藩 〈伍長〉	20	元治元年2月16日	京都六角獄舎で刑死	高知県室戸市羽根町 霊山護国神社	明治21年4月 正五位(明治31年7月)	
半田門吉 久留米藩 〈砲一番組長〉	31	元治元年7月19日	禁門の変で戦死	霊山護国神社 山川招魂社 上善寺・長州人首塚(京都市北区上善寺門前町)	明治21年10月 正五位(明治35年11月)	はりつめてたゆまぬものは大丈夫のあかき心の弓にぞありける
田所騰次郎 土佐藩 〈砲一番組〉	26	元治元年2月16日	京都六角獄舎で刑死	霊山護国神社	明治21年5月 従五位(明治31年7月)	
田中弥三郎 不明 〈砲一番組〉	不明	不明	不明	不明		
田中楠之助 河内国 〈砲一番組〉	22	元治元年7月20日	京都六角獄舎で刑死	竹林寺 大阪府柏原市法善寺 霊山護国神社	明治24年9月 従五位(明治35年11月)	

楠目清馬	土佐藩〈砲一番組〉	22	文久3年9月28日	桜井市下居で戦死	奈良県桜井市下居 霊山護国神社	明治16年5月 正五位(明治31年7月)	
沢村幸吉	土佐藩〈砲一番組〉	22	元治元年2月16日	京都六角獄舎で刑死	霊山護国神社	明治16年5月 正五位(明治31年7月)	
島浪間(長宗我部四郎)	土佐藩〈砲一番組〉	23	元治2年2月22日	岡山県美作市土居宿で自刃	岡山県美作市土居 高知市長浜 霊山護国神社	明治16年5月 正五位(明治31年7月)	世に出でて時をもまたで散るものは我れと嵐の紅葉なりけり
安岡斧太郎	土佐藩〈砲一番組〉	27	元治元年2月16日	京都六角獄舎で刑死	霊山護国神社	明治16年5月 正五位(明治31年7月)	
鍋島米之助	土佐藩〈砲一番組〉	24	文久3年9月25日	東吉野村鷲家口突入の翌日、一ノ谷辰巳家の蔵で射殺	明治谷墓地 霊山護国神社	明治16年5月 正五位(明治31年7月)	
浦田弁蔵	河内国錦部郡甲田村	77	明治39年10月2日	紀州藩に捕縛後釈放され、高野山義挙に参加しのち帰郷	不明		
中村徳次郎	河内国石川郡富田林村	79	大正6年11月14日	長生し、故郷で病没	西方寺(大阪府富田林市富田林町)		
武林八郎	河内国錦部郡長野村	26	元治元年7月19日	桜井市下居で捕縛後釈放され、禁門の変で戦死	河合寺 霊山護国神社	明治24年9月 従五位(明治35年11月)	出でしよりまた帰らじと梓弓死して正しき名こそとどめん
東条昇之助	河内国錦部郡長野村	43	明治2年7月4日	紀州藩に捕縛後釈放され、高野山義挙、戊辰戦争に参加しのち病没	河合寺		
吉年米蔵	河内国錦部郡長野村	50	元治元年5月4日	京都六角獄舎で病死	河合寺		

秦将蔵（北辻良蔵） 河内国錦部郡向野村	36 文久3年9月27日	桜井市長谷寺付近で戦死	霊山護国神社	従五位（明治36年11月）	
甘南備万吉（松崎万太郎） 河内国石川郡甘南備村	23 不明	兵庫県尼崎で捕縛され京都へ護送中、伏見で脱走を計り殺害	不明		
三浦主馬 河内国	不明 不明	南部藩に捕縛後許されて帰郷し、のち不明	不明		
内田耕平 備中国	不明 不明	彦根藩に多武峰で捕縛後釈放され帰村し、のち不明	不明		
乾十郎 大和国	37 元治元年7月20日	京都六角獄舎で刑死	竹林寺 井上院（奈良県五條市岡口） 正念寺（大阪市天王寺区上本町） 霊山護国神社	明治24年9月 正五位（明治31年7月）	いましめの縄は血汐に染まるとも赤き心はなどかはるべき
井澤宜庵 大和国	43 慶応元年7月18日	京都六角獄舎で毒殺	常楽院（奈良県五條市本町） 霊山護国神社	明治24年9月 正五位（明治31年7月）	
橋本若狭 大和国	44 慶応元年6月	京都六角獄舎で刑死	中井家墓地（奈良県下市町） 霊山護国神社	明治24年9月 正五位（明治31年9月）	川上の神の心我こころにて濁れる世には澄むとぞ思ふ
中井元定（中井越前） 大和国	不明 不明	不明	不明		
欣求寺了厳（小桜良厳） 大和国	29 元治元年4月3日	西本願寺太鼓楼に幽閉され、絶食により自害	欣求寺跡地（奈良県五條市西吉野町汗入）		
関為之進 大和国	不明 文久3年9月26日	桜井市慈恩寺で射殺	慈恩寺共同墓地 霊山護国神社		

尾仲要蔵	大和国	不明	文久3年9月23日	十津川村上葛川で戦死	霊山護国神社		
毛利義之	大和国吐田村大庄屋	45	文久3年10月5日	自宅へ戻る途中、服毒自殺	安堵墓地(奈良県安堵町)		
元次郎	大和国	不明	文久3年9月25日	上北山村白川で斬首	霊山護国神社		
山下佐吉(安田鉄蔵・岡見鉄蔵)	高取藩	不明	文久3年9月27日	東吉野村鷲家口付近で戦死	明治谷墓地 霊山護国神社		
深瀬繁理	十津川郷士	37	文久3年9月25日	上北山村白川で斬首	奈良県十津川村重里 霊山護国神社	明治24年9月 正五位(明治24年12月)	あだしのの露と消えゆくもののふの都に残す大和魂
野崎主計	十津川郷士	39	文久3年9月24日	十津川村川津狸尾山中で自刃	奈良県十津川村川津 霊山護国神社	明治24年9月 正五位(明治24年12月)	討つ人も討たるる人も心せよ同じ御国の御民なりせば
田中主馬蔵	十津川郷士	35	慶応2年12月9日	七卿召喚運動に関わった嫌疑で捕縛後赦免されるも本宮で病没	奈良県十津川村上湯川大桧曽(田中主馬蔵宅跡)	正五位(明治24年12月)	ことかたの黄泉ひら坂こゆるともなほ君か世をまもらしものを
岡見留次郎	水戸藩	23	元治元年2月16日	京都六角獄舎で刑死	霊山護国神社	明治22年5月 従五位(明治40年11月)	もののふのやまとこころの人とはば国の嵐に散るぞうれしき
天保高殿	水戸藩	不明	不明	東吉野村鷲家口で戦死とされるが不詳	明治谷墓地		
安積五郎	武蔵国	37	元治元年2月16日	京都六角獄舎で刑死	霊山護国神社	明治24年9月 従四位(明治35年11月)	国のため君のためにはおしからじ数にもあらぬ我が身なりせば
西田仁兵衛(西田稲夫)	江戸	不明	明治28年生存か 一説に 文久3年9月24日	天誅組三十三回忌法要で存命隊士五人の一人に名あるも不明 一説に東吉野村鷲家口で戦死	明治谷墓地		

山崎吉三郎(山崎吉之助) 彦根藩	不明	不明	東吉野村鷲家付近で捕縛されるがのち不明	不明		
吉川治太夫 伊勢神戸藩	55	文久3年9月3日	大阪府羽曳野市壺井で自害	明忍寺(大阪府河内長野市原町) 三重県鈴鹿市神戸城跡		
池田謙次郎(中村小次郎) 膳所藩	25	明治元年閏4月22日 一説に 文久3年9月25日	戊辰戦争で負傷し護送中、福島市清水町で殺害 一説に御用金紛失の責を負って東吉野村谷尻で自害	宝林寺(福島市御倉町) 宝蔵寺(奈良県東吉野村木津)		
古東領左衛門 淡路国三原郡津井村	46	元治元年7月20日	京都六角獄舎で刑死	竹林寺 霊山護国神社	明治24年11月 正五位(明治36年11月)	君のため八重の潮路をのぼりきて今日九重の土になるとは
鶴松(幾助) 紀伊国・古東領左衛門下僕	25	元治元年7月20日	京都六角獄舎で刑死	竹林寺 霊山護国神社		
常助(幸助) 紀伊国・古東領左衛門下僕	22	元治元年7月20日	京都六角獄舎で刑死	竹林寺 霊山護国神社		
澤田実之助(山本実之助) 紀伊国伊都郡中筒香村	46	文久3年9月27日	京都六角獄舎で刑死	霊山護国神社		
中倉才次郎 土佐藩	26	元治元年7月20日	京都六角獄舎で刑死	竹林寺		
植村定七(上村貞心) 出身不明	不明	文久3年9月24日	東吉野村鷲家口出店坂で戦死	明治谷墓地		
村上万吉 出身不明	不明	文久3年9月25日	東吉野村笠松山中で戦死	湯ノ谷墓地		

京都霊山護国神社（京都市東山区清閑寺霊山町）

坂本龍馬、中岡慎太郎、桂小五郎らの墓があることで有名な京都霊山護国神社の霊山墳墓には、幕末維新期に国事に奔走した勤王の志士たちの墓碑があり、天誅組隊士の多くも祀られている。

京都霊山護国神社。

天誅組志士墓所。一番左が松本謙三郎墓。

藤本津之助墓と従者福浦元吉墓。

吉村虎太郎墓。

伴林光平墓。

天誅組生野義挙合祀墓。水郡善之祐、乾十郎、井澤宜庵、橋本若狭ら37名が合わせて祀られている。

あとがき

松本謙三郎の昌平黌時代からの友人、仙台藩出身の岡鹿門《ろくもん》（千仞《せんじん》）が明治十五年から十七年にかけて、幕末当時のことを『尊攘紀事』という書物に著した。その中で天誅組について評している一文がある。

人は或はいうかもしれない。浪士達は、家を焼き、町をこわし、罪のない者を巻き添えにしただけで、何の役にも立たなかった、志が勤王にあった、ということが出来ようか、と。しかしこれは事の成否によって論をたてるものである。五年後、薩長の下級武士も王政復古の軍を起こした。もし、この挙が成功しなかったら、人はやはり、町を略し、無辜を殺戮して、なんの成果もあげなかった、と笑ったであろう。その跡を見ずに志をとれば、天誅組の一挙も、識者の称賛するところでなければならない。ああ、天はなぜ、事を始めたものに薄く、仕上げをした者に厚いのか。大義を重んじ、率先して志を断行するものこそ、真の大丈夫ではないか。

人に先駆けてやるということは勇気がいるし、誰にでもできることではない。誰もやったことがないだけに先陣を切った者は失敗することが多々ある。その失敗を踏まえて次の者が成功した場合、その功績は成功者のものになる。明治維新は、草莽の志士たちの屍の上に成ったのである。天誅組は、まさに維新の礎であった。一番損な役割に敢えて徹したのである。これが私が思う、天誅組の真髄である。

私は幕末、主に天誅組を専門に調査研究を行っているが、若い頃に吉村虎太郎という人物に魅力を感じたのが最初であった。研究を始めて数年経った平成十年、霊山顕彰会を通じて、その頃既に天誅組研究家としての道を走り始めていた草村克彦氏と知り合った。草村氏が当時、霊山歴史館(京都市東山区)に勤めておられた故吉見良三先生の門下生と知り、私もまた吉見先生のお宅に押しかけて門下生にしていただいた。先生は天誅組の史蹟や、貴重な史料の残る旧家など様々なところへお連れくださり、また、いつお宅へお邪魔しても快く私が書いたものを読んで意見をくださった。先生は文章を書く姿勢に非常に厳しい人であった。

先生に誘われて平成十一年、竹林寺(京都市上京区)で行われた六角獄舎殉難者百三十五回忌法要に出席させていただいたことがあった。直会の席で様々な方と知己を得、有難いことに今でも交流させていただいている。今こうして天誅組の研究を続けていられるのも、こうした人々とのご縁の賜物であると思っている。

平成二十四年の竹林寺の法要で淡交社との縁があり、今回の本を上梓する運びとなった。淡交社は吉見先生が著した『空ニモ書カン　保田與重郎《やすだよじゅうろう》の生涯』(一九九八年)の版元でもあり、天誅組が取り持ってくれた奇しき縁と言わざるをえない。

刊行にあたり、奈良県五條市、「維新の魁・天誅組」保存伝承・顕彰推進協議会、東吉野村ほか県内各地、高知県高岡郡津野町、梼原町、愛知県刈谷市、財団法人刈谷頌和会、霊山顕彰会、竹林寺等、あらゆる場所で多くの素晴らしい出会いをいただいた。今までご教授くださったすべての人、そして淡交社の安井善徳氏に感謝申し上げるとともに、今後も変わらずお導き下さることを切に願い、本書のあとがきとしたい。

平成二十五年一月　著　者

参考文献

久保田辰彦『いはゆる天誅組の大和義挙の研究』（大阪毎日新聞社・一九三一年）
正親町季董『天忠組の主将中山忠光』（やまと刊行会・一九三一年）
吉見良三『天誅組紀行』（人文書院・一九九三年）
水郡庸皓『天誅組河内勢の研究』（天誅組河内勢顕彰会・一九六六年）
森銑三『松本奎堂』（中央公論社・一九七七年）
平尾道雄『天誅組烈士吉村虎太郎』（大道書房・一九四一年）
渡辺知水『藤本鉄石』（藤本鉄石先生顕彰会・一九六二年）
藤田覚『幕末の天皇』（講談社新書メチエ・一九九四年）
阪本基義『天誅組終焉の地展』（奈良県東吉野村教育委員会・二〇〇五年）
西嶋量三郎『中山忠光暗殺始末』（新人物往来社・一九八三年）
宮内省編『修補殉難録稿』（吉川弘文館・一九三三年）
堀内信編『南紀徳川史』（名著出版・一九七〇年）
日本史籍協会編『会津藩庁記録』（財団法人東京大学出版会・一九一八〜一九一九年）
平尾道雄編『土佐維新史料書翰篇三』（高知市民図書館・一九九七年）
小川常人編『真木和泉守全集』（水天宮発行・臨川書店・一九九八）
宮内省先帝御事蹟取調掛編『孝明天皇紀』（平安神宮・一九六八年）
早川純三郎・國書刊行会編『官武通紀』（國書刊行会・一九一三年）
田尻佐編『贈位諸賢伝』（近藤出版社・一九二七年）
青雲閣兼文（西村兼文）『殉難草』（文正堂・一八六八年）
維新史料編纂會編『維新史』（吉川弘文館・一九四一年）

保田與重郎『保田與重郎文庫十三　南山踏雲録』（新学社・二〇〇〇年）
岩崎英重編『維新日乗纂輯』第二・第三（日本史籍協会・一九二六年）
町井鐵之介編『台水先生遺文』（町井鐵之介・一九一七年）
アーネスト・サトウ『一外交官の見た明治維新』（岩波書店・一九六〇年）
小河一敏『王政復古義挙録』（丸善商社書店・一八八六年）
東久世通禧『竹亭回顧録維新前夜』（幕末維新史料叢書三・新人物往来社・一九六九年）
中山忠能『中山忠能日記（正心誠意）』（日本史籍協会・一九一六年）
北畠治房『古蹟辨妄』（一九一五年）
五條市史編纂委員会編『五條市史』（五條市役所・一九八六年）
賀名生村史編集委員会編『賀名生村史』（賀名生村史刊行委員会・一九五九年）
高市郡役所編『奈良縣高市郡志料』（高市郡役所・一九一五年）
土井実・池田末則編『葛村史』（葛村教育委員会・一九五七年）
下市町史編纂委員会編『大和下市史』（下市町教育委員会・一九五八年）
『十津川記事』（十津川村役場・一九八一年）
西田正俊編『十津川郷』（十津川村役場・一九三七年）
『明治十六年調　十津川郷村誌』（十津川村教育委員会・二〇一二年復刻）
柳瀬正弘編『上湯川郷土史』（上湯川小学校・一九三七年）
木村博一編『下北山村史』（下北山村役場・一九七三年）
川上村史編纂委員会編『川上村史』（川上村教育委員会・一九八七年）
桜井市史編纂委員会編『桜井市史』（桜井市役所・一九七九年）
刈谷市史編さん委員会編『刈谷市史』（刈谷市・一九九四年）
河内長野市史編修委員会編『河内長野市史』（河内長野市・一九九八年）
東吉野村教育委員会編『東吉野の旧街道』

な

は

ま

や

ら

わ

索引

著者略歴
舟久保　藍(ふなくぼ・あい)
昭和47年(1972)生まれ。奈良県在住。吉見良三門下として幕末史、主に天誅組の研究に専念している。現在、「維新の魁・天誅組」保存伝承・顕彰推進協議会特別理事、天誅組大和義挙百五十年記念事業実行委員会特別委員。著書に『大和義挙再考』一・二、『維新の魁・天誅組』がある。また、「月刊大和路ならら」、「月刊奈良」、「梼原　文芸・史談」などの雑誌への寄稿も多数。

実録　天誅組の変

平成25年3月10日　初版発行

著　者──舟久保 藍
発行者──納屋 嘉人
発行所──株式会社　淡交社
本社　〒603-8588　京都市北区堀川通鞍馬口上ル
営業　(075) 432-5151
編集　(075) 432-5161
支社　〒162-0061　東京都新宿区市谷柳町39-1
営業　(03) 5269-7941
編集　(03) 5269-1691
http://www.tankosha.co.jp
印刷・製本──図書印刷株式会社
装　幀──井上 二三夫
地図製作─精彩工房　藤本 芳一

ISBN978-4-473-03856-2

本書の地図の作成に当たっては、国土地理院長の承認を得て、同院発行の数値地図25000 (空間データ基盤)及び基盤地図情報を使用した。(承認番号 平24情使、第384号)